VUCA時代のグローバル戦略

パンカジュ・ゲマワット［著］
琴坂将広［監訳］
月谷真紀［訳］
PANKAJ GHEMAWAT

東洋経済新報社

अनन्या के लिए अन्य किताब

The New Global Road Map:
Enduring Strategies for Turbulent Times
by Pankaj Ghemawat

Published by arrangement with
Harvard Business Review Press
through Tuttle-Mori Agency, Inc., Tokyo

日本語版の解説

◆グローバル戦略の大家、パンカジュ・ゲマワット

国境を越え、世界市場で戦う経営戦略を考えるうえで、パンカジュ・ゲマワット教授の論考を避けて通ることはできない。

ゲマワットは、グローバル戦略の泰斗である。一九六〇年にインドで生まれ、インドと米国で幼少期を過ごした後、ハーバード大学から一六歳で応用数学の学士号を取得、さらに同大学から一九歳で経営経済学（Business Economics）の博士号を取得している。卒業後は、すぐにマッキンゼー・アンド・カンパニーのロンドン支社に勤務、その後、ハーバード・ビジネススクールで最初の教職に就いた。

ゲマワットは、就任当初から一貫して経営戦略、特にグローバル経営に関する教育と研究にかかわり、一九九一年には、最年少で同大学の正教授（Tenured full professor）に就任、現在はスペインのＩＥＳＥビジネススクールの教授と、米国のニューヨーク大学スターン・ビジネス

スクールの教授を兼務し、実務と研究の両面にわたって幅広く力強い発信を続けている。

◆『VUCA時代のグローバル戦略』に至る道

グローバル化による多国間競争の激化、そして顧客嗜向と行動の均質化は、グローバル戦略のあり方を変えた。多国籍企業は世界をまたぐ複雑なバリューチェーン(世界的価値連鎖)を構築し、急成長する新興国市場で戦い、また、競争力を増す新興国企業との競争に直面している。

国境紛争、国内紛争、気候変動、環境問題、人権問題、そして感染症の猛威。多種多様な経営課題は、一国の枠組みで解消することは困難となりつつある。企業の社会的責任はより大きくなり、単に商品市場での競争のみを考慮するのではなく、世界の政治経済の動向を見据えたうえでの、中長期の道筋を議論することが求められている。

二〇〇〇年代初頭から二〇年以上にわたり、ゲマワットはこうした複雑な経営環境において、多国籍に展開する企業がどのように経営戦略を確立し、実行すべきかに関して力強い主張を展開してきた。

ゲマワットは、均質的な世界市場がたとえ登場することがありえるとしても、その登場には長い時間がかかり、企業は「セミ・グローバル化」の現実と戦い続けなければならないと主張している。

この主張の先駆けとなったのが、二〇〇三年に国際経営論のトップジャーナルである*Journal of International Business Studies*に掲載された論文"Semiglobalization and International Business Strategy"である。この論文でゲマワットは、グローバル化により国境を越えて事業を拡大しうる可能性と同時に、複雑化した経営環境がもたらす困難を示した。この論考が、後に続くゲマワットの理論的主張の原点であった。

さらに、二〇〇七年に*Foreign Policy*に掲載した論考"Why the World Isn't Flat"では、二〇〇五年に発表され、世界経済はフラット（均質）になっていくと主張したトーマス・フリードマンの著作*The World is Flat*（邦題『フラット化する世界』）に対抗する議論を展開し、フリードマンと同誌の公開書簡で論戦を展開した。

ゲマワットは、すでにこの頃からグローバロニー（グローバル化の事業運営上の利点を過度に信奉する人々）に危惧を表明し、事実に基づいた現実的なグローバル化の理解の必要性を説いてきた。

本書で語られるグローバル戦略と組織のあり方も、一昼夜に仕上がったものではない。さかのぼれば、二〇〇一年に*Harvard Business Review*に掲載した論文"Distance Still Matters: The Hard Reality of Global Expansion"（邦題「海外市場のポートフォリオ分析」）は、本書の第1章で紹介されているＣＡＧＥフレームワークの初出である。

また、二〇〇七年に同誌に掲載した論文“Managing Differences: The Central Challenge of Global Strategy”（邦題「トリプルAのグローバル戦略」）では、本書の第4章で紹介されるAAA戦略が初めて提示されている。

二〇〇〇年代初頭に完成されたゲマワットのグローバル戦略に関する思想は、その後も実務家との連携や、さらなる研究の蓄積によって幅広く熟成された。

二〇一一年の論文“The Cosmopolitan Corporation”では、世界的な価値連鎖が国家の保護主義や輸送費の上昇、品質管理のリスクを高めていることを示し、次世代のリーダーのあり方を議論した。

二〇一五年の論文“How Global Is Your C-Suite”では、多国籍企業の経営陣の多様性を分析してそのあるべき姿を主張し、二〇一六年の論考“Can China's Companies Conquer the World?”では、存在感を増し続ける中国企業の未来を論じた。

二〇一七年の論文“Globalization in the Age of Trump”では、本書の第2章の原点となるトランプ政権と、それがもたらす保護主義の衝撃、反グローバリズムの台頭に言及している。

本書は、ゲマワットのグローバル戦略論の原点ともいうべき、二〇〇七年に出版された*Redefining Global Strategy*（邦題『コークの味は国ごとに違うべきか』）を土台とし、さらに二〇一一年出版の*World 3.0*、そして二〇一六年に出版の*The Laws of Globalization and Business Applications*で示されたグローバル経営に関する緻密な分析と時代を超える視座を掛け合わせた、まさにゲマワットの現在に至るまでの主張が結実した作品といえるだろう。

◆高い視座、それを裏打ちする事実に基づいた分析

私がゲマワットの著作に初めて出会ったのは、オックスフォード大学サイード・ビジネススクールの修士課程に在籍していた頃であった。私は国際経営戦略の基礎を、教科書として指定されていた、ゲマワットの代表作である*Redefining Global Strategy*で学んだ。

すでに私は、コンサルタントとして国際経営戦略の策定の実務経験を積んでいた。幾多の国際経営戦略の書籍を読み漁る中、これはという書籍にはなかなか出会わなかった。しかし、ゲマワットの説く経営戦略検討のあり方には、特段に強い感銘を受けたのを覚えている。

ゲマワットの論文、そして書籍においては、高度に構造化され、網羅的であり、事実に基づいた議論が展開されていた。特定の企業の特定の状況だけではなく、広く多様な企業の経営戦略に適用できる考え方を求めていた私は、ゲマワットの視座に一つの答えを見出していた。

ゲマワットの書籍は、世界各地のビジネススクールで教科書として採用されている。実務に直結した理論、自らの業務に直接活用できる考え方を求める実務家、また経営学を学ぶビジネススクールの学生にとって、過去ではなく現在を見据え、学説ではなく事実を軸に議論を展開するゲマワットの論考は、まさに最良の選択肢であろう。

厳密な議論と、学問の系譜を重んじる研究者は、ゲマワットの挑戦を両極の視点で見る。否

定的な立場を取る研究者は、ゲマワットは歴史と伝統ある学術研究の成果に言及しておらず、彼の議論は学問の系譜から外れたところにあると考える。逆に肯定的な立場を取る研究者は、ゲマワットの視座は国際経営の研究成果を、実務家の視点から力強く再編成したものであると捉える。

共通することは、肯定的な者も、否定的な者も、ゲマワットを一般的な研究者の枠で捉えることができないことである。すなわち、ゲマワットは標準的な「学者」の枠の中にとどまらず、独自の立ち位置を築き上げた稀有な研究・教育者なのである。

ゲマワットの功績は、特にその圧倒的な実務と教育への貢献にある。ハーバード・ビジネススクールとIESE、そして、スターン・ビジネススクールのグローバル経営プログラムの礎を築き、*Harvard Business Review* 誌のマッキンゼー賞（年間最優秀記事賞）をはじめとした数々の賞を受賞し、世界の実務家に影響を与えてきた。

そして、本書の序文を寄稿したナタラジャン・チャンドラセカランがCEOを務めていたタタ・コンサルタンシー・サービシズをはじめ、数々の多国籍企業の経営戦略の策定にかかわってきた。

絶えず最先端の現場に身を置き続けているからこそ、ゲマワットの思考は絶えず進化し続け、その言葉は強い説得力を持っている。

◆ゲマワットの説く、グローバル化の現実

グローバル化に対するゲマワットの見立ては、「セミ・グローバル化」という言葉に集約される。極端なグローバル化が急速に進むわけではなく、逆に世界経済の統合が全く進まないというわけでもない。世界経済が少しずつグローバル化に進みながらも、前進と後退を繰り返して両者の中間でせめぎあう状況が長らく継続している。

ゲマワットは、グローバル化が実態以上に進んでいると誤認識することを、「グローバロニー」と呼び、その危険性を説く。国際的な経済流通は無視できるほどではないが、国内の経済流通と比較すればはるかに少ないことを説く。

また、国際交流は均質的ではなく、大きな歪みを持つという。グローバルな交易は、物理的な距離のみならず、文化的、行政的、地理的、経済的な隔たりに影響され、不均質に歪みながら成長してきたことをデータと図表で示す。

短期的にはブレグジッドやトランプ政権に代表される保護主義の台頭により、世界的な貿易摩擦の可能性が高まっている。不確実性の高まる中、それぞれの国家、業種、企業は機動的な判断を重ね、事態に対処することが求められている。

ゲマワットは、こうした環境下において、どのようにグローバル戦略を推し進めればよいかを多様な角度から議論する。

ゲマワットは、不確実性の高まる目下の経営環境に過度に振り回されることなく、中長期的

なグローバル化の予測をもとに必要な戦略の修正を図る必要性があるという。

そして、その予測が楽観、悲観のどちらに振れるかにかかわらず、自社の戦略、プレゼンス、組織構造、非市場問題（SPAN：Strategy, Presence, Architecture, Nonmarket issues）の機動的な再構成が必要になると主張する。

本書では、グローバル化に関する豊富なデータを提供し、そのデータの読み解き方を論理的に解説する。そのうえで、実務家が何をどう考えるべきなのかを思考するための具材を、高い視座から提供した、まさに必読書といえるだろう。

◆二〇一九年末を境に、変わるもの、変わらないもの

二〇一九年末に発生し、二〇二〇年を通じて世界の社会経済に大きな影響を与えた新型コロナウイルス感染症（COVID-19）は、すでに以前から存在していたグローバル経済における大きな流れを、目に見える形で加速させようとしている。

何よりも、人の移動が大きく阻害されている。数多くのビジネスパーソンが活発に世界を飛び回って事業を展開していた姿は消え果て、オンラインのコミュニケーションツールに大きく依存する状態が続いている。いわば、異常事態である。

一方で、国際物流には大きな支障が生じていない。多国籍企業の運営に大きな支障が生じているとも聞かない。一部に混乱は見受けられるものの、グローバル経営の根幹は現時点では揺らいでいないように思える。

おそらくその理由の一つは、ゲマワットが説くように、グローバル化の現状は依然として限定的であるためであろう。また、すでに多くの企業が何年も前から生産拠点の多極化を推進し、保護主義の台頭に対してのリスクコントロールを進めてきたことも貢献している。特に、中国や韓国の企業を中心に、すでに過去の感染症の経験から対応策を準備していた企業があったことも事実である。

感染症の脅威が訪れる以前から進行していた生産の国内回帰、それと同時に進む新興国へのさらなる拠点移転はこれからも継続するだろう。情報通信技術の進化が後押ししてきた多国籍経営の浸透は、これを契機にむしろ加速するかもしれない。一方で、さらなる感染症の猛威が吹き荒れ、保護主義がグローバル化の一段の後退をもたらす可能性もあるだろう。

本書の原書は二〇一八年五月の出版であるが、すでにＶＵＣＡ（Volatility［変動性］、Uncertainty［不確実性］、Complexity［複雑性］、Ambiguity［曖昧性］）という言葉を前提として、二〇二〇年から先の未来を見据えた分析と提言をしている。

いわば、感染症による突然の猛威は、ＶＵＣＡの時代の経営環境を象徴する出来事であったといえる。すなわち、本書に記された議論は、むしろこのような状況を前提として展開された議論である。

二〇二〇年以降の時代は、より激動の時代となるかもしれない。本書はそのような時代の中長期的なグローバル化の行く末に思考を巡らせ、同時に目の前の経営環境に対して具体的なアクションを起こすためのデータと、視座と、選択肢を提示してくれる。

二〇〇七年の*Redefining Global Strategy*は、グローバル経営を学ぶ実務家の必読書であった。本書はこれを置き換え、現代のグローバル経営を学ぶための新たな決定版となることであろう。

琴坂将広

序文

Foreword

パンカジュ・ゲマワットは、以前から先駆的な思想家、戦略家として活躍しており、私は光栄にも、長らく親しい付き合いをさせていただいている。

初めて出会ったのは二〇〇一年、タタ・コンサルタンシー・サービシズ（TCS）の戦略開発のためにグローバル化とその周辺事情に関する専門知識をご教示いただいたときである。TCSはタタ・グループの企業で、インド初のソフトウェア会社として一九六八年に創業、世界四五カ国に事業展開し、三七万一〇〇〇名の従業員がいる。

パンカジュはTCSの中核戦略グループの拠り所となり、問題を冷静に分析し、グローバル市場の行く末を——世の中で語られていることとは、しばしば逆に——読む力で、組織全体の成長と成功に大きく貢献してくれた。アジア金融危機とその余波で私たちが夜も眠れなかった二〇〇一年当時もパンカジュは、悲観しすぎる必要はない、との見方を崩さなかった。

世界金融危機前、世界がフラットになろうとしていると思われていた時期には、フラットな世界はインドのソフトウェア会社にとってさえ、必然的結末ではないとパンカジュは釘を刺してくれた。彼の助言は非常に貴重だったため、私たちはやがて、中核戦略会議を「パンカジュ・ゲマワット（PG）セッション」と呼ぶようになった。

本書でパンカジュは、グローバル化への極端な対応に鋭い問いかけを重ねている。ブレグジットとトランプ大統領選出を経て再び厳しい目が注がれるようになったグローバル化を、彼は学者として、戦略コンサルタントとしての自身の経験を交えながら検証し、より現実的でバランスの取れた見解を示している。

本書においても、パンカジュはいつもどおり堅固なデータを用いて持論に生気を吹き込んでいる点で傑出している。DHL世界連結性指標（彼から聞いたところによれば、二〇〇万近いデータ要素の集積だそうである）に取り組んだ実績が、グローバル化は消滅もしていなければ、超高速で進展しているわけでもない、という彼の見方を裏づけている。

彼が語るローカル化とグローバル化のヨーヨー効果は、私たちタタグループに大きな示唆を与えてくれている。

本書の第I部は、経営幹部がグローバル化の進展度とインパクトに期待しすぎることにも、グローバリズムの先行きを悲観しすぎることにも警告を発し、慎重な見方をするよう導いてくれる。言論が過熱し、市場が大きく変動する中で、パンカジュはビジネスリーダーが自身と組織を落ち着かせるのに役立つ一定のパターンの発見に成功した。そのパターンを彼は、「グローバル化の法則」と呼んでいる。

第Ⅱ部では、ベテラン経営者でさえ不安を抱いている現実の問題を数多く取り上げている。企業はグローバル展開すべきか、それともローカル化を強めるべきか。組織は現地管理職に分権化すべきか、だとすれば、どのように行うべきか。パンカジュは文化、イノベーション、公共問題への関与についての斬新な提案など、各種の手段を通じて組織がグローバル化への備えを固めるさまざまな方法を説明している。

パンカジュには、厳密な理論を現場の実践的な意思決定に落とし込む唯一無二の才能がある。グローバル化の未来についての、時として大げさになりやすい現在の議論に対抗する貴重な声として、本書を、そして、パンカジュの良識的なアプローチ全般を、強く推薦する。

タタ・サンズ会長　ナタラジャン・チャンドラセカラン

VUCA時代のグローバル戦略　目次

第2章

グローバル化と衝撃

第3章 長期的に見たグローバル化 093

第II部 グローバル化をマネジメントする 世界をSPANする

第4章

第5章 プレゼンス——どこで競争するか——185

第6章 組織構造——いかに結合するか——

第7章 非市場戦略——怒りと怒りのマネジメント——

本章のまとめ

＊本文中の［　］は、翻訳者による注である。

序章

Introduction

グローバル化についての初めての著書*Redefining Global Strategy*（邦題『コークの味は国ごとに違うべきか――ゲマワット教授の経営教室』）を執筆した二〇〇七年当時は、グローバル化の拡大が今後も続くと見てよいだろうとの確信が企業幹部の間で大勢を占めていた。

本書を書き終えようとしている一〇年後の今、グローバル化のさらなる進展は避けられないと信じているビジネスリーダーは、アリババのジャック・マーをはじめ、まだ一部にはいる。[1]しかし、グローバル化をめぐる言論の大半は悲観的になった。

悲観論の一部はもちろん、近年の衝撃的な出来事、とりわけ英国が国民投票でＥＵ離脱を決定したブレグジットと、ドナルド・トランプの米国大統領選出への反応だ（私はこの二つを合わせて「ブランプ」と呼んでいる）。

しかし、それ以前からすでにムードは悪化していた。ブレグジット投票の一カ月前の二〇一六年五月にニューヨーク大学ＭＢＡ課程の卒業式で、当時ＧＥの会長兼ＣＥＯだったジェフリー・イメルトは、今は保護主義の台頭に呼応してローカル化に向かうべき「大胆な転換」の時代であるとスピーチした。[2]

ブランプは、この転換を後押しした。グローバル戦略を取ることは、必然から明らかなリスクに転じたかに見えた。二〇一七年一月のトランプ大統領就任式からわずか一週間後、『エコノミスト』誌は表紙で「グローバル企業の退却」を宣言した。[3]

こうした意見やグローバル化の現状全般について、どう理解すべきかを考えるにあたっては、現在の激動がまったく新しいものではないことを思い起こす必要がある。今、グローバル化と呼ばれているプロセスは、何百年、事によったら何千年も前から起きている。グローバル化への期待が実態を上回るほど高まっては急降下する、その繰り返しが何世紀も続いてきたのだ。これを私は「グローバル化のヨーヨー効果」と呼んでいる。[4]

おもちゃのヨーヨーは楽しいものだが、グローバル化のヨーヨー効果は企業と経済にとって危険だ。無邪気な子どもの遊びよりも短期間に体重が上下に変動する「ヨーヨーダイエット」に近い。

ベンチャーキャピタリストのピーター・ティールは、二〇〇八年にこう述べている。「過去三〇〇年間の欧米の大きな浮き沈みは、グローバル化への期待の高まりと低下をなぞっている。(中略)それは株式市場の山と谷にも重なる。金融バブルはほぼすべて、グローバル化成功の可能性を大きく見誤ったことにほかならない」[5]

補足すると、二〇一六年の大統領選でトランプに多額の政治献金をしたティールは、トランプの選出によってグローバル化のヨーヨーは下降しつつあると認めている。「正気な人間なら、今どき『グローバル』の名を冠した組織を立ち上げないだろう。（中略）あまりにも二〇〇五年的、時代遅れだ[6]」

実際、グローバル化のヨーヨーが最後に上昇したのは、二〇〇五年の一年間だけである。この年にトーマス・フリードマンの『フラット化する世界』が刊行され、グローバル化をテーマとした本として空前のベストセラーとなった。

フラット化する世界への熱狂が盛り上がった二〇〇八年の世界金融危機直前まで、一〇年足らず前にグローバル化への期待が上昇するどころか下降していたことなど、いとも簡単に忘れ去られていた。一九九〇年代後半に、ベルリンの壁崩壊後の高揚に酔っていた世界は、アジア金融危機に突入している。

当時、ビジネス界の不安感があまりに大きかったため、あるトップ戦略コンサルティング会社が二〇〇一年初めに思想的リーダー（ソート）を集めて、企業へのインプリケーション（示唆）を検討させた。私はその会社のパートナーの一人と組んで、「グローバルサロン」のための議論の枠組みを構築した。

図0-1は、そのサロンで行ったプレゼンテーションからの抜粋だが、今日のビジネスリーダーが現在の悲観的な環境の中で再び考えるようになったグローバルな課題の多くを取り上げ

図0-1

グローバル化のヨーヨー効果

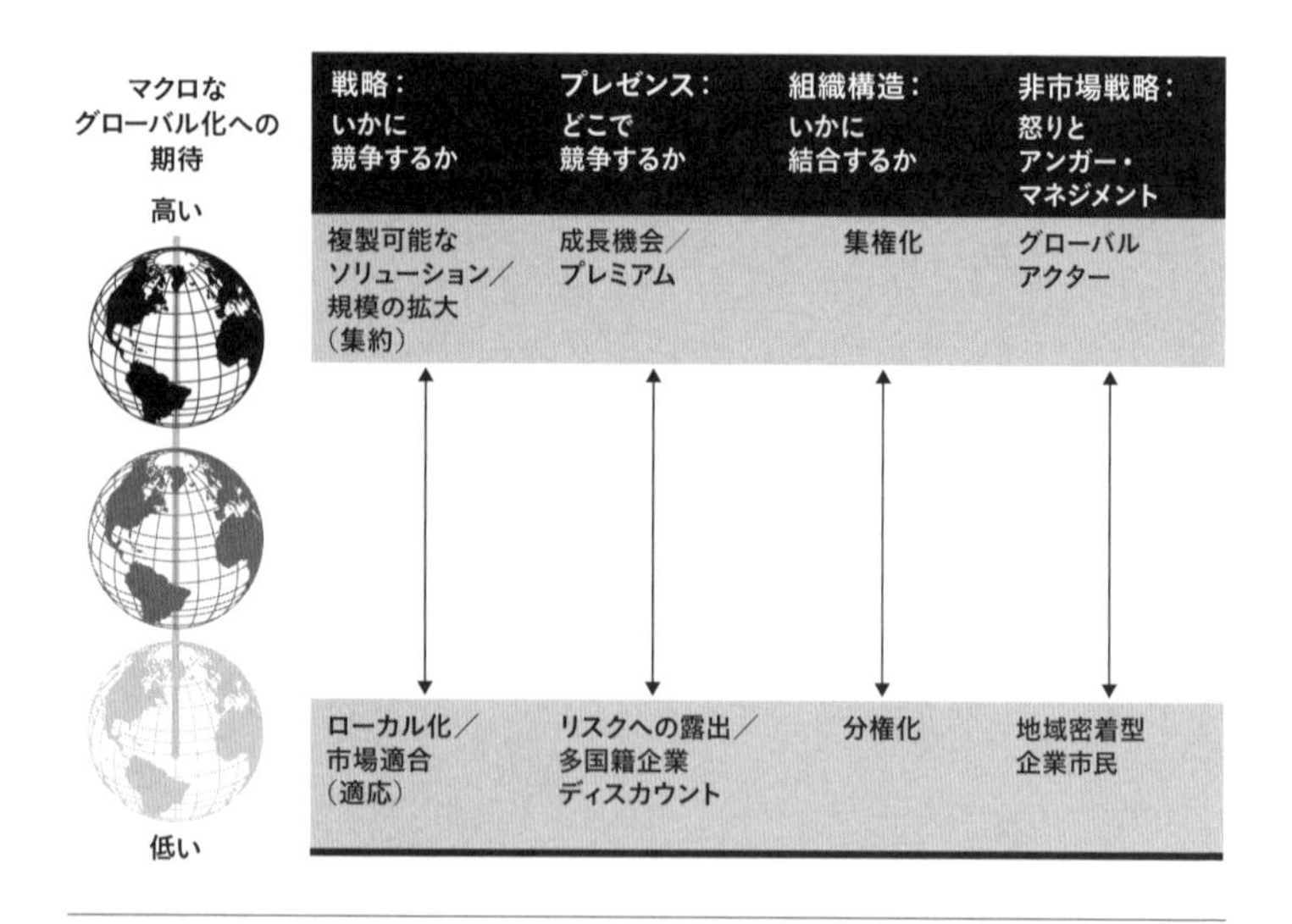

ている。(7)

戦略を規模の追求からローカル適合へと転換すべきか。地理的プレゼンス（存在感）を縮小してリスクを低減すべきか。組織上の権限をリージョンリーダーやカントリーリーダーに委譲すべきか。そして、多国籍企業は全世界の政府や社会と付き合うにあたり、現地企業と同様の振る舞いと顔を持つことを心がけるべきか。

二〇〇一年にこれらの問いと答えを考察した際、私たちが使った主要な事例が、当時世界で最も価値の高いブランドを有し、地理的に最も広く事業展開していると見られていたコカ・コーラだった。同社の、特に国際戦略と組織構造は、創業当初からほぼずっと、

図0-1で下部のグレーの帯に入っている選択肢に該当していた。

二〇一七年に同社のCEOになったジェームズ・クインシーが述べたように、「コークはグローバル化という言葉ができる前からグローバル化していた。(中略)『君はXという国の担当になった。さあ行ってこい。頑張れよ。ルールは二つだ。コカ・コーラの原液のレシピ『フォーミュラ』は変えるな、横領はするな。年に一度本社に戻って報告しろ』。一〇〇年あまりこのモデルでやってきた[8]」。

しかし、一九八一年(グローバル化が勢いを増していた時期にあたる)にロベルト・ゴイズエタがCEOに就任してから、コカ・コーラは、図0-1の上部のグレー帯に近いアプローチに転換した。

ゴイズエタは、自社のメガブランドに立脚した成長に力を入れ、プレゼンスを一六〇カ国から二〇〇カ国弱に拡大し、事業部を統合したり、消費者調査、クリエイティブ業務、テレビコマーシャルを標準化するためにコカ・コーラ傘下の広告代理店に移したりするなど、かつてない規模で集権化を行った。株価は急騰し、コカ・コーラは数年連続で『フォーチュン』誌の最も称賛される米国企業にランキングされた。

一九九七年に急死したゴイズエタからCEOを引き継いだダグラス・アイベスターも、この戦略を継続した――彼の言葉を借りれば、「右にも左にも方向転換はしない」――が、アジア危機と、政府(特にヨーロッパ)とのトラブルに見舞われた。

ＥＵの規制当局が、コカ・コーラのアトランタ本社の指示によるペルノ・リカール社からのオランジーナ買収と、キャドバリー・シュウェップス社からのソフトドリンク・ブランド買収に抵抗したのだ。異物混入問題への対応の遅れも拍車をかけた。

グローバル化が仇となり、アナリストからの評価を下げたコカ・コーラの時価総額は、ピーク時の二二〇〇億ドルから一二〇〇億ドル弱にまで急落し、アイベスターは解雇された。

二〇〇〇年にＣＥＯになったダグラス・ダフトは、一気にローカル化に方針を戻した。「ローカルで考え、ローカルで行動せよ」という彼のマニフェストの下、本社にあった数千の職が削減され、意思決定の権限が現場に戻された。

ここまでが、二〇〇一年初めのグローバルサロンで私たちが取り上げたコカ・コーラの状況である。私たちはプレゼンテーションを次の問いかけで締めくくった。「グローバル化に対するセンチメント（感情）の変化に応じて行われたこのような両極端な転換――最近のものとしては、図の上部から下部への転換――は、果たして正当化されるのか？」

あれから一五年あまりがコカ・コーラの歴史に加わった今、同社の視点から見て先の問いかけの答えは「ノー」である。前例のないローカル化による問題は、たちまち浮上した。規模の経済とマーケティングの質に支障が出た。カントリーマネジャーたちは、拡大した責任を負いきれなかった。

二〇〇二年にコカ・コーラは、マーケティングの監督権を本社に戻した。既存のチームを解雇するよりも新規のチームを採用するほうが時間がかかるため、これ自体がまた難航した。しかし、同社の成長は投資家の期待を下回り続け、ダフトは二〇〇四年に辞任した。

この両極端の間の適正なバランスを取ることが、ダフトの後を継いだネビル・イズデルに託された（第1章参照）。

コカ・コーラの方針の揺れ（ヨーヨーイング）と今日の企業が迫られている方針転換の相関をふまえ、この経緯で特に注目したいのは、グローバル化とローカル化を行きつ戻りつしたことがコカ・コーラにとっていかに高くついたか、である。あれほど強い会社でも、本道に戻るまでに一〇年近くの歳月と、おそらく数百億ドルがかかった。

もちろん、コカ・コーラは一つの事例にすぎないが、同社の経験は看過すべきではない。歴史にまったく同じ繰り返しはなくても、時として似たようなことは起きる。企業はコカ・コーラのように、単にセンチメントの変化に流されて両極端を揺れ動くのではなく、グローバル化をしっかり吟味したうえで、自社の対応を決定すべきである。

本書は、その作業の手助けとなるように書いた。第Ⅰ部でグローバル化について過去の振り返りと未来予測を行い、第Ⅱ部で企業が直面するグローバル化関連の選択へのインプリケーションを探っている。

本書の概要をもう少し詳しく、部ごと、章ごとに紹介しよう。第Ⅰ部は大きく激動する時代にグローバル化をどう位置づけ（マッピング）るかという課題に取り組んでいる。豊富なデータに依拠し、意識調査によって人々(具体的にはマネジャー)の心の中をのぞき、分析と統計的推論を用い、発展させたシナリオを徹底分析し、歴史から学び、何より重要な点として、未来への指針となる確かな規則性を見極めるという、多彩な実証的アプローチを用いている。

読者に数学力は必要ないが、本書はデータを多用し、データには多くのパターン分析を含めている。米国の政治家で社会学者の故ダニエル・パトリック・モイニハンが語ったように、誰でも自由な意見を述べる権利はあるが、好き勝手な事実を述べる権利はない。

同じ理由から、巻末には注と参考文献を多数掲載し、読書を発展させられるようにしている。ただし、表の掲載は最小限に抑えた。データに現実の息吹を与えるために、地図その他のビジュアル資料、目立って大きい(と推定される)効果、ミニ事例(コカ・コーラのような)、単純明快なストーリーに頼っている。

第I部は時間枠で章を分けている。具体的には、第1章は過去から現在までのグローバル化のデータを検証し、データは私たちがグローバル化の終末期(アポカリプス)に(まだ)突入していないことを示していると結論づけている。

ただし、データは二つの法則を裏づけている。すなわち、グローバル化がゼロに近いわけではないが完了してもいないとする「セミ・グローバリゼーションの法則」と、実際に行われている国際交流は国同士のさまざまなタイプの隔たりによって大きく妨げられるとする「隔たりの法則」である。

データを検証し、データをマネジャーその他の集団を対象とした意識調査からの推定値と並べてみると、「グローバロニー」を警戒する重要性も浮かび上がってくる。グローバロニーとは、世界のグローバル化の度合いを過大評価する有害な傾向のことだ。この習癖は、ビジネスにも社会にも高い代償が伴うことがわかっている。

第2章で取り上げているのは短中期的な未来、特に軍事用語でいえばＶＵＣＡ［Volatility（変動性）、Uncertainty（不確実性）、Complexity（複雑性）、Ambiguity（曖昧性）の頭文字から取った略語］な、私たちには予想すらできない衝撃にさらされている世界の先行きである。

歴史上の衝撃、なかでも代表格といえる、世界貿易の価値が三年間で三分の二も下がった一九三〇年代の世界的な貿易戦争を分析すると、グローバル化の法則が継続的に当てはまることが確認できる。

近年の衝撃、その代表格であるブレグジットを分析すると、グローバル化の法則が先を読むのにいかに役立つかがわかる。第2章の最後に、ＶＵＣＡな世界がビジネス上の意思決定に及ぼす大きなインプリケーションを論じる。

第3章で取り上げるのは、長期的展望、すなわち比較的堅調な成長がグローバルに実現する成功シナリオである。そのシナリオに不可欠な要素の一つ、新興諸国、特にアジアの新興国が先進国より格段に早く成長する可能性に着目する（人口動態からして、新興諸国のほうが成長が早くないシナリオを描くのは難しいが、いずれにせよ、世界的に堅調な成長が見込める）。

世界の南から東南にかけてのこのビッグシフトが、今後一〇年以降に現れてきそうないくつかの潮流を論じる拠り所として役に立つ。また第3章では、新興国と先進国の事業環境の違い、そしてそれぞれの国際的関与のパターンの違いを概観する。さらに、新興国企業と先進国企業の違いがどこから来ているのかを考察し、これら企業の向かう先を予測する端緒とする。

第II部では、グローバル化の位置づけから企業レベルでのグローバル化の管理に話を移し、マネジャーが図0-1に記した両極端の間を往復する以外の道を取る一助となることをめざしている。

第II部を構成する四つの章ではそれぞれ、この図に記した四つの大きな選択肢の要素、すなわち戦略、プレゼンス、組織構造、非市場戦略（SPAN: Strategy, Presence, Architecture, Non-market strategy）を一つずつ取り上げる。扱うにはあまりに大きな内容であるため、国境と隔たりをまたいだ競争という、時代とともに変化していく課題に、企業がどう対応できるかに焦点を絞っている。

各章では、覚えやすいように略称（図0-2に示したが、詳しくは後述する）を用い、提言を行っている。[9] これらの章で行ったアドバイスでは、永久に変わらない両極の間で自社のバランスを維持するにとどまらない、多彩な対応策を提案している。

戦略を取り上げた第4章は、グローバル化の機運が下降していた間に推奨されたローカル条件への純粋な適応戦略が、大半の多国籍企業にとってダフト指揮下のコカ・コーラ同様にうま

図0-2

効果的なグローバル化

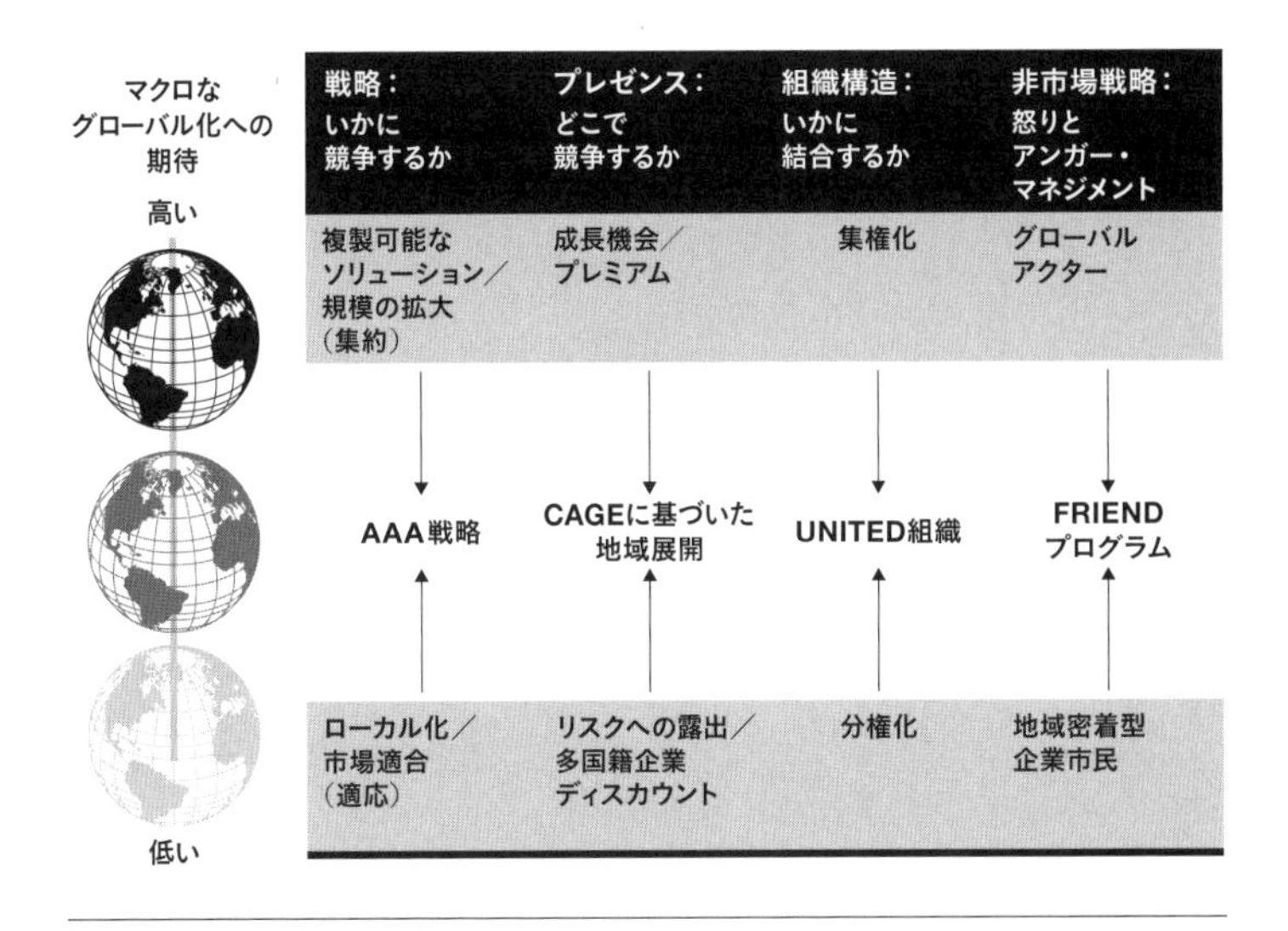

くいかない可能性が高い理由を説明する。また、ゴイズエタ時代が終わるまでの同社がほぼ体現していた、規模の経済を追求した純粋な集約戦略も行き過ぎになりやすい理由を論じる。

そして、適応戦略と集約戦略の適正なバランスを取る方法について、二通りの提案を行う。第一に、適応と集約のトレードオフを改善できる二〇余りのツールと補助ツールを詳述する。

第二はもっと広く、適応戦略と集約戦略の中間の一点を選ぶのではなく、AAA戦略（適応、集約、およびアービトラージ）を考慮することを提案する。

また第4章では、新興国企業がアービトラージで比較的成功し、先進国の既存企業が集約で成功する仕組みを論じたうえで、両タイプの企業にとっての戦略的インプリケーションを考察する。

特に新興国から現れた参入企業の台頭を考えると、先進国の既存企業は、AAAの複合戦略を追求せざるをえないことが多くなるだろう。

プレゼンスを取り上げた第5章は、グローバル化の機運が上昇しているときにグローバル進出について過信することも、下降しているときに臆病になることも回避する試みを行う。その際に参照するのが、多国籍企業のプレゼンスの基本的ロジックである。海外直接投資(FDI)に適用される隔たりの法則が、ここで大きくものをいう。

文化的、行政的、地理的、経済的(CAGE: Cultural, Administrative, Geographic, Economic)隔たり(第1章で概要を述べる)の大きな効果は、その理由の一部にすぎない。隔たりのフレームワークであるCAGEは、グローバル化をめぐる世の中の支配的な空気にまどわされない、ビジネス上、理にかなったプレゼンス戦略の論拠となる。

そして、CAGEに基づいた国際分析を実際にかかわっている国、業種、企業の特徴と重ねることで、読者は自社にとってのインプリケーションを熟考することができる。定性的な事例と定量的な事例を示す。

組織構造を取り上げた第6章では、組織づくりの問題を発展させている。まず、企業戦略が組織にどのような影響を及ぼすかを検討する。(図0-1ですでに示唆したように)一般的に適応がある程度の分権化を求め、集約がある程度の集権化を求めるのはなぜか、アービトラージが分野をまたぐ強い機能の軸があるとやりやすいのはなぜか。結果的に、ＡＡＡ戦略の三つすべてを採用している多国籍企業は複雑な組織構造になりがちである。

しかし、組織構造は戦略が求めるものの一部にすぎない。トップ層の新たな関係の構築も含め、社内外の組織の組み替えも必要になる。企業が国境と隔たりの克服に向けて組織としての力を伸ばせるさまざまな方法――企業文化、ネットワーク化したイノベーション、イニシアティブとタスクフォース、テクノロジー・イネーブラー［実現を促進する技術］、海外派遣および人材移動（モビリティ）、人材育成プログラム――これらをＵＮＩＴＥＤと総称して提示する。

最後となる第7章は非市場戦略、つまり、より広範な世界との企業のかかわりを取り上げる。従来の企業戦略は非市場戦略を市場戦略の補足のように扱ってきたが、国際的緊張、政治の不確実性、富の再分配への懸念、経済的影響以外の要因から生じたグローバル化に対する怒り（特に欧米において）が高まるにつれ、非市場問題は重要性を増しつつある。

この章では、多国籍企業が世界各地で地域密着型の企業市民として振る舞おうとしても、純粋なローカル化と同様にうまくいきにくい理由を、ＳＰＡＮの他の三つの要素と関連づけて説明する。

そして、多国籍企業が直面する社会的課題への対処法については、企業の公共政策担当者がすでにかなり熟達している、政府から有利な条件を引き出す方法ではなく、怒り（アンガー）のマネジメントに絞って論じる。

怒りは、グローバロニーと強い自国びいき(人々が自国民を外国人より優遇すべきと考える傾向)の相互作用によって煽られる。この怒りを緩和するために、第7章では事実、レトリック、情報の国際交流の増加、教育、非市場戦略の改善、富の再配分の修正、を総称したFRIEND(Facts, Rhetoric, increases in International informational interactions, Education, Non-market strategy improvements, Distributional fixes)プログラムを提案する。たとえグローバル化と多国籍企業への社会的支持を立て直すのに時間がかかりそうだとしても、着手するに越したことはない。

非市場戦略で怒りのマネジメントに注力しているのは、本書でグローバル化に対する現在の圧力に、時の試練にも耐える洞察をふまえて対処しようという私の意図の表れである。

グローバル化に対するセンチメントが今後も上下を繰り返すことは歴史を見ればわかるが、セミ・グローバリゼーションの法則と隔たりの法則は、すたれないだろう。そして、この二つの法則に基づいた提案は、企業が世界の激動を乗り切り、味方にさえつける一助となりうる。

グローバルなロードマップは変化し続けるが、その変化はおおむね予想できるパターンを踏襲する。そうでなければ、私は今日の多国籍企業が今直面している課題を克服する力にもっと懐疑的であっただろうし、そもそも本書を著していなかっただろう。

Mapping Globalization

What Is—and Isn't—Changing

第I部

グローバル化をマッピングする

変化するもの、しないもの

第I部では、グローバル化の現状の位置づけ（マッピング）を行い、国際環境が時代とともに、どう変化しているかを検証する。

第1章は、グローバル化についての明晰な思考を妨げる危険な通説の誤りを暴き、企業の国際戦略の基盤となりうる二つの法則を紹介する。

第2章は、ブレグジットとトランプ大統領誕生という二つの衝撃と、一九三〇年代に起きた世界貿易戦争という史実を考察しながら、二つの法則のストレステストを行う。

第3章は、新興諸国の台頭が長期的にグローバル化にどう影響しそうかを考察する。

第1章 グローバル化の現状

The State of Globalization

今日の世界は、どれだけグローバル化しているだろうか。グローバル化は進んでいるのか、後退しているのか。意外かもしれないが、多くのマネジャーは、この基本的な問いに正しく答えられない。答えが間違っていればビジネスに失敗し、高い代償を払うことになりかねないにもかかわらずだ。つまり、マネジャーの頭の中にあるグローバル化の地図は、大きく歪んでいる傾向がある。

歪みの一因はもちろん、事業環境の激動によって認識と現実のギャップが広がっているところにもあるだろう。メディアの騒音が原因となっている面もあるかもしれない。「さしたる変化はなし」と報道しても注目は集まらないから、メディアはことさら変化の報道に走りやすい。そして、少なからぬ量の誤報は、本章の後半で詳しく述べるが、個人（および個人間）レベルで作用している強い先入観（バイアス）を反映している。

しかし、まずは良いことから先にお伝えしよう。激動の背後には安定したパターンが存在し、企業はそれをふまえて持続的な成功のための戦略を構築できる。本章では豊富なデータを使い、グローバル化の二つの法則を提示して、危険な神話の正体を暴く。

グローバル化の現状をこのように特性評価することで、さまざまなタイプの衝撃が短中期（第2章）および長期（第3章）にグローバル化をどう変化させるかを分析する土台ができる。そして、グローバル化をこのように時間枠別に評価することにより、企業がグローバル化に関して何をすべきかの提言（第II部）が確かなものとなる。

本章では初めに、グローバル化の軌跡を示すニュースの見出しと、貿易、資本、情報、人の国際的なフローに関するハードデータを突き合わせる。入手可能なエビデンスは、グローバル化が少なくとも、まだ今のところは逆行期に入ったことを示していないため、次に、グローバル化の「深さ」と「広さ」と私が呼んでいるものをさらに細かく検証する。

この評価によって、今日の世界のグローバル化の度合いが一層明確に見えてくる。また、科学的な法則として認知するに値する二つの強い規則性、すなわち、**セミ・グローバリゼーションの法則**と**隔たりの法則**も明らかになる。[1]

さらに複数国を対象とした調査から、マネジャーがいかにグローバル化が実態以上に進んでいると考えがちかを示すデータを提示する。最後に、このような誇張された認識、すなわち、グローバロニーが企業や世界全体に強いる莫大なコストを論じる。[2]

グローバル化は後退しているか

中国が世界貿易機関（ＷＴＯ）に加盟して一九九七年のアジア金融危機の記憶が薄れ始めた少なくとも二〇〇一年以降、一般社会でもビジネス界でも言論の主流だったグローバル化の先行きへの信頼は、二〇〇八年の世界金融危機で砕け散った。

二〇一五年には、わずか三週間の間に、『ワシントン・ポスト』紙が「超光速で進むグローバル化」と宣言する見出しと「グローバル化の終焉？」と問いかける見出しを立て続けに掲げた。[3]世の中の解釈が分かれてきた。

やがて起きたのが、ブレグジットである。指標として同じ新聞を使うと、二〇一六年六月の国民投票後、同紙は「世界の常識となっていたグローバル化を英国が殺した」と題する記事を掲載した。[4]応酬するように、トランプ大統領の選出後には英国の『ガーディアン』紙が「グローバル化は死んだ」と断じた。[5]

悲観的な論調は、この二紙だけではない。さらに視野を広げて、グローバル化に言及した新聞記事のトーン分析を見ると、二〇一五～一六年にマイナス方向への急激な転換があったことがわかる。平均すると、二〇一六年にはネガティブな記事が、ポジティブな記事を米国で四倍、英国とインドで二倍も上回っている。[6]

グローバル化への悲観はキオスクの店頭から書店にも広がり、二〇一七年に*From Global to Local*（グローバルからローカルへ）、二〇一八年には、*Us vs. Them*（邦題『対立の世紀――グローバリズムの破綻』）といったタイトルの書籍が並んだ。[7] 一般社会とビジネス界のグローバル化に対するセンチメントは明らかに下降した。

しかし、これは以前も見たことのある状況で、認識が現実から大きく乖離している可能性がある。これらが描き出しているグローバル化下降の軌跡を、事実は裏づけているだろうか。ハードデータに照らせば、答えは「ノー」だ。

私はＩＥＳＥの同僚であるスティーブン・オルトマン教授とともに、隔年でＤＨＬ世界連結性指標をまとめている。これは世界の経済生産高の九九％と人口の九五％を占める一四〇カ国の国際的なフローを測定したものである。

二〇一六年一一月に発表した最新版では、二〇〇五年から二〇一五年にかけての貿易、資本、情報、人の国際的なフローを追跡した。[8]

図１-１にグローバルレベルの指標の結果をまとめたが、グローバル化は二〇〇八～〇九年の金融危機の間は大打撃を受けたものの、その後回復し、やがて二〇一四年には金融危機前のピークを上回っていることがわかる。グローバル化は二〇一五年に減速したが、少なくとも調査対象期間の末時点では、マイナス転換していない。[9]

この図は、グローバル化の深さと広さの総合である。深さは国内外で発生しうるフローのど

図1-1

DHL世界連結性指標（2005～15年）

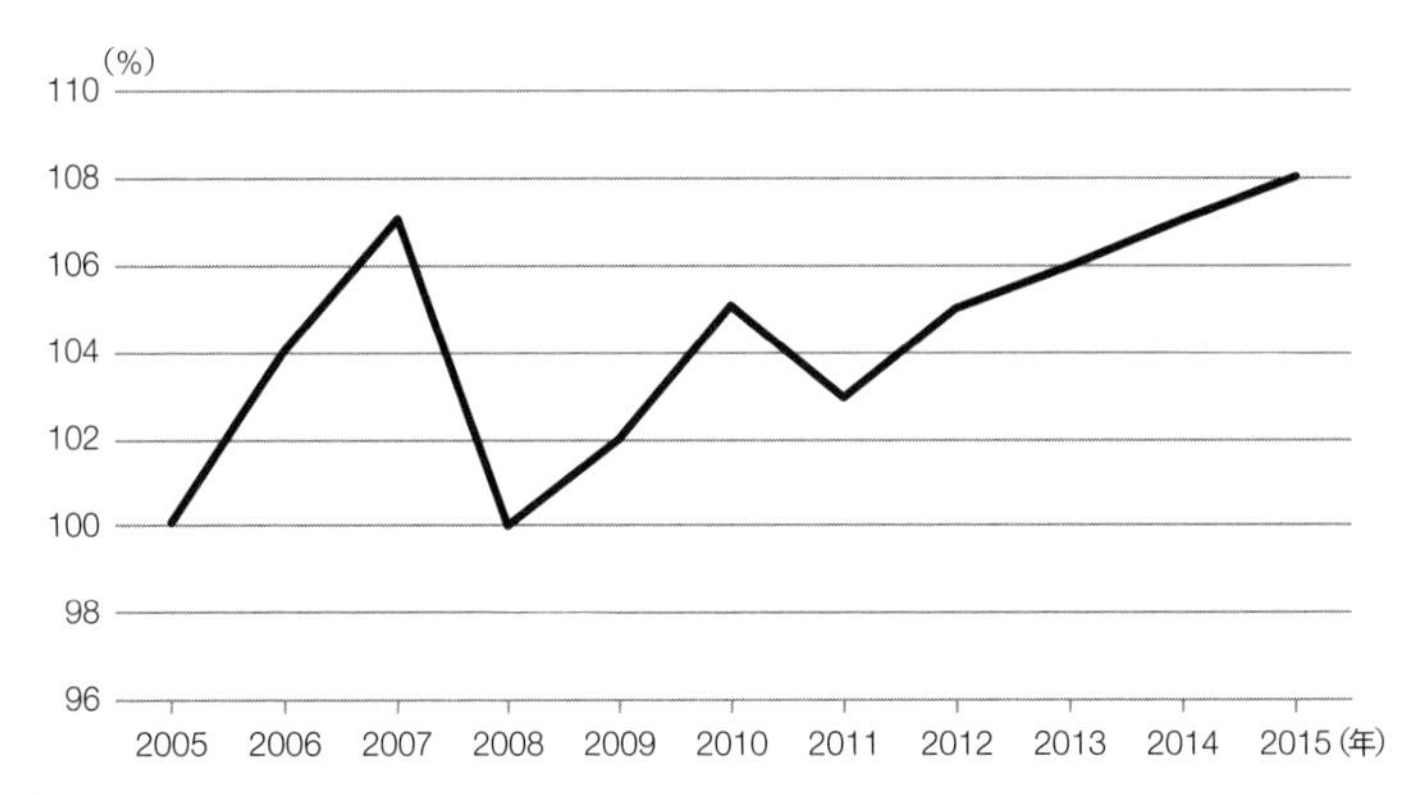

出所：Pankaj Ghemawat and Steven A. Altman, *DHL Global Connectedness Index 2016: The State of Globalization in an Age of Ambiguity* (Bonn: Deutsche Post DHL, 2016), figure 1.3より修正を加えた.

れだけが国境を越えるかを見る。広さは実際の国際的なフローに着目し、そのフローがグローバルに分散しているのか、それとも、たとえば近隣諸国などに集中しているのかを測定する。

まず深さに注目すると、図1-2は貿易、資本、情報、人という四本柱の指標に沿ってトレンドを明らかにしている。

貿易（商品とサービス両方の貿易を測定）のみ、複数年にわたって下降が見られない。

資本（海外直接投資［FDI］のフローとストックおよびポートフォリオ・エクイティに基づく）は、金融危機が始まった直後に最も落ち込んでいるが、二〇一一年以降はある程度回復した。

情報（国際電話、国際インターネット帯

図1-2

DHL世界連結性指標の深さの柱（2005～15年の貿易）

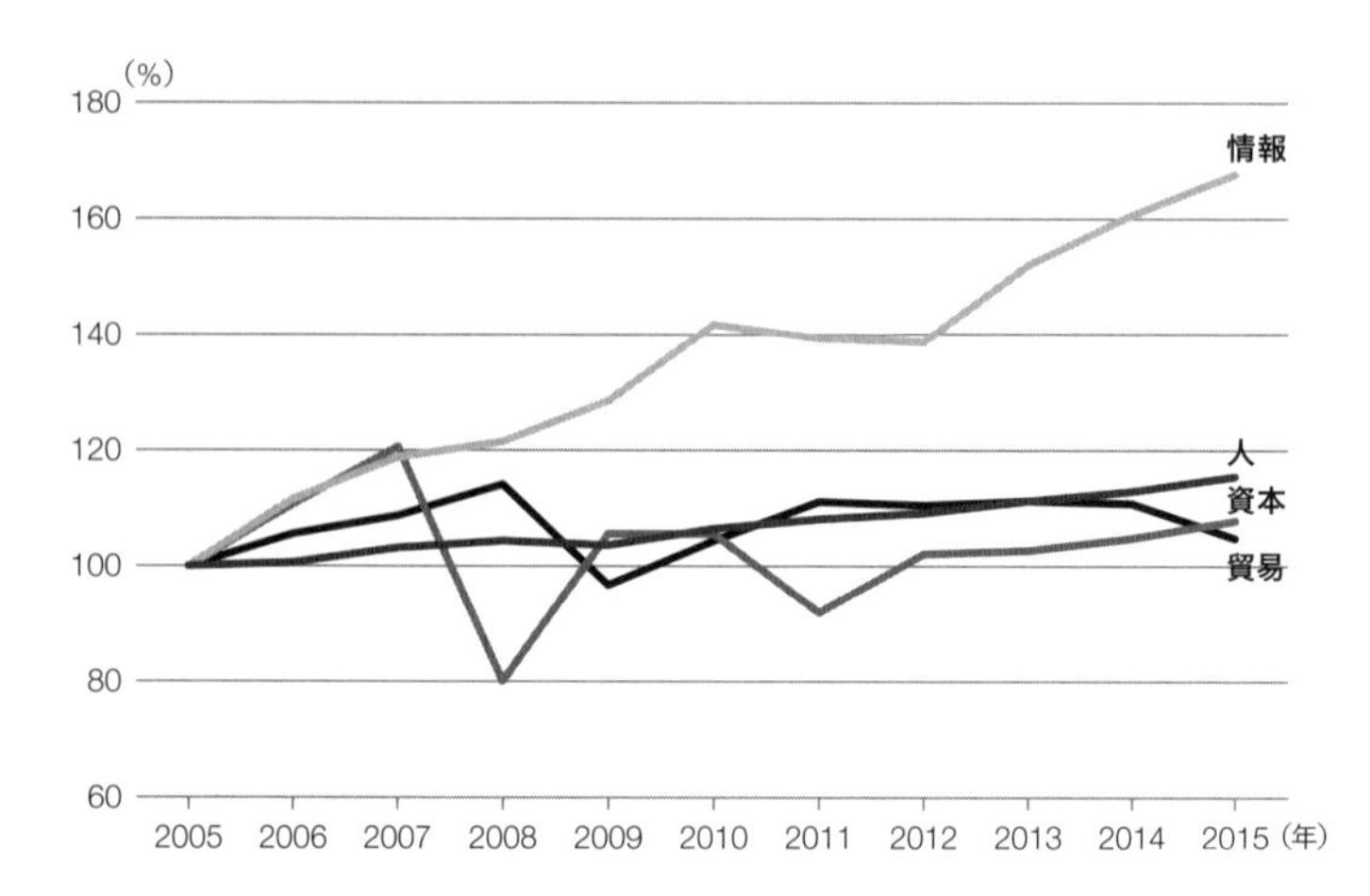

出所：Pankaj Ghemawat and Steven A. Altman, *DHL Global Connectedness Index 2016: The State of Globalization in an Age of Ambiguity* (Bonn: Deutsche Post DHL, 2016), figure 1.5.

域幅、印刷物の取引を捕捉）は、過去一〇年間で急増したが、同時期に国内でも情報のフローが爆発的に増加したため、深さは緩やかな伸びにとどまっている[10]。

　そして、ビザと就労許可の制限により移民は抑制されているが、海外旅行は右肩上がりに増加しており、国際的な人のフローが一貫して増加する要因となっている。

　貿易と資本のフローの深さは、金融危機前のピークを下回ったままであるが、グローバル化全体の深さは、二〇一五年いっぱいは後退していないことが明らかだ。貿易の深さが大きく落ち込んでいるのもほぼ価格の影響で、コモディティ価格の下落と米ドルが強く

図1-3

国際的なフローが移動した平均距離（2005～15年）

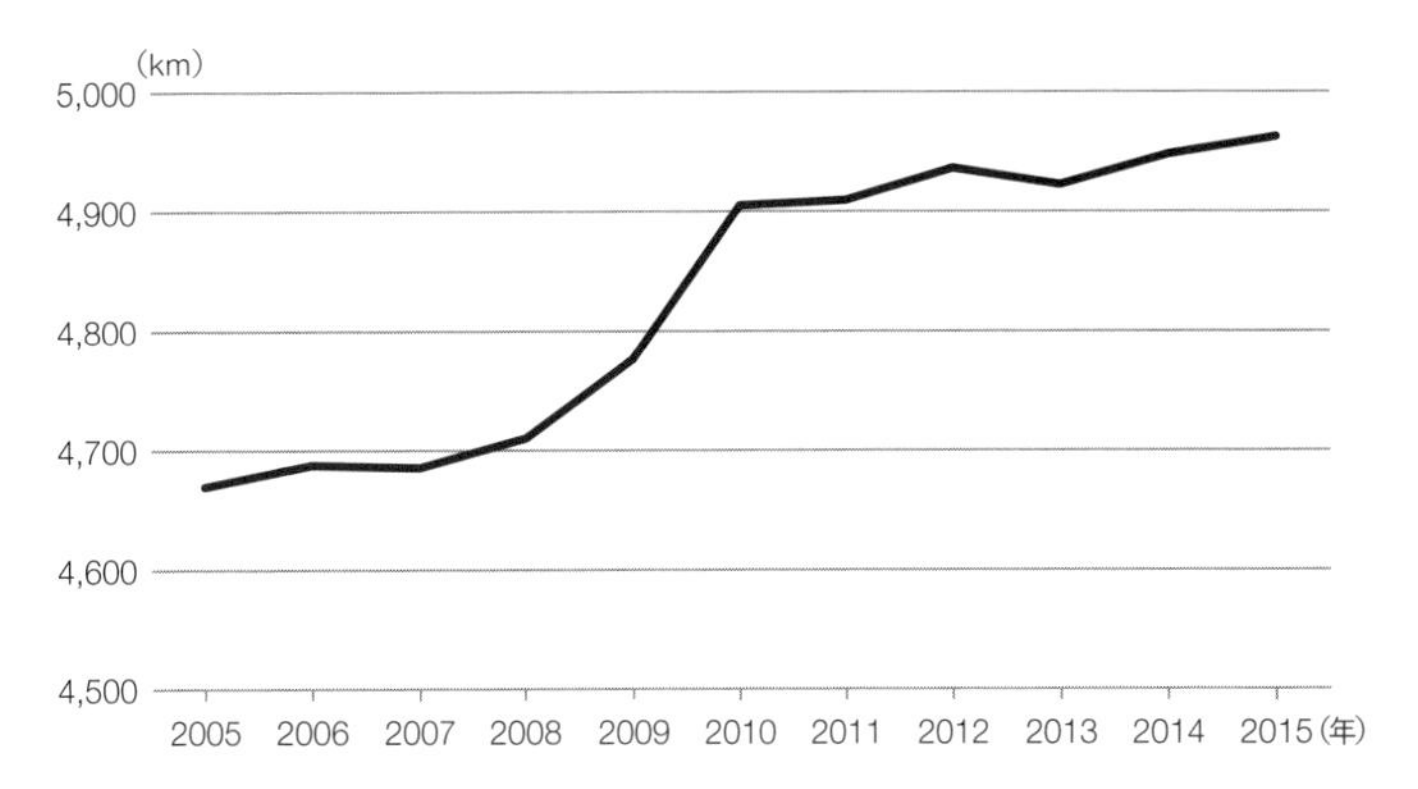

出所：Pankaj Ghemawat and Steven A. Altman, *DHL Global Connectedness Index 2016: The State of Globalization in an Age of Ambiguity* (Bonn: Deutsche Post DHL, 2016), figure 1.4.

なっているせいである（商品貿易の価値は二〇一五年にドル建てで一三％下落しているが、貿易量は二・六％と微増している）[11]。

グローバル化の深さがグローバル化崩壊の兆候を示していないとすれば、広さはどうか。深さの測定法はいくつかあるが、「距離は消滅する」という興奮気味の未来予測をふまえれば、国際的なフローが越える平均距離が数値指標として適当だろう。もし交流の広さが縮小していたら、距離は短縮していくと予想できる。

ところが、実際は逆だ。図1-3はDHL世界連結性指標で取り上げたフローが移動した平均距離を示しているが、国際的なフローは、二〇〇五年から二〇一五年までを通じて距離を伸ばし続けたことがわかる[12]。

ただし、その拡大ペースは、新興国市場

（対外交流の距離が長くなりやすい）からのフローの割合が急増し、金融危機に見舞われた各国の企業が、死活を懸けて成長を求めて海外進出した二〇〇八年から二〇一〇年にかけての勢いと比べると緩やかになっている。

要するに、対象の一〇年間にグローバル化は、成長のスピードこそ弱まったが後退してはいないことを、深さの数値指標と広さの数値指標は示している。悲観論に固執する人はこれらの数値指標では全貌がわからない、二〇一六年か一七年のデータにグローバル化の後退が反映されているのではないか、と反論するかもしれない。

そうかもしれないが、現時点のデータではまだそうなっていないのである。ブレグジットとトランプ大統領選出の年の限られたデータは、これまでの延長、すなわち貿易とFDIの深さがほぼ変化なしであることを示している。むしろ貿易の深さの減少は二〇一五年より二〇一六年のほうが緩やかで、暫定データは二〇一七年の上期に伸びを示している。[13]

また、二〇一五年にFDIのフローが増加したのは、米国企業のコーポレート・インバージョン［租税回避策として外国に親会社を設立すること］が流行したためだが（二〇一六年四月に米国財務省がこのような活動を取り締まる新規制を発令し、この流行は終息した）、FDIの深さは前年の伸びをほんのわずか下回ったにすぎない。[14]

DHL世界連結性指標のすべての要素を網羅するデータはまだ揃っていないが、人のフローと情報のフローを織り込めば、おそらく「離脱」や「アメリカ・ファースト」によってグローバル化が止まったり、まして逆行したりはしていないという結論は補強されるだろう。

深さとセミ・グローバリゼーションの法則

グローバル化は崩壊していない（少なくともまだ——将来の展望は次の二つの章のテーマとする）ので、データに表れている有益なパターンを探して、現在の世界が実際にどれほどグローバル化しているのかを詳しく検証するとしよう。グローバル化の深さと広さをエビデンスとして、国際活動の種類や時代を超えて通用するグローバル化の法則を提案する。[15]

私が提唱するグローバル化の第一の法則は、次のようにまとめられる。

国際交流は無視できるほどではないが、国内交流と比べるとはるかに少ない。

つまり、国境は依然として国際交流にとって高い障壁であるが、それでも国境を越えるフローは、企業が国内の機会と脅威にだけ注視するわけにはいかないほど大きい。これを私は**セミ・グローバリゼーションの法則**と呼んでいる。グローバル化の深さがゼロよりはだいぶ大きいが、とはいっても世界が完全に統合されているというには、まだまだ小さいからだ。

図1－4はマクロレベルの貿易、資本、情報、人のフローの深さの数値指標を示し、図1－5は多国籍企業の事業活動にかかわる深さの数値指標を示している。どちらの図も、示された値は単純な深さの比率だ。国内ないし国家間で発生しうる、どんな種類の活動についても、国際的な活動の量を活動の全体量（国際活動＋国内活動）で割った。

どちらの図でも、平均的な深さの比率は約二〇％である。国内活動は国際活動よりはるかに活発であるだけでなく、ほとんどすべてにおいて、絶対量でも国際活動をはるかにしのいでいる。[16]

グローバル化をめぐる議論における貿易の重要性を考慮すると、図1－4に示している複数の貿易関連の数値指標は、もう少し説明が必要だろう。財とサービスの総輸出高が国内総生産（GDP）に占める割合（二〇一六年は二八％）が、最も単純で最もよく引用される貿易の深さの値である。この値は、全世界の通関業者が検数を行った輸出貨物の価値の合計を総生産高で割って算出している。

しかし、サプライチェーンが複数国にまたがる場合、同じ貨物が複数回国境を越える可能性があるため、総輸出高の深さは取引対象となっている生産高の割合を実際より大きく見せてしまう。付加価値貿易という条件で輸出の深さを見ると、このような重複計算が取り除かれるが、そうすると実際の輸出高は、世界の生産高の三〇％弱ではなく二〇％弱になる。[17]

複数国にまたがるサプライチェーンで調整を行うと、財の貿易がサービスに比べてどれほど盛んであるかもよくわかる。財の生産セクター（工業と農業）の付加価値商品のうちで輸出が占める割合は約四〇％であるのに対し、サービスは一五％にすぎない[18]。

一方、貿易の深さをこのように見ると、生産高には貿易できない部分もあるという反論にも対応できる。貿易が不可能なものの大半はサービスセクターに属するが、財の生産セクターだけを見ても、国境（および距離）が問題にならなければ期待される量に、実際の貿易量は到底及んでいない。国境がないとする反事実的条件下であれば、理論上は世界で生産された財の約九二％が輸出されることになる[19]！

インターネットをはじめとする技術の発展が国境のない未来をもたらすと喧伝する根強い声を考慮して、図1－4では、特に情報のフローの深さの値にも注目した。物理的な実体を持たないというあたかも魔法のように思われているデジタルな財とサービスの性質と、利用されている技術の種類にかかわらず、情報のフローは依然として国際間より国内のほうがはるかに活発である。郵便からインターネットの総トラフィック、さらにはニュースサイトのページビュー、ユーチューブのトレンド動画、ソーシャルメディア上の人間関係といった個別のネット行動に至るまで、すべてこのパターンが当てはまる。

図1－4で唯一、深さの数値指標が五〇％を超えているのは映画だ。しかし、ハリウッドの大ヒット作に代わるタイプの映画が勢いを増してきているため、この比率はおそらく落ちるだろう。特に中国は、自国の映画産業の成長を強力に後押ししている。

図1-4

貿易，資本，情報，人のフローに見るセミ・グローバリゼーションの法則

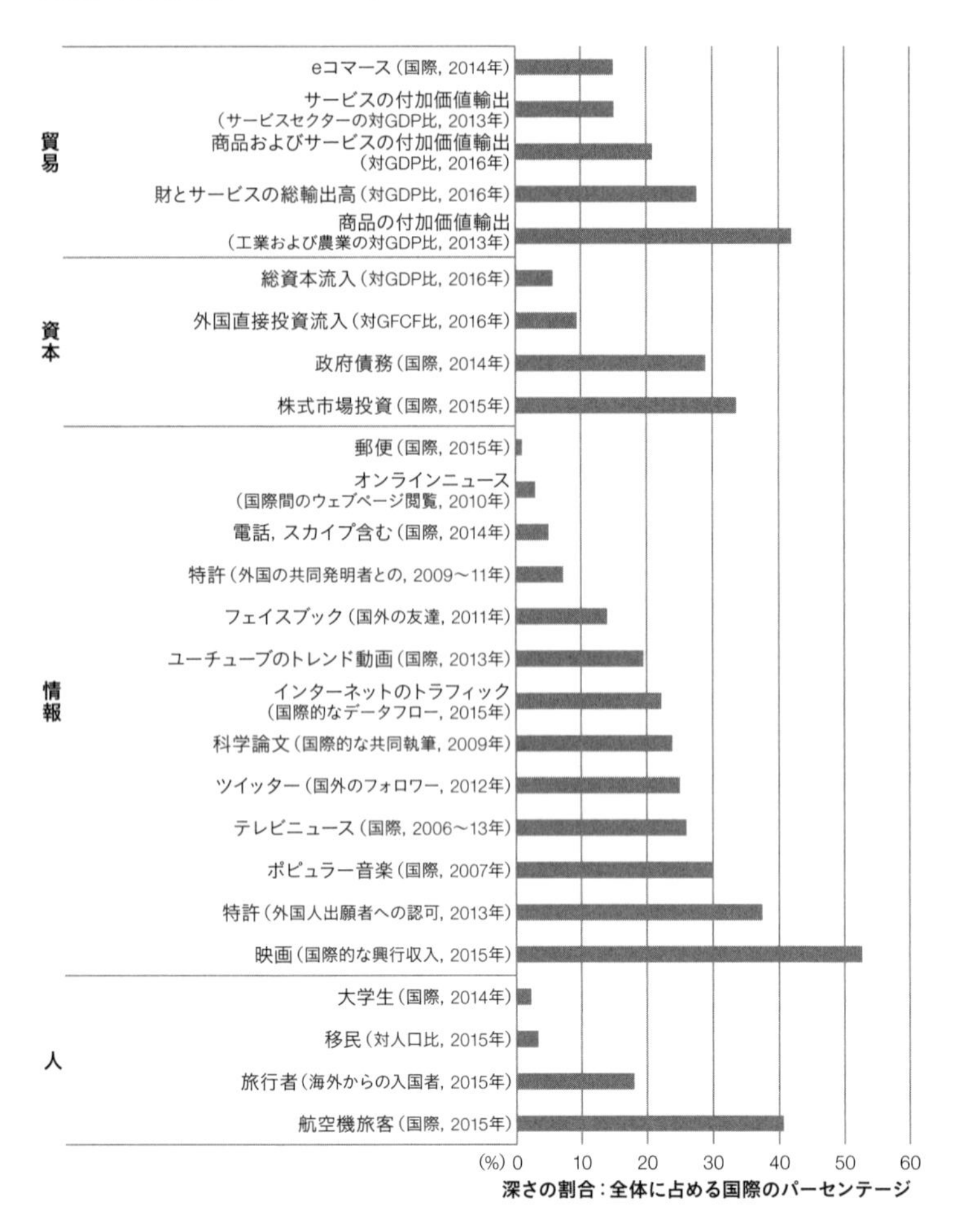

注：GDP＝国内総生産；M&A＝合併買収；OECD＝経済協力開発機構
出所：巻末の原注p.17を参照.

図1-5

企業レベルで見たセミ・グローバリゼーションの法則

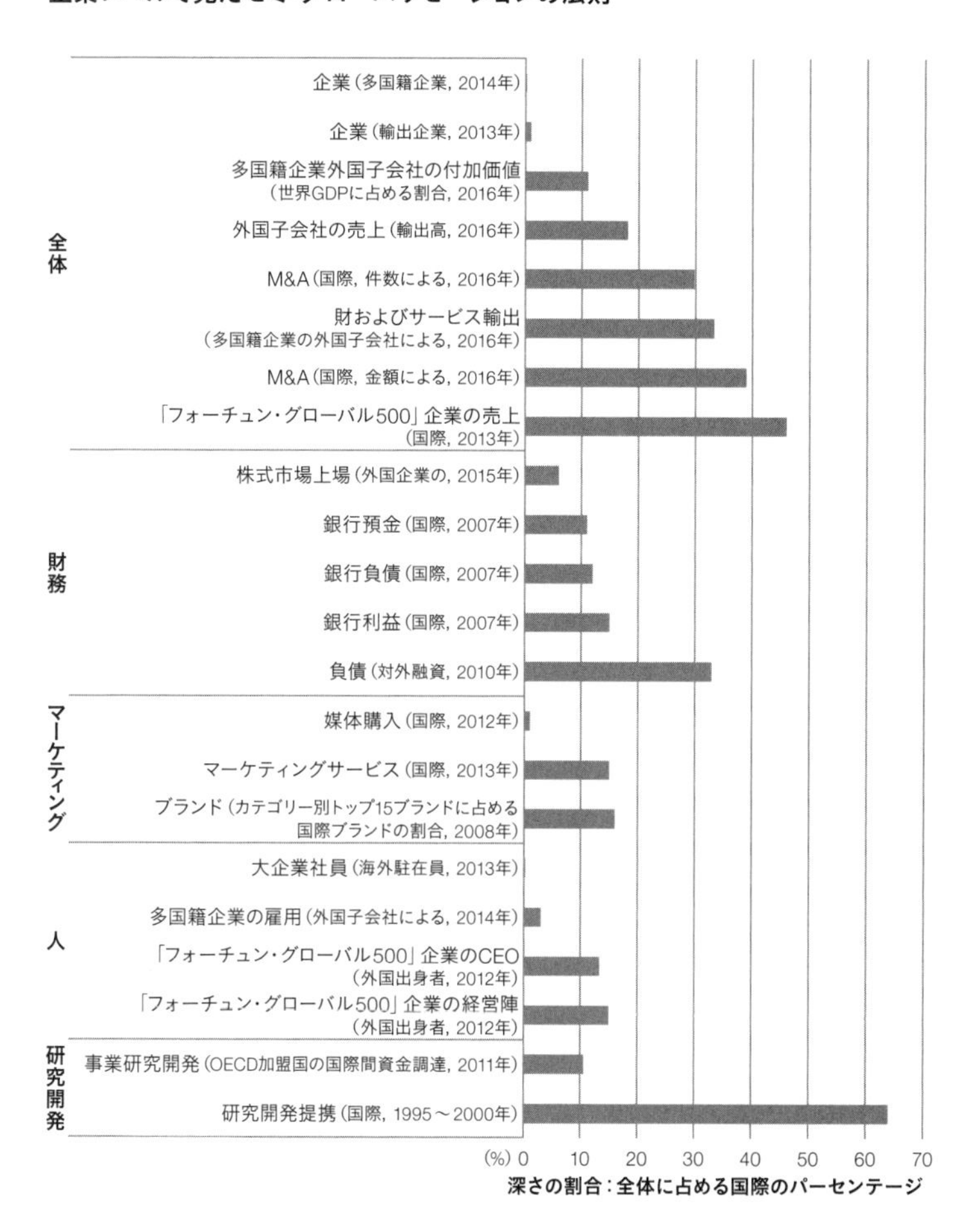

注：GDP＝国内総生産；M&A＝合併買収；OECD＝経済協力開発機構
出所：巻末の原注p.18を参照.

活動タイプ別ではなく国別に見ると、二〇一六年のＤＨＬ世界連結性指標で深さランキングの第一位、私の提唱する都市レベルのグローバル化ホットスポット指標(Globalization Hotspots index)でも一位になったシンガポールにおいてさえ、セミ・グローバリゼーションの法則は成立している。[20]

シンガポールは、生産量や消費量よりはるかに貿易量が多いが、トランシップ[経由する港で貨物を積み替えること]の類いを除外すれば、シンガポールで消費ないし投資される総生産高の半分以上は、シンガポール国内で産出されている。シンガポールが世界経済に占める割合は、わずか〇・四%であるにもかかわらずだ。[21]

図１－６に示す輸出とＦＤＩのように、多くの変数でグローバル化の深さが増してきたとはいえ、セミ・グローバリゼーションの法則は歴史的にも長期に成立してきた。一八二〇年の時点では、輸出の合計は世界ＧＤＰの三%未満にとどまっている。

しかし、一九世紀末から二〇世紀初めにかけて輸出の深さは八%から一五%に増え、ＦＤＩストックも同様に大きくなり始めた。二度の世界大戦間の停滞期(第2章で詳しく分析する)の後、二〇世紀後半に国際的なフローは再び深さを増すようになった。二一世紀初めには、国際的なフローはほとんど記録的な領域に入っている(目立った例外は移民の割合と資本移動の範囲である)。

この進展を見て、大半のビジネスリーダーは国際的な活動は無視できないほど増えたと評価

図1-6

輸出とFDIストックの深さの歴史的トレンド(1820～2016年)

出所:***Exports 1820:*** Angus Maddison, *Monitoring the World Economy 1820-1992* (Paris: OECD, 1995). ***Exports 1870-1949:*** Mariko J. Klasing and Petros Milionis, "Quantifying the Evolution of World Trade, 1870-1949," *Journal of International Economics* 92, no. 1 (2014). ***Exports 1950-1959:*** *Penn World Tables 9.0*. ***Exports 1960-1979:*** World Bank *World Development Indicators*. ***Exports 1980-2016:*** World Trade Organization, *Statistics Database*, and International Monetary Fund, *World Economic Outlook*. ***FDI 1913-1985:*** 1994 UNCTAD World Investment Report. ***FDI 1990-2016:*** UNCTAD, *World Investment Report 2017* (Geneva, United Nations: 2017).

する。多くのビジネスリーダーが認識していないセミ・グローバリゼーションの法則の一側面が、国際交流は国内交流に比べれば、まだ活発さが大きく劣ることである。国境の重要性は理解されていても、その重要性の度合いは過小評価されがちだ。

再び図1-4と図1-5に戻って、今度は実績値に注目し、どれくらいか推定してみよう。もしすでに図をじっくり検証したのであれば、友人や同僚に聞いてみよう。ほとんどの人(CEO、WTOの各国代表、MBA学生、世間一般の人々)は、これらの数値指標を大きく過大評価している。

私は複数の調査で共通の数値指標を用い、数十カ国に及ぶ数万の人々に同じ質問をしてきた。平均的な回答者はグローバル化の深さを五倍も過大評価している! 本章の後半で、なぜ人々がこれほどグローバロニーを信じているのか、なぜそれが問題なのかを詳しく紹介する。

特にマネジャーは、他の集団と大差ない不正確な推定をしがちである。図1-4の国レベルの数値指標について不案内なのはおそらく許されるだろうが、図1-5の企業レベルの指標に関する直観が不正確なのは衝撃的だ。多国籍企業の数はきわめて少ない。外国に事業展開している企業は一〇〇〇社に一社(〇・一%)未満、輸出しているのは約一%にすぎない。

もちろん、多国籍企業は平均して国内企業よりはるかに規模が大きく、グローバルな経済活動への貢献も確かに大きい。多国籍企業が本国の外で展開している事業活動は雇用の三%、生産高の一一%を生み出している。しかし、これらの価値は、マネジャーの典型的な推定値である雇用三〇%と、生産高四〇%には到底届かない。

本書でこれから全編にわたって、セミ・グローバリゼーションの法則の使い方を論じていく。しかし今は、深さの数値指標と、それを発展させたセミ・グローバリゼーションの法則を、企業が事業判断の際、国内的な考慮事項と国際的な考慮事項のどちらをどの程度優先するかの指針とすべきであることを、心に留めておいていただきたい。

深さが小さい場合は、国内の市場条件、規制、文化的嗜好などを優先すべきだ。深さが大きい場合は、国際的なフローに注意を多めに払わなければならない。深さが大きいケースでは、さらに発展させて考えると、私の提唱するグローバル化の第二の法則、すなわち深さではなく広さに関する法則が重要になってくる。

グローバル化の広さと隔たりの法則

国境の内外でそれぞれ行われている活動の比率を考慮したところで、次は国境を実際に越えるフローに視点を絞って検証しよう。ここで、グローバル化の第二の法則である**隔たりの法則**がかかわってくる。

国際交流は文化的次元、行政的次元、地理的次元の隔たりによって妨げられ、経済的隔たりによって影響を受けることも多い。

つまり、距離は消滅しておらず、消滅しつつあるわけでもない。

私のグローバル化の第二の法則は、物理学のニュートンの万有引力の法則を意図的になぞっている。物理学でもビジネスでも、重力モデルの背後にある考え方は同じである。二つの物体ないし場所の相互作用は、物体(場所)の大きさに比例し、物体間の距離に反比例する。

しかしビジネスでは、距離は地理的な隔たりのほか、国同士の類似点や差異から生まれる文化的、行政的、経済的な隔たりを意味する場合もある。

二〇一六年九月に、経済的交流には規模だけでなく距離が重要であるという考察をきっかけに、ツイッター上で面白いやりとりがあった。科学の専門家であるポール・ナイチンゲールと当時英国議会で唯一の英国独立党(UKIP)議員だったダグラス・カーズウェルが、地球の潮の干満の主要因を議論したものだ。

ナイチンゲールは、太陽は質量が月の二七〇〇万倍あるが、月の影響のほうが大きいと指摘した。月のほうが重要だとするこの考察をカーズウェルが受け入れなかったところ、ナイチンゲールは彼に、アイザック・ニュートンの『自然哲学の数学的諸原理』を読めと言った。これに対してある第三者が、時代の気分を代表して、「ニュートンみたいな重力のいわゆる『専門家』には、もううんざりだ」とコメントをつけた。

ビジネスにおける隔たりの法則を弁護すると、重力モデルは経済学に最も揺るぎない成果のいくつかをもたらしていると見られている。[22] 特に距離は、米国の経済規模が英国の七倍であるにもかかわらず、英国を除く欧州連合(EU)からの対英輸出は、対米輸出と同等である理由を説明している。

また、中国はアイルランドの約四〇倍の経済規模であるにもかかわらず、英国からの輸出は

図1-7

国の大きさをドイツからの商品輸出に比例させ，その国の商品輸入にドイツが占めるシェアに比例して濃淡をつけたルーテッドマップ（2015年）

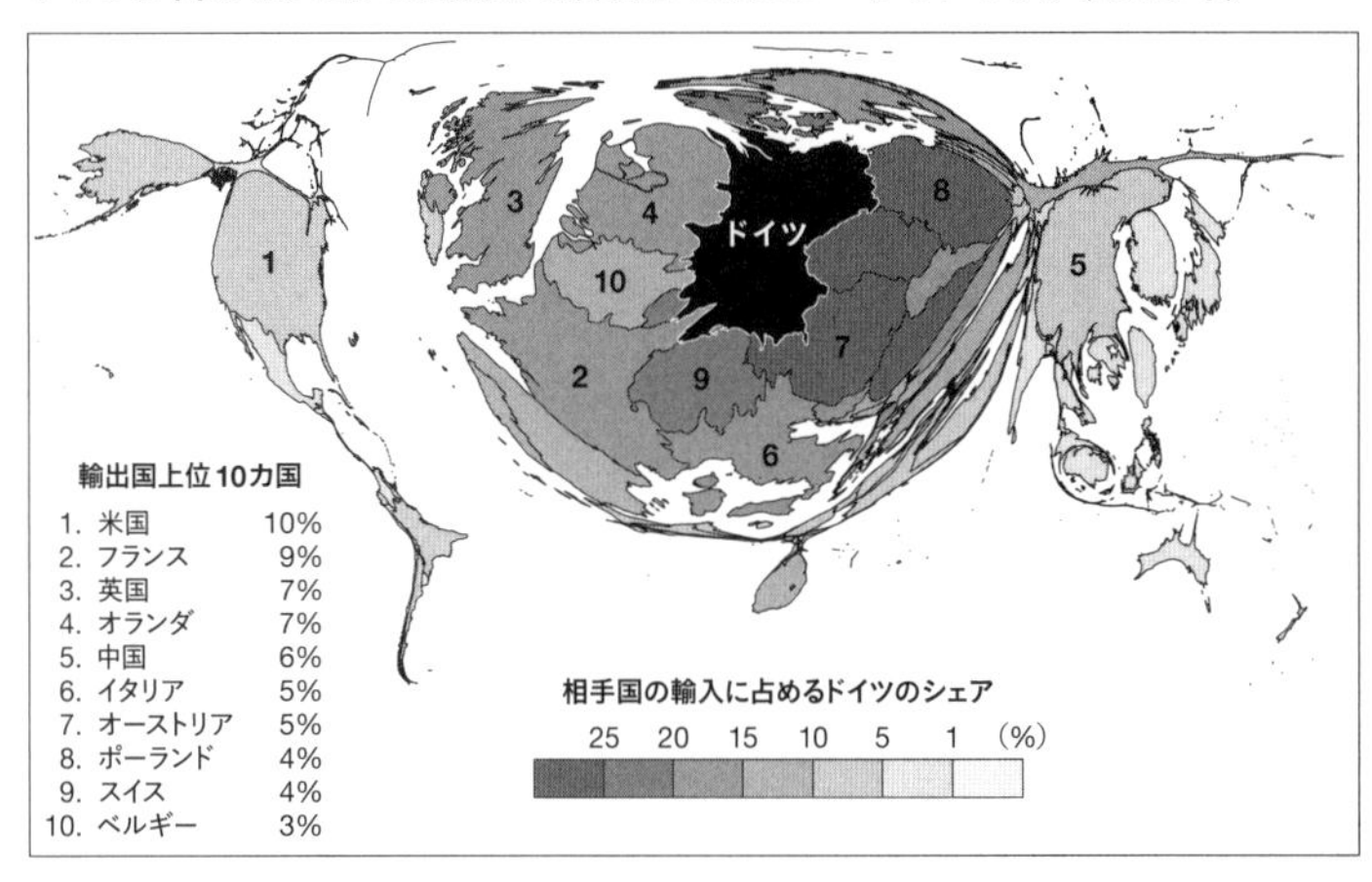

データ出所：International Monetary Fund, *Direction of Trade Statistics (DOTS)*.

対中国より対アイルランドのほうが多い理由も、距離で説明がつく。おおむね高く評価された英国財務省によるブレグジットの長期的影響分析に、重力モデルが柱として使われたのもそのためだ[23]。

隔たりの法則の作用を目で見て実感してもらうために、図1－7に示すドイツの商品輸出の地図をご覧いただきたい。本書には、このような統計地図をいくつか掲載している。各国の大きさは、ドイツからの輸出品の価値に比例するように修正を加えている。データと対応する大きさになっていないのはドイツで、これは国内の経済活動の規模に比例させると、セミ・グローバリゼーションの法則によって大きくなりすぎ、他国と釣り合いが取れなくなるからである。

また、大きさだけでなくシェアという観点も組み入れ、ドイツ以外のすべての国について、その国の輸入品に占めるドイツのシェアに従って濃淡をつけた[24]。

ドイツは二〇一五年時点で世界三位の輸出国で、GDPの四〇%を商品輸出から上げており、その割合は絶対値で一位の中国(二一%)や二位の米国(八%)よりはるかに大きい。

このように世界的な輸出大国として知られるドイツだが、輸出品の三分の二はヨーロッパ諸国向けであるため、この地図では通常の地図よりもヨーロッパが格段に大きく見える。ヨーロッパの中でも、物理的にドイツに近い国々のほうが遠い国々より大きくなっている。ドイツの貿易相手国の輸入に占めるドイツのシェアの変動の半分近くは、物理的な距離だけで説明がつく[25]。

ドイツの輸出は物理的な距離との関係だけでなく、別の意味合いでの距離が貿易パターンに影響することも示している。私のCAGEフレームワークでは四つの隔たり(文化的、行政的、地理的、経済的)に注目している(表1-1)。

このフレームワークを使って、ここでは国際活動のパターンを説明し、第5章では企業が海外のどこで事業展開するかの判断に適用する[26]。ヨーロッパ近隣諸国の大半へのドイツの輸出は、行政的な隔たりを軽減する共同体、EUの加盟国同士であるために容易になっている。

スイスとオーストリア(輸入にドイツが最大のシェアを占める国々)へのドイツの輸出は、共通の言語など文化的な類似点が有利に働いている。経済的な類似点と差異も重要だが、貿易

表1-1

CAGEフレームワーク

	文化的隔たり	**行政的隔たり**	**地理的隔たり**	**経済的隔たり**
二国間 **(双方向的)**	• 言語の違い • 民族の違い：結合力のある民族的ないし社会的なネットワークの欠如 • 宗教の違い • 信頼の欠如 • 価値観，規範，気質の違い	• 旧植民地つながりがない • 共有する地域貿易圏がない • 共通通貨がない • 政治的に敵対している	• 物理的距離 • 国境がない • 時差 • 気候や疾病環境の違い	• 貧富の差 • 天然資源，財源，人的資源，インフラ，情報，知識のコストないし質の差
多国間 **(一方的，多方向的)**	• 島国性 • 伝統主義	• 非市場経済もしくは閉鎖経済である • ホームバイアス(自国中心主義)の度合い • 国際機関に加盟していない • 制度の脆弱性，腐敗	• 海に接していない • 国内を船で移動できない • 地理的な大きさ • 地理的な遠さ • 交通ないし通信のつながりが弱い	• 経済規模 • 1人当たり所得が低い

出所：Pankaj Ghemawat, *Redefining Global Strategy: Crossing Borders in a World Where Differences Still Matter* (Boston: Harvard Business School Press, 2007), 41 (table 2-1).

品目によってインパクトがポジティブにもネガティブにもなりうるため、地図では見えにくい。[27]

経済を重力モデルで説明すると、すべての国の交流パターンの分析を通じて複数の隔たりの次元の影響を数量化できる。このモデルによって、ドイツの貿易パターンの例を全世界、CAGEフレームワークのすべての次元、さらには貿易以外の多くの活動に拡大することが可能だ。そのすべての次元や活動まで取り上げることは、本書の範囲を超えている。ここでは、全業種の総貿易量とFDIに絞り、業種別の隔たりの影響については第5章で論じる。[28]

図1－8は、商品貿易とFDIストックへのCAGEの隔たりの影響を、貿易については二〇〇五～一五年、FDIについては二〇〇五～一四年の間にすべての国の間で観測された国際交易のパターンに基づいて数量化したものである。

物理的な距離が半減すると、貿易は三倍以上(二二八％増)、FDIは二倍以上(一五三％増)になる。[29] 言語が共通であったり、国境を接したりしている場合は、どちらの活動も約二倍に増える。歴史的に一方の国がもう一方を植民地化していた場合、植民地関係の大半が数十年前に終わっているにもかかわらず、二国間の貿易とFDIを促進する力はさらに大きくなる。図1－8に挙げた共通点をすべて合わせた影響は、貿易で約六八倍、FDIで四九倍になる。[30]

経済的な隔たりは、総貿易量のフローに小さな影響しか及ぼしていないが、これは経済的な隔たりが貿易に大きな影響を持たないからではない。集計分析には経済的な差異によって貿易が促進される業種と、同じ差異によって貿易が妨げられる業種の両方が含まれているからであ

図1-8

商品貿易とFDIにおける隔たりの法則

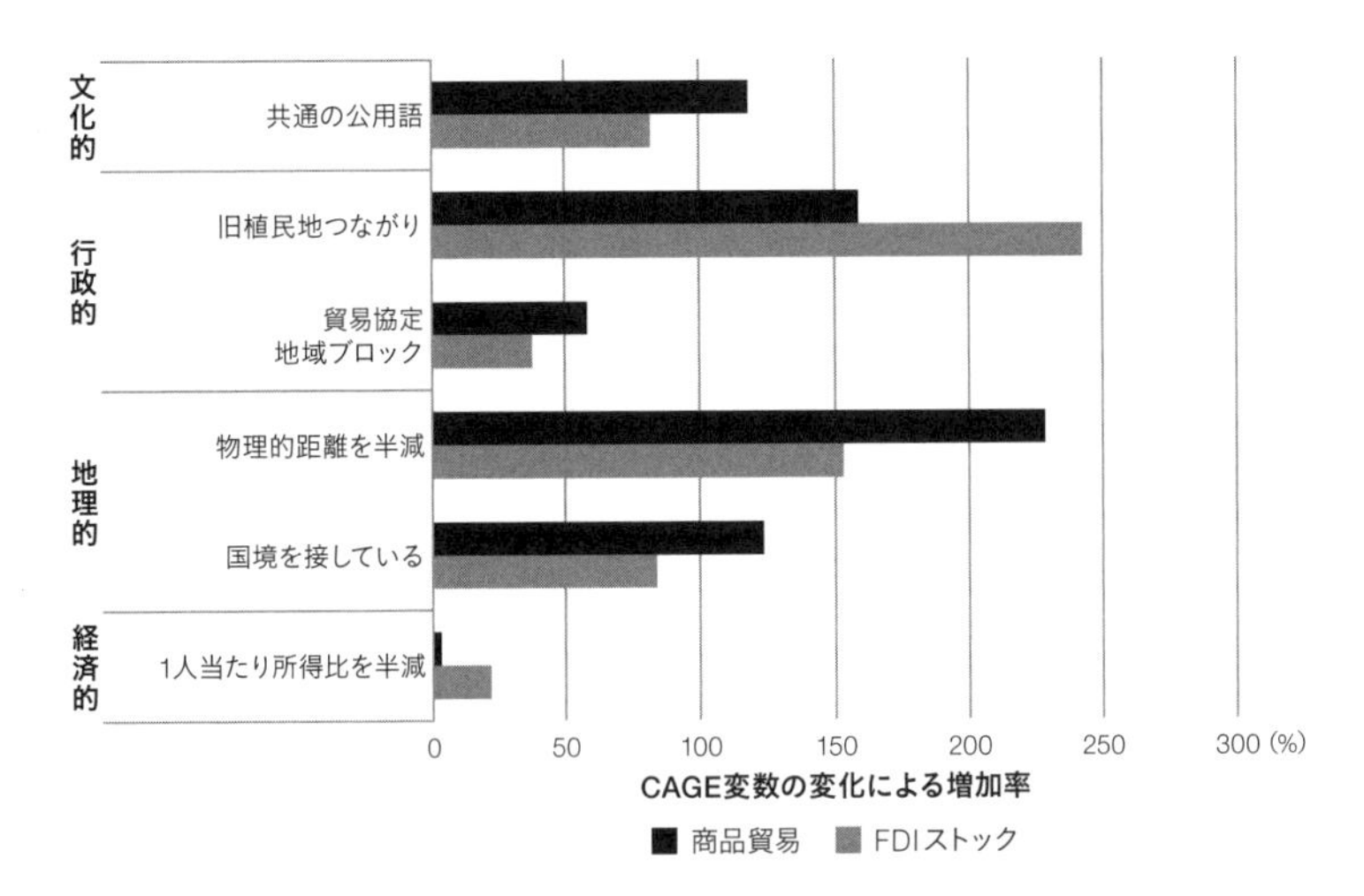

出所：重力モデルでは以下のデータを使って推定した．International Monetary Fund, *Direction of Trade Statistics (DOTS)*; United Nations, *Comtrade*, United Nations Conference on Trade and Development (UNCTAD), *Bilateral FDI Statistics*, 2014; International Monetary Fund, *Coordinated Direct Investment Survey*; CEPII, *GeoDist*; International Monetary Fund, *World Economic Outlook Database*; and World Trade Organization, *Statistics Database*.

る。

九七の製品カテゴリーを対象とした業種レベルの分析では、隔たりが四四のカテゴリーにきわめてポジティブな影響を及ぼし（それらの製品に対する経済的アービトラージが優勢であることを示唆している）、二〇のカテゴリーにきわめてネガティブな影響を及ぼしている（経済的な隔たりが貿易を妨げていることを示唆している）[31]。

重力モデルは、国レベルおよび業種レベルの活動全般で隔たりの法則の強力なエビデンスを提供するだけでなく、企業レベルでも機能する。たとえば隔たりの法則は、大手多国籍企業の外国子会社の立地にも適用できる。

図1-8で国レベルのフローに用いたのと同じCAGEの隔たり変数を用い、「フォーチュン・グローバル500」企業の外国子会社の立地を予測したモデルでは、共通の公用語、旧植民地関係、物理的距離、一人当たり所得の格差に大きな影響力があることがわかった。

さらに驚くべきことに、時代が進み、輸送コストと通信コストが大きく下がったにもかかわらず、隔たりの法則は廃れるきざしがない。商品貿易に関する現存する最長の時系列データでは、全般的に隔たりの影響が時代を経ても一定して変わらないか、むしろ大きくなっていることがわかっている。[32]

隔たりの法則の持続性について、もっと単純なエビデンスを求めるなら、一九五〇年以降の商品貿易フローの平均移動距離を見てほしい(図1-9)。平均移動距離は、分析対象期間の大半で四五〇〇〜五五〇〇キロメートルの間を変動している。国同士の隔たりと差異が問題にならないとしたら、この距離は約八三〇〇キロメートル(国同士の平均距離よりわずかに短い)に伸びているはずである。[33]

隔たりの影響が持続している理由は、何によって説明がつくだろうか。意外にも、輸送コストは移動距離の総コストのうち、ごくわずかな割合(ある研究によれば、四〜二八%)しか占めていない。[34]

図1-9

商品貿易フローの平均移動距離（1950～2015年）

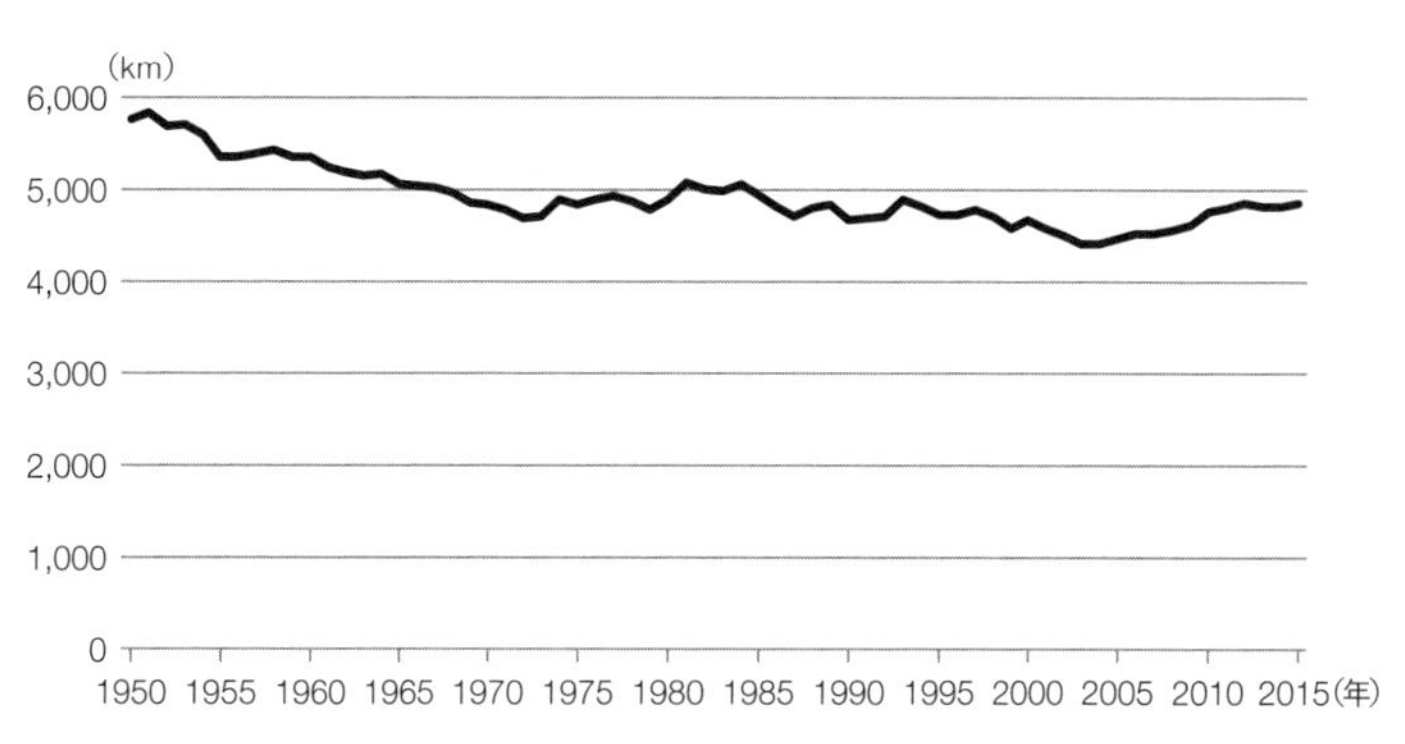

データ出所：International Monetary Fund, *Direction of Trade Statistics (DOTS)* and CEPII *GeoDist*.

文献レビューで「取引コストの大部分は、法制度、行政慣行、市場構造、ネットワーク、言語、通貨制度の差異のような取引阻害要因によるもの、との一致した見解がある」ことがわかっている。[35] 隔たりの影響は、輸送よりも歴史や制度に大きく関係しているのである。

隔たりの法則は、歴史上の長期にわたるさまざまな国際活動に適用できるだけでなく、全世界に通用する。たとえば、英国はDHL世界連結性指標の広さのランキングで第一位であるが、それでも同国の国際活動は隔たりの法則に従っている。

英国の輸出、輸入、対内FDIストックの半分以上、対外FDIストック、対外ポートフォリオ・エクイティ・ストック、国際電話のおよそ四〇%の相手は、ヨーロッパの国である。もちろん、隔たりの法則を適用すると、ブレグジットについてはどうなのかという疑問が当然生じる。これについては、次章で取り上げる。

隔たりの法則が人々の感覚とどれだけ食い違っているかを示す例を挙げると、私が行った意識調査では、必ず回答者の大多数がトーマス・フリードマンの*The World Is Flat*（邦題『フラット化する世界』）の、企業は今や「ウェブが可能にしたグローバルなプラットフォーム、（中略）地理、距離、時間、さらに近い将来には言語にも関係なく、稼働する」プラットフォームで活動しているという主張を支持する。[36]

また、マネジャーは多国籍企業の事業活動の広さを大きく過大評価している。たとえば米国のマネジャーは、米国の平均的な多国籍企業は三〇カ国以上に事業展開していると考えているが、正解は三カ国である。[37] 世界の売上の上位五〇〇社に絞っても、私の二〇一七年の意識調査で対象とした六カ国すべてのマネジャーが、事業活動の範囲を大きく過大評価していた。[38]

北米、ヨーロッパ、アジア太平洋と大きく分けた三地域それぞれから売上の五分の一以上を上げている企業は、この中で一〇分の一に満たない。ところが、マネジャーたちは平均してこれらの企業の半数近く（四四％）が三地域それぞれから、売上の五分の一以上を上げていると推定した。[39]

本書の各所でこれから紹介していくが、隔たりの法則は、ビジネスにおいてさまざまに応用できる。しかし今のところは、重力モデルとＣＡＧＥフレームワークによって、企業が海外のどこで成功の見込みが最も高いか、どこで最も厳しい競争を予想すべきかが説明できることを心に留めておいていただきたい。重力モデルによる隔たりの影響の推定値は、事業判断を行う際の支援ツールにもなる。[40] これらのツールは、企業や業種の特徴に合わせてカスタマイズすれば、特に威力を発揮する。

バイアスによる判断の誤り

世界のグローバル化を過大評価する傾向は、国、年齢層、性別、教育レベル、支持政党その他、私が検証したあらゆる制御変数に共通して見られる。国際経験の豊富な企業幹部までがまったく的外れな見方をしているのはなぜだろうか。そこに働いているのは、強い心理的バイアスである。なかでも特に強いのが、知覚バイアス、動機による歪み、「テクノトランス」の三つのカテゴリーである。[41]

グローバル化についての明らかな知覚バイアスの一つが「印象バイアス」、つまり、新しいものや非日常的なものに強く印象づけられる傾向だ。たとえば、フランス人は街角のマクドナルドには気づくが、いまだにクロックムッシュを売っている何千軒ものカフェは目に留めない、と経済学者のダニエル・コーエンが指摘している。[42]

そして、思い込みに目がだまされるというパターンがある。寓話作家のジャン・ド・ラ・フォンテーヌの言葉を借りれば、「誰もが自分の恐れているものや願望は簡単に信じ込む」。

さらに、上級幹部の場合、特に問題になると思われるのが「投影バイアス」である。自分がきわめてグローバルな人生を送っているからといって、それは世界の大部分のあり方ではない。国際政治学者のパラグ・カンナの推定によれば、世界の九〇%の人は、生まれた国を一生出ることがない。[43]

動機による歪みもビジネスの世界にはびこっている。グローバロニーは最高財務責任者が投資家に会社の国際的展望を宣伝するには役に立つかもしれない。自社にグローバル化推進の発破をかけたいCEOにとってもそうだろう。また、たとえば「世界一のラザニア」のようなキャッチフレーズや野球のワールドシリーズに使うマーケティングの道具としては、便利かもしれない。とはいえ、このようなPR施策に判断を曇らされてはならない。

しかし、グローバロニーを加速させている真因は、テクノトランスかもしれない。この心理は、大航海時代からこのかた長らく存在してきた。テクノトランスとは、国の政策や法律、文化の違い、あるいは見えないものは意識されにくいという単純な事実をものともせず、新技術が国境と距離を撤廃するという幻想(人によっては悪夢)をいう。変革的な技術は時代につれて変化をもたらしたが、輸送と通信の新技術がグローバル化を推進するという信念はずっと変わらなかった。

現在、テクノトランスの牽引役となっているのはデジタル化であるようだ。その可能性をめぐる熱狂が最高潮に達するのは、ソーシャルメディアについて語られるときである。[44]

しかし、図1－4に示したように、フェイスブック上でも、国外の友達は一四％にすぎない。言葉の通じない人と友達になっても、普通はあまり楽しくないからというだけでなく、国境を越えるうえでの障害は他にもある。

中国は米国のソーシャルネットワークを国内で禁止し、代わりに独自開発した自国版を持っており、その事実から行政政策が技術によるつながりを超えうることを思い知らされる。また、ネット上の友達関係は通常、リアルな知り合い、つまり、近くに住んでいる人々に偏りがちであり、となると、地理的距離も大きく関係してくる。

テクノトランスとグローバロニー全般への反論の最後は、歴史である。序章でも触れたが、シリコンバレーを代表する人物といってもよいピーター・ティール（ペイパルの共同創業者でフェイスブックの役員も務めている）は、一七二〇年以降の大きな金融危機はすべて、テクノトランスとグローバロニーが相まって起きたと主張している。[45]

グローバロニーの代償

グローバロニーは無害な妄想では*ない*。ビジネスにも公共政策にも大きな代償を伴う。

まずビジネスから述べると、序章で取り上げたコカ・コーラの例で、グローバロニーがいかに企業を危険にさらす可能性があるかがわかる。すでに述べたように、元CEOのロベルト・ゴイズエタが一九八〇年代から一九九〇年代にかけて標準化と集権化を極端に進めると、同社の業績はやがて落ち込み、同社の時価総額は急減した。

国際戦略に関して当時蔓延していた一連の勘違いが、コカ・コーラの事例ではいかに強く作用していただろうか。それを、私が二〇一七年に六カ国で実施した意識調査でマネジャーたちに提示した四つの(誤った)設問文で説明しよう。

①真にグローバルな会社は、すべての大きな市場で競争すべきである。
②あらゆる場所で同じ方法で競争することが、最高のグローバル戦略である。
③真にグローバルな会社は本拠地を持つべきではない。
④グローバル化は、ほぼ無限の成長機会をもたらす。

ゴイズエタ指揮下のコカ・コーラは、これらの神話にすべて従ってしまったが、定評ある研究ではすべて反証されている。もし四つの設問文を読みながら思わずうなずいていたとしても、それはあなただけではない。私の意識調査の回答者の七〇%以上も、これらの設問文にすべて同意している。[46]

コカ・コーラは、ゴイズエタがＣＥＯに就任する以前からグローバル進出（神話①）をめざしていた。一九二〇年代前半から一九八〇年代前半までコカ・コーラを経営していたロバート・ウッドラフはかつて「キリスト教の宣教師にすら先立って、私たちが全世界にわが社の旗を立てなければと感じている」と述べている。[47]

ゴイズエタの最大の変革は、一九九七年のボトラー会議で彼が繰り返した声明「一つの体制、一つの未来」に要約される画一化（神話②）を掲げたことである。[48]

ゴイズエタは無国籍主義（神話③）も標榜し、「国際企業のレッテルも国内企業のレッテルも（中略）もう通用しない。今日から、本社がたまたま米国にあるにすぎないわが社は、真のグローバル企業なのである」と宣言した。[49]

また、彼はグローバル化を無限の成長の源泉（神話④）と見ていた。「現時点で、米国の人々は普通の水道水も含めたあらゆる飲料よりも、ソフトドリンクを多く消費している。（中略）同じ波が市場を一つまた一つとのみ込んでいき、やがて世界で最もよく飲まれる飲料は、お茶でもワインでもビールでもなくなるだろう。世界一の飲料はソフトドリンクになる。わが社のソフトドリンクだ[50]」。これを世界征服計画と言わずして何と言おう！

こうした神話の根はグローバロニーにあるため、グローバル化の度合いについて誇大な思い込みがあるマネジャーほど、当然ながら神話を信じる可能性が大幅に高い――年齢、性別、その他の要素を調整しても結果は変わらない。

世界のグローバル化を過大評価すると、国による差異を慎重に理解して対応する必要性を過小評価してしまう。外国市場ではうまく機能しない製品やサービスに投資する一方で、海外での持続的な成功を支える人間関係の構築と維持には苦労する。

グローバロニーに起因するビジネス上の過ちは、関係する企業に害を及ぼすだけでなく、グローバル化に対する怒りをかき立てて、全般的な事業環境を悪化させてしまう。お茶やコーヒーを飲む文化が深く根づいた国々の人たちが、コーラに転向させようという遠い国の一企業のビジョンをどう見ると、あなたは思うだろうか。

ビジネスリーダーが外国の独自性や、主権にすら敬意を欠く姿を見せれば、多国籍企業は市場帝国主義者という印象を与えてしまう。さらに一般国民のグローバロニーは、グローバル化への恐怖心に拍車をかけることも、統計分析によって裏づけられている。グローバル化の深さを過大評価している人々は、当然グローバル化によってもたらされるとされる弊害を不安がる気持ちが強い[51]。

グローバロニーを打破したら、その結果あなたのビジネスはどう変わるだろうか。答えは、二〇〇〇年代前半のダグラス・ダフトCEO指揮下のコカ・コーラが取った対応、会社に壊滅的な損害をもたらしたハイパーローカル化では**ない**。

具体的なビジネスへのインプリケーションは、第II部で取り上げるとして、ここではコカ・コーラの事例から、いくつかのハイライトを考察しよう。

まず戦略（第4章のテーマとする）としては、二〇〇四年にCEOに就任したネビル・イズデルは、国による差異に適合する適応と、規模の経済を追求する集約と、アービトラージによるコスト削減の複合戦略を用いた。コカ・コーラは現在、自社を「総合飲料企業」とポジショニングしている。

プレゼンス（第5章）に関しては、事業展開している国の数は減らしていないものの、市場によって投資する資本のコストを変え、リソース配分を微調整する方向に転じた。また同社は北朝鮮への進出のタイミング（進出するとして）にこだわるのもやめたと伝えられている。

組織構造（第6章）に関しては、イズデルはゴイズエタが一〇年前に撤廃した組織上の国内外の区別を復活させた。また、たとえば世界中から製品開発リーダーが集まる年次総会を創設するなど、組織単位間のつながりを作った。

最後に、非市場戦略（第7章）についてはは、コカ・コーラは今では無国籍企業という言葉をあまり発していない。ただし、単におとなしく地域密着型の企業市民に甘んじるような発信や振る舞いをしているわけでもない。イズデル、そして特に後任のムーター・ケント体制になってからは、現地の要件遵守にとどまらず、さらに大きく踏み込んだ一連の持続可能性のための施策を推進している。

まとめよう。本章ではグローバル化の現状の位置づけ（マッピング）を行い、グローバル化の深さと広さを支配する二つの法則を提唱した。その過程で、現実とは乖離した多数のグローバロニーの誤りを明らかにした。グローバロニーを増長させているいくつかのバイアスを検証し、グローバロニーが公共政策と事業戦略にもたらす弊害を見た。読者の中には、激動する時代にも変わらないと予想される法則の強調ぶりに驚いた方もおられるかもしれない。しかし、そうするだけの強固な戦略的根拠がある。

激動にはもちろん慣れているはずのアマゾンCEOジェフ・ベゾスは、かつてこう述べた。「普遍的なものを戦略の土台にするとよいでしょう。社外の人たちと話をしていると、しばしば『五年後、一〇年後には、今とは何が違っているでしょう』という質問を受けます。ところが、『五年後、一〇年後にも、今と変わらないものは何でしょうか』と聞かれることはまずありません。当社では、絶えずこの問いと向き合っています。変わらないものを土台にすれば、目覚ましい成果を上げられます[52]」

しかし、グローバル化の法則は、今後待ち受けるであろう「ブランプ」をはじめとする衝撃にも耐え続けられるだろうか。第2章では二つの法則のストレステストを行う。

本章のまとめ

グローバル化の一般法則

❶ グローバル化に対して現在起きている幻滅や怒りの波は、まったく新しいものではない。技術に後押しされた国境や距離の消滅への期待は、現実を先走っては揺り戻す長い歴史を繰り返してきた。

❷ 国際的なフローの深さと広さに関するハードデータは、少なくとも二〇一六年末時点では、グローバル化が減速はしたものの、逆行してはいないことを示している。

❸ 研究データ、メディア、マネジャーのグローバル化に対する見方を比較すると、グローバロニーというさらに大きな問題が見えてくる。ビジネスパーソン（および一般国民）は、現在の世界のグローバル化の度合いをきわめて過大に評価している。

❹ グローバロニーは、公共政策と事業環境に弊害をもたらしている。グローバル化の度合いを過大に捉えている人々は、グローバル化の害についても過大に考え、保護主義を求める圧力をかけている。

❺ グローバロニーによって企業が払う直接の代償は、さらに大きなものとなりうる。多くの国際的企業がグローバル化の度合いを過大評価し、その延長で海外で成功するために対処しなければならない国による差異や隔たりを過小評価して失敗している。

❻ 幸い、グローバル化は、非常に信頼性が高く科学的法則として認知するに値する二つの法則に支配されている。

❼ 「セミ・グローバリゼーションの法則」(深さ)は、国際交流が無視はできないものの国内交流に比べれば、まだ活発さが大きく劣るとするものである。

❽ 「隔たりの法則」(広さ)は、国際交流が文化的、行政的、地理的次元の隔たりによって妨げられ、経済的な隔たりにも影響を受けることが多いとするものである。

❾ この二つの法則は、マクロレベルの貿易、資本、情報、人のフローに幅広く適用でき、また、数十年前から当てはまってきたものである。

❿ グローバル化の法則は反グローバル化という反動の最中でも、安定した戦略の構築基盤となる。

第2章 グローバル化と衝撃

Globalization and Shocks

第1章では、グローバル化は多くの人が考えるほど進んではいないが、無視できる程度でもなく、良識あるマネジャーが国内の条件にだけ注意を払っていればよいわけではないことを立証した。セミ・グローバリゼーションの法則は国境が今でも重要であること、隔たりの法則は国際活動が文化的、行政的、地理的、そして、しばしば経済的な隔たりによって制限され続けていることをはっきりと示した。こうしたパターンを認識しておけば、企業が代償の高い失策を回避できることも見てきた。

しかし、この議論は二つの法則と同様、現在までのデータに基づくものである。ブレグジットやトランプ大統領選出のような近年の衝撃、あるいは、これから出現する衝撃から、今後どのような結果が生じうるだろうか。

この問いに答えるための標準的なアプローチは、可能性の高い政策変更を特定して、そのインプリケーションを評価することである。しかし、このようなアプローチには、いくつかの問題がある。

第一に、ブレグジットとトランプ政権の主要な政策はまだ詳細が不明だ。

第二に、企業として情報が増えるのを待ったり情報収集に投資したりするのでは、対応が遅れるうえ、迅速な学びが必ずしも得られないために不十分だ。

第三に、新しい情報に機敏に対応したとしても、企業が受け取るシグナルが多数あり、しかもバラバラな方向を指し示している状況では、限界がある。私たちは少なくとも短中期的には軍事用語でいうVUCAな世界から抜け出せない。

ビジネスリーダーはこのような激動にどうアプローチすべきだろうか。第1章で、変わらないと確信できる現実を意思決定の土台にする戦略的価値を説いたジェフ・ベゾスの言葉を引用した。グローバル化の法則が今後も通用すると確信できれば、激動する環境にあっても、これらの法則を企業の戦略的コミットメントの指針にできる。

そこで本章は、グローバル化の法則のストレステストをテーマとする。まず、トランプ大統領のまだ発展途上のグローバル化関連政策を検証する。次に、世界貿易戦争の小さからぬリスクを考慮し、同様の戦争が勃発した一九三〇年代を振り返り、現在への教訓を引き出す。

そして、二〇〇八年の世界金融危機後のユーロ圏に注目し、グローバルレベルではなく地域レベルの衝撃を考察する。その後、ブレグジットによって起こりうる影響とその影響が業種や企業によってどう変わるかを詳しく述べる。最後に、VUCAな世界での戦略への、大きな視野からの教訓をお伝えする。

グローバル化へのトランプ効果

トランプの政策は、絶えず変化しているが、実態はともかく、言葉のうえでは孤立主義(「アメリカ・ファースト」)である。トランプの政策は、いずれグローバル化の二つの法則を破るのだろうか。トランプが最もよく発言し、痛みを伴う変化が最もありそうな二つの国際交流、貿易と移民について考察してみる。グローバル化の法則がこれらの衝撃を耐え抜く見込みが高ければ、かなり信頼性の高いストレステストに合格したことになる。

◆トランプ以前

トランプ政権前の米国は、明らかに二つの法則に従っていた。まずセミ・グローバリゼーションの法則から見ると、米国の国境を越えるフロー(特に人のフローと貿易のフロー)は反動を引き起こすほど大きかったが、それでも国境が意味をなさなくなったと想定した場合よりは、はるかに小さかった。

貿易では、二〇一五年の総輸入額と総輸出額は米国のGDPのそれぞれ一五%と一二%であ

図2-1

米国で購入された財とサービスの原産国（2014年）

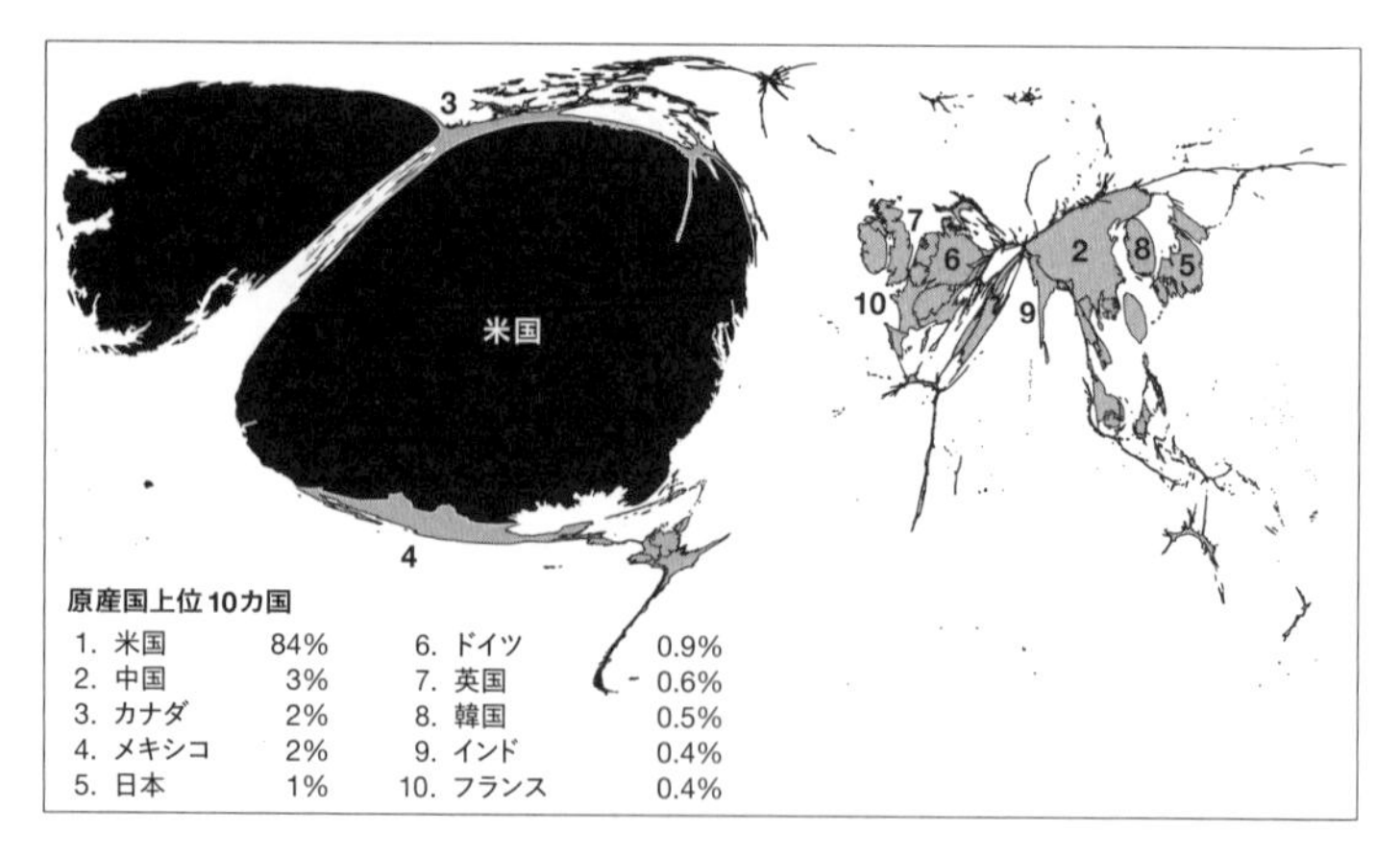

データ出所：International Monetary Fund, *Direction of Trade Statistics (DOTS)*, *World Economic Outlook Database*, and United Nations *Comtrade Database*.

り、国境の影響をゼロと想定したベンチマークの七六%（一〇〇%から世界のGDPに占める米国のシェアを差し引いた数字）よりはるかに小さい。米国の輸入額は、この数値指標のデータでは五カ国（スーダン、アルゼンチン、ナイジェリア、ブラジル、イラン）を除くすべての国よりも、経済規模に比べて少ない。

　また、米国で消費されるものはすべて中国製だとよく言われるが、中国からの輸入品に費やされる金額は、米国の支出額の三%未満であり、米国で販売されている中国製品の価格の大半は、実は、これらの財の輸送、販売、マーケティングを行う米国企業の取り分である。

　図2－1に、二〇一四年に米国で購入された財とサービスの原産国の地図を示

図2-2

米国在住者の出身国（2015年）

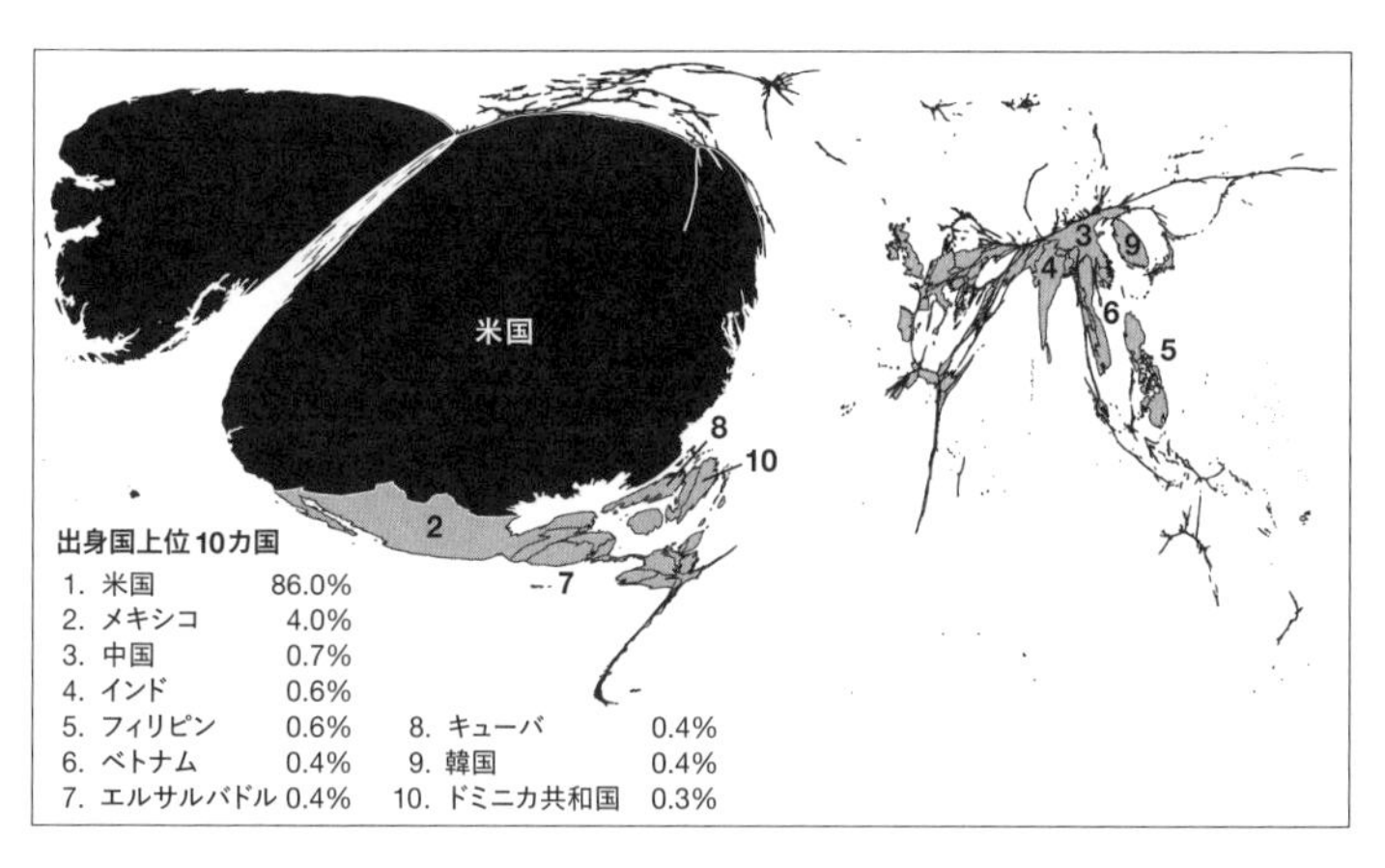

データ出所：United Nations, *International Migrant Stock 2015* and *World Population Prospects*.

す。米国のほうが、中国をはじめとする外国よりはるかに大きくなっている。

移民に関しては、国境の影響がないと想定したベンチマークの九六％に対して、第一世代の移民が米国の人口に占める割合は一四％である（図2-2）。

ところが、別々に行われた三つの意識調査で、米国人はこの割合を三二～四二％と推定している[1]。実際の移民の割合を伝えるだけで、自国には移民が多すぎると思っている米国人の比率は、ほぼ半減する[2]！

隔たりの法則に移ろう。米国の国際的なフローは、自国と同じ地域向けに比重が大きく偏っている。つまり、二〇一五年の米国商品の輸出先は、カナダが一九％、メキシコが一六％を占めている。

米国を除いた世界GDPに占めるこの二国の割合は、合計五％しかないにもかかわらずだ。特にカナダは、米国の最大の輸出先であり、経済規模は世界第一〇位でしかないのに、DHL世界連結性指標で取り上げた一五のフローのうち、二つを除いたすべてで、米国のパートナー上位五カ国に入っている。英国も、四つを除くすべてのフローで上位五カ国入りしており、地理以外の次元で隔たりの法則（特に、共通言語と、かつての植民地関係）を証明している。

そして、北米自由貿易協定（NAFTA）のもう一つの同盟国メキシコは、規模が中国の一〇分の一であるにもかかわらず、中国よりも多くの分野でパートナー上位五カ国入りしている。また、メキシコ－米国間の交流は、移民数（ストック、メキシコから米国へ）と電話件数（米国からメキシコへ）では、すべての国の組合せより圧倒的に多い。

◆公約と政策

ウィルバー・ロスとピーター・ナバロ（両名とも、その後トランプ政権で要職に任命された）が提案し、選挙遊説でトランプが開陳した貿易政策は、グローバル化の法則の枠内に収まっているだけでなく、少なくとも二国間貿易に関しては、まったく現状どおりである。公表された計画では（二国間）貿易のグローバル化の深さは変わらない。

すなわち、トランプがこのように公言する目的は、米国の輸入を削減し、輸出を同額まで増やして貿易赤字を解消するというものだった。[3] 米国の貿易赤字が最も大きい六カ国（うち四カ国は米国の貿易相手国上位六カ国にも入っている）それぞれとの輸出入額を均衡させるという目的からすると、二国間貿易の広さもまったく変化はなく、隔たりの影響も変化しないと推定される。

選挙遊説中、トランプは人のフローに関してはさらに熱弁をふるい、大統領選出後に不法移民やイスラム教徒などの集団に影響する大統領令を連発してその言葉を裏づけた。こうした言動は米国の魅力を低下させ、移民だけでなく観光客や学生を含むあらゆるタイプの人の流入を妨げ、強制送還などによる流出を増加させるかに見える。

しかし、このような変化によって学生や観光客のフローがごくわずかにまで減ったり、まして移民ストックがゼロ同然に縮小したりする可能性は低い。二〇一五年の米国の人口に占める第一世代の移民の割合が一四％だったことを思い出してほしい。トランプが選挙戦で約束したように、米国が二〇〇万〜三〇〇万人の不法移民を強制送還した場合、国外退去は人の視点から見れば大きな悲劇だろう。しかし、人口に占める外国出身者の割合は、一四％前後にとどまるはずだ。

そして、米国にいると推定される一一〇〇万人の不法移民すべてを強制送還したとしても、その割合はたった一一％にしか下がらない。移民の出身国第一位のメキシコの地位も変わりそうにない。二〇一五年時点で米国に暮らす第一世代の移民の二八％はメキシコ出身であり、第二位の中国とは五倍以上の差があった。メキシコの人口は、中国の一〇分の一であるにもかかわらずだ。
トランプ政権になってからの二〇〇日間で、選挙戦中の公約は、それ以上は、ほとんど具体化していない。『ワシントン・ポスト』紙の「トランプ公約トラッカー」によれば、選挙戦中にトランプが掲げた移民関連と貿易関連の公約一八件のうち、守られたのは環太平洋パートナーシップ(TPP)協定からの離脱と、NAFTAの再交渉開始の二件のみだという。一八件の公約のうち三件(即座に中国を為替操作国認定するとした公約など)は破られた。「壁」の建設や「聖域都市」への連邦政府補助金の交付停止など、四件は何らかの形で手をつけられている。九件の公約は、本書の執筆時点では、まだ評価の対象にできない状況だ。[4]
これだけ見てもいかに場当たり的かがわかるが、見解の揺れ幅は到底捉えきれていない。ところが、トランプ政権が実際に何をするかを予測するのが非常に難しいのは、この見解の揺れのせいである。
たとえば、トランプ政権が誕生した週のある日の午後に全輸入品に二〇%の国境税調整を適用する案が持ち出されたかと思えば、その後、メキシコからの輸入品のみに対象が狭められ、最後は「数ある選択肢」の中の一つの案にすぎないとされた。グローバル化の二つの法則に頼る(本章のストレステストに合格したとして)以外で最もわかりやすい選択肢として予測を行う基盤とするには、いかにも頼りない。

◆大惨事となりかねない影響

ここまで、総じて国レベルでは、トランプ政権下で大きな変化は起こりそうにないことが示された。ただし、加えておくに値する注意点が二つある。

第一に、メキシコは米国市場への依存度の高さ、投資と雇用を米国内に取り戻せる可能性、合法・不法を含めた移民の送出国という立場から、特にサンドバッグになりやすい（カナダにもその危険があるが、少なくとも本書執筆中の二〇一七年後半現在は、まだ安泰と考えられる。カナダのほうがメキシコより米国との貿易量は大きいが、対米貿易黒字は五分の一未満であり、移民の大量送出国でもないためだ）。

第二の、もっと深刻な注意点（実際、大惨事となりかねない）は、トランプが世界貿易戦争の引き金を引く可能性である。多くの観測筋がこれは十分にありうると口を揃える。二〇一六年一一月のトランプ大統領選出で「貿易戦争」をキーワードとしたグーグル検索数が七倍に急増し、二〇一七年一月下旬に三つの明確な貿易政策が打ち出された日以降、その数は一〇倍に増えた。[5]

私が複数国を対象に実施した意識調査では、二〇一七年春の時点で、今後五年間に世界貿易戦争ないしグローバル化への大きな打撃が起こる確率を、企業幹部は約三分の一と判断している。企業幹部が考えるこの確率の高さを考慮して、貿易戦争の可能性をさらに掘り下げ、このシナリオの下でもグローバル化の法則が適用されるかを検証してみよう。

世界貿易戦争はあるか

世界貿易戦争が起きた場合、どうなるだろうか。観測筋からいくつかの予測が出されているが、なかでも代表的と思われるのは、ムーディーズ・アナリティックスが出したものである。同社は(トランプが選挙戦中のある時点で提案したように)米国が中国に四五%、メキシコに二〇%の関税を課したら、両国は同様の報復をし、別のトランプ・アジェンダによって強くなったドルの影響と相まって、米国の輸出は二〇一九年に八五〇〇億ドル減少すると予想した。[6]しかし、これは二〇一五年の米国輸出の約四%にすぎず、米国の輸出規模からすると誤差の範囲だ。

この分析は、グローバル化の法則が依然として適用できそうなことを示唆しているが、完全に安心はできない。輸出減少の見積もりが示す「不確実性コーン」は狭すぎるように見える。また、輸出レベルが貿易戦争が始まる以前のトレンドにいずれ戻るだろうとする仮定は楽天的すぎはしないだろうか。

世界金融危機によって米国の生産水準は、危機の発生から約一〇年経った今でも危機以前より一二%低い状態にとどまっていることに留意しなければならない。[7]いくつ並べても大して差異がなく現状とも代わり映えしない予測シナリオに、人は得てしてとらわれがちである。

そこで、未来学者の助言に従って、未来ではなく過去に注目し、ある極端なエピソード、すなわち、一九三〇年代の世界貿易戦争から教訓を引き出すことにしよう。

一九三〇年代初めには、史上最大のグローバル化の逆転が起きている。そして、この時期はいくつかの点で現在に似通っている。グローバル化は今、再び低迷期に入っている。[8] 近年の中国の台頭によって生じた米国との緊張状態は、第一次世界大戦とその後世界が経験したグローバル化関連も含むさまざまな苦難の主要因となった、英国とドイツの緊張関係とそっくりである。[9] どちらの時期にも、所得格差が広がり、それにまつわる恐怖感、怒り、さらには人種差別主義さえ広がっているという特徴がある。

歴史学者のジェフリー・ジョーンズは、一九一六年から一九二三年の間に、以前はコスモポリタンな多民族国家だったオスマン帝国(トルコ)がギリシャ人やアルメニア人に対する虐殺を行い、一八七〇年代以降は消滅寸前だったクー・クラックス・クランがアフリカ系アメリカ人、ユダヤ人、カトリック教徒の粛清運動に参加する米国会員を一九二一年までに五〇〇万人に増やしたと指摘している。

二つの明確な違いも、認識しておくべきだろう。

第一に、一九三〇年代初期に世界貿易が収縮する直接の引き金となった一九三〇年のスムート・ホーリー法は、米国の輸入関税を全般的に引き上げたものだが、トランプ政権は米国が大きな貿易赤字を抱える相手国のみを標的にすると言っている。しかし、中国などがにおわせている報復はもちろん、サプライチェーンが複数国にまたがる時代に、一部の国を標的にした措置が世界貿易戦争に飛び火することは容易に想像できる。

第二の違いも、懸念を鎮めるどころか増幅するものだ。一九二〇年代末の貿易量は今日の三分の一未満、輸出額は世界GDPの一〇%に満たなかった。そのため、やがて起きた大恐慌に世界貿易の収縮が果たした役割はごく限られている、というのが大半の歴史家の見解である。今回、貿易量がある程度の割合で減少すれば、そのインパクトは、はるかに強いであろうことは明白だ。

このように、一九三〇年代と現在の状況が酷似しており、両者の違いは懸念を（完全には）払拭するものでないとすれば、一九三〇年代の世界貿易戦争から現代の私たちは何を学べるだろうか。貿易の深さと広さに関する二つの教訓が浮上する。それはグローバル化の二つの法則の裏づけともなっている。

◆貿易の深さ

一九二九年から始まった貿易の収縮は、米国のスムート・ホーリー法施行に端を発した報復の応酬が繰り返されるようになると、実に大きなものとなった。世界の商品貿易の価値は、経済学者チャールズ・キンドルバーガーの有名なレーダーチャート（図2－3）が示すように、

図2-3

キンドルバーガーによる世界貿易の縮小スパイラル(1929年1月〜33年3月)

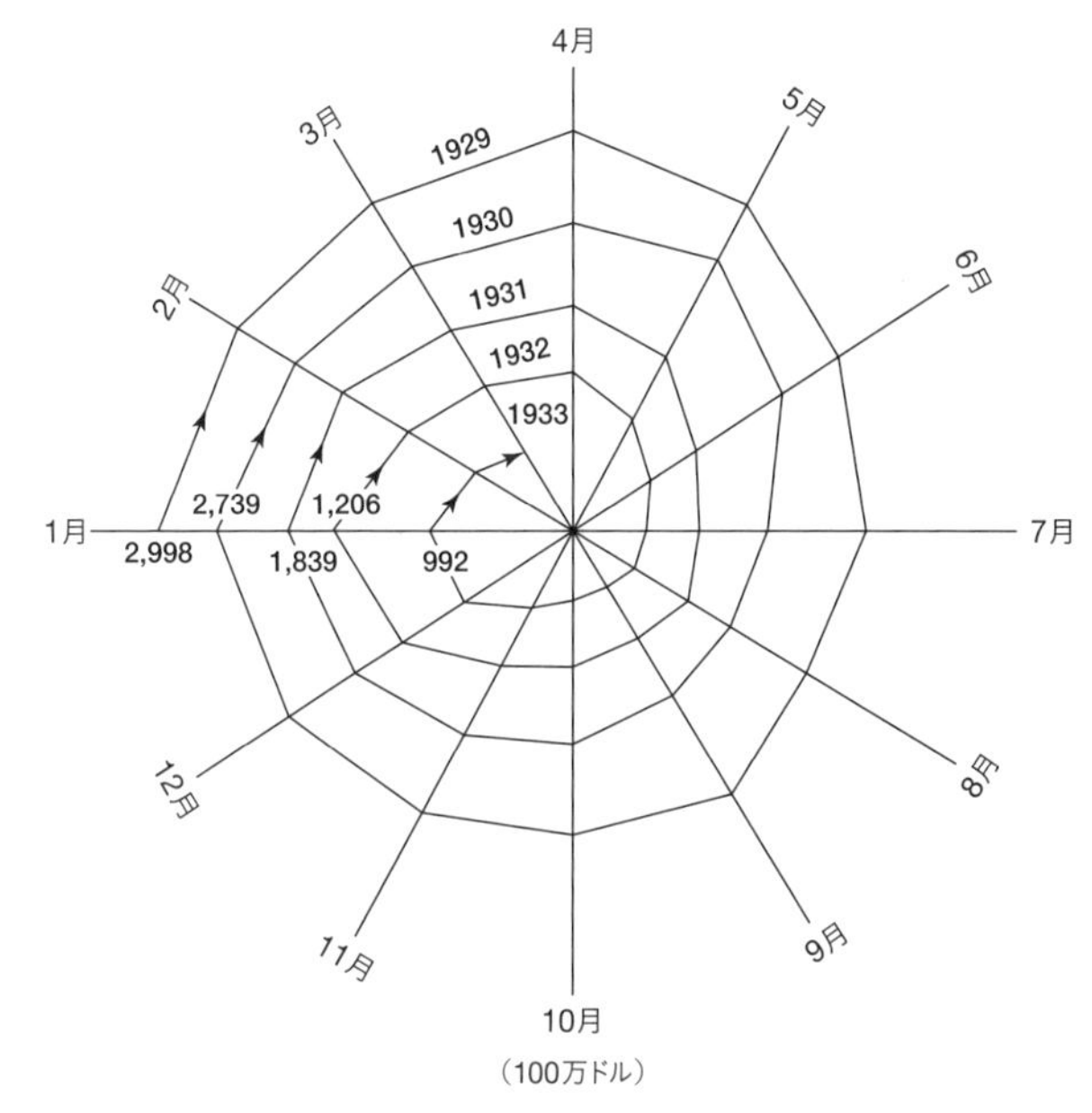

出所:*The World in Depression, 1929-1939*, by Charles P. Kindleberger, ©1973, 2013 by Charles Kindleberger. Published by the University of California Press. Figure 8: "The contracting spiral of world trade, January 1929 to March 1933," p.172.

一九三三年三月まで月を追って減少していった。一九三三年前半までに、貿易のフローは一九二九年初頭の三分の二も減少していた。

しかし貿易は、急減はしても消滅はしなかった。収縮した後も、貿易のフローは依然として大きく、どこでどのように競争をするかの選択が、価格圧力によってさらに重要性を増した。その選択が特別な重みを持ったのは、三分の二の価値減少が量の低下よりも価格の低下を反映していたからである。貿易量の減少は三〇%に満たなかった。[10]

しかし、価格圧力のかかり方は均等ではなかった。貿易されていたコモディティと製造財の価値は一九三〇年代に同じように減少したが、コモディティの価値の減少は主に価格の影響を反映し、製品の価値の減少はそれよりも量の減少(一九二九年から一九三二年にかけてコモディティの七%減に対し四三%減となった)を反映していた。[11]

経済生産高が製造財――明確な参考価格がなく、大量出荷ができず、現地に合わせた適応、マーケティング、アフターサポートが大幅に求められることが多い、差別化された製品――中心にシフトしたことで、スムート・ホーリー法施行以前からすでに貿易の成長にはブレーキがかかっていた。[12]

たとえば米国では、輸出額が一九二一年の六%から一九三〇年には四%に減少していた。[13]そしてその後、貿易全体に占める製造財の貿易は一九五〇年代まで増えなかった。

今の時代に、貿易の三分の二減は(それほど大きな減少は、誰も［まだ］予想していないが)何を意味するだろうか。壊滅的だろうが、それでも貿易額は第一次世界大戦前にグローバル化の第一波が頂点に達したときの世界生産高を上回るだろう。二〇一六年の世界総輸出額は世界GDPの二八%で、ピークをつけた二〇〇八年の三二%から落ちたが、一九二九年の約九%と比べれば三倍以上だ。

だから、大規模な貿易戦争が起こっても、セミ・グローバリゼーションの法則は、おそらく引き続き適用できる。企業と国家は輸出品の市場機会および輸入品との競争に、しっかりと関心を向け続けなければならない。

もう一つ特筆すべき現代へのインプリケーションは、一〇〇年前の製造に当たるのが今はサービスだろうということだ。サービスは経済活動に大きなシェアを占め、増えつつある。たとえば、米国の民間セクターの雇用の八〇％以上は、サービス業である。[14]

しかし第1章で述べたように、サービス貿易は財の貿易ほどまだ活発ではない。また、情報技術（ＩＴ）がバックオフィス業務の大幅なオフショアリング［海外への業務委託］を可能にしたとはいえ、それを妨げる動きもある。その最たるものが、ＷＴＯのドーハ・ラウンドで投資協定および貿易協定によって、サービス貿易を推進する交渉を終了したことだ。近年のさまざまな動きを見ると、近い将来においてサービス貿易の深さについて楽観するのはさらに難しい。

◆貿易の広さ

歴史からの第二の教訓は、貿易の広さに関するものである。世界貿易戦争では、貿易の深さは大きく落ち込んでも、貿易の広さはあまり変わらなかった。特に、一九三五年と一九二八年を比較した世界貿易の回帰分析を行ったところ、どちらの年もさまざまな隔たりが貿易のフローを妨げる程度は同じだった。

貿易のフローと地理的な隔たりの関係は、ほぼ変わらなかった。地理的な隔たりに関連した貿易のフローの弾力性は、およそマイナス1で一致している。[15] さらに、共通言語と旧植民地つながりの相乗効果が強いのもそのままだった。他の条件を同等とすると、これらの結びつきがある二国は、結びつきがない二国のおよそ五倍の貿易量を維持していた。

したがって、各国(または国グループ)の最大の貿易相手国の顔ぶれは、おおむね変わらなかった。国または国グループの上位パートナーの四分の三は不動であり、一九二八年に一位で一九三五年に二位以下に落ちた国は一つもなかった。

とはいえ、国によって多少の違いは存在した。貿易戦争の口火を切った米国がある北米では、輸出が不均衡に大きく落ち込んだ(図2－4)。小国も大国も貿易額の低下率は同等だったが、小国のほうが貿易量が大きかったため、国内GDPに占めるシェアはより大きく、データが揃っている小国を見る限り、大国の約二倍となった。

しかも、貿易量を回復させるには、関税を有利に引き下げるための協定を多数結ばなければならない。たとえば、一九三四年から一九三七年にかけて、米国は一七カ国と二国間関税引き下げ協定を締結しており、その大多数は西半球の国々だった。[16]

政策に関連するもう一つのインプリケーションは、たとえ米国がメキシコを関税の標的にしたとしても、メキシコはカナダと同様、米国最大の貿易相手国であり続ける、しかも、輸出先として米国に大きく依存し続ける可能性が高いことである。これは、米国がNAFTAの再交

図2-4

世界の輸出原産国──1928年と1935年の比較

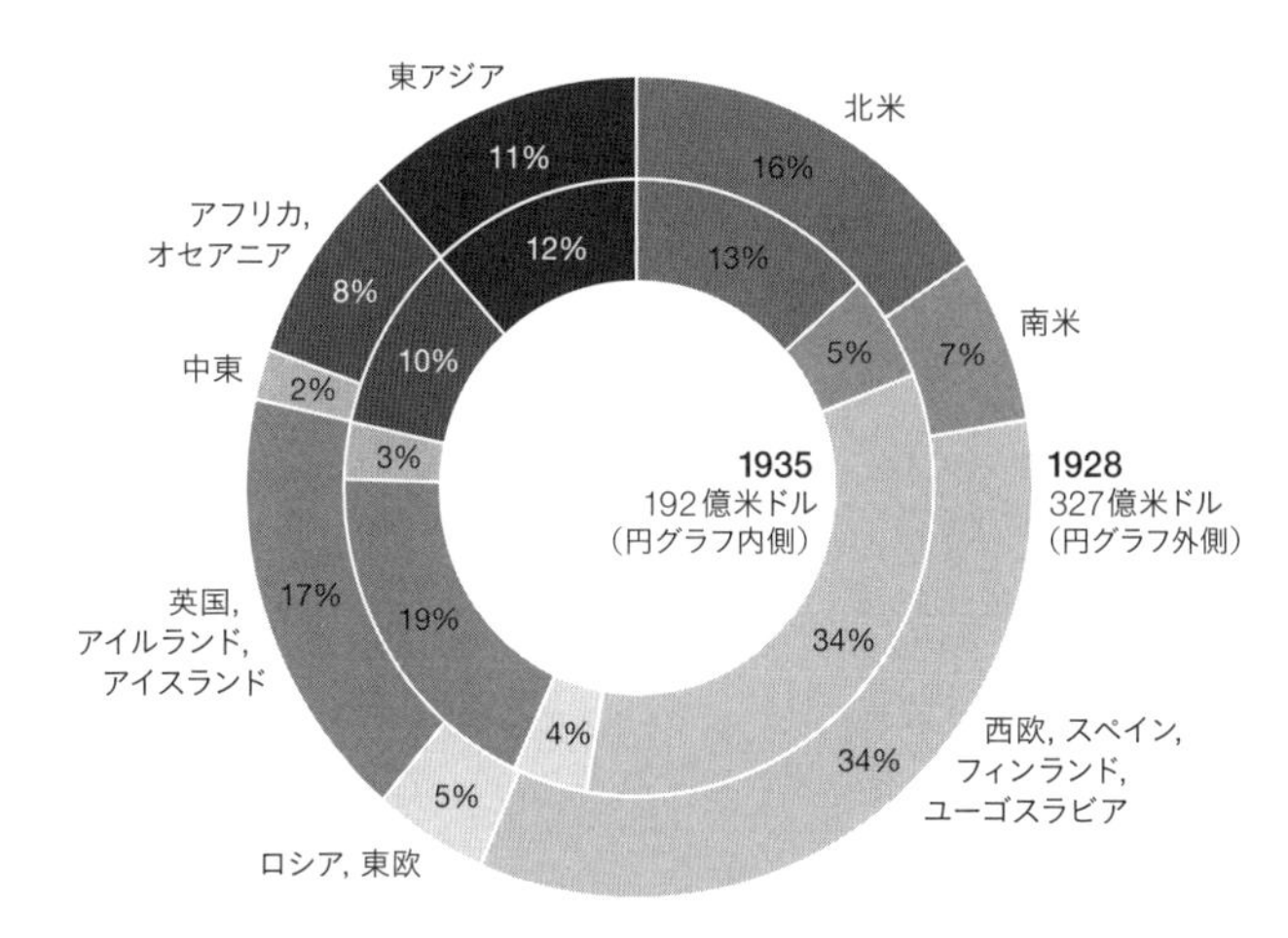

注：国連統計局の報告による「その他のスターリング地域」の輸出額は，以下の文献から得られた国々の1950年のGDPを使用し，該当する地域に再配分した．Angus Maddison, "Historical Statistics of the World Economy: 1-2008 AD," 2010.

出所：United Nations Statistics Division.

渉を言い出した結果として何が起ころうと関係ない。

一〇〇年以上前に米国は、すでにメキシコの輸入の五五~六〇%、輸出の六五~七五%を占め、米国企業の最大の投資先はメキシコだった。[17] メキシコの外務大臣ルイス・ビデガライが二〇一七年秋に発言したとおり、「交渉がうまくいかなかったとしても、メキシコと米国間の貿易はなくならない。(中略)いきなりゼロになることはない」[18]のである。

また、経済学者のタイラー・コーエンは、重力モデルからの知見をふまえて次のような示唆さえしている。「米国の対中国貿易は対メキシコ貿易よりはるかに脆弱である。(中略)最近のメキシコとの言葉の応酬があっても、対メキシコ貿易が見かけはどれほど不安定であっても[19]」

私はそこまで言い切るつもりはない。実際の発言と行動が重要である。メキシコは、もし米国の関税で打撃を受けたら、初めて中国カードを切ることも含めた報復を考えていると伝えられている。

そこから私が引き出した結論は、もし本当に世界貿易戦争が起きた場合、孤立を深めるのは国レベルの対応としては間違いであろうということだ。むしろ、各国は使える限りの対外関係とレバレッジを使い、世界貿易戦争の影響の緩和に努めるべきである。

その観点から言うと、そもそも貿易戦争を始めること自体が得策でないのは別として、米国の現政権が単に可能だからというだけでNAFTAの本来的に相性の良い自然な貿易相手国に打撃を与えようと考えている(メキシコからの商品輸出の八一%、カナダからの商品輸出の七七%は米国向けである)様子であるのは、ことのほか近視眼的に思われる。

現在の貿易パターンと将来の可能性を見る重力モデルに鑑みれば、米国優位の貿易圏――米国の貿易量がEUや中国を上回る地域――は、おおむねアメリカ大陸の北半球側に限られる。そしてこの圏内で、メキシコとカナダは米国を除いた全GDPの七〇%以上を占める。この二国は、距離の近さと国の規模から米国最大の自然な市場なのである。

次に、この自然な市場ないし地域というテーマと、業種レベルおよび企業レベルのインプリケーションを掘り下げる。そこで注目するのは、グローバルレベルではなく地域レベルで発生した二つの衝撃である。事件が起きたのは、域内統合が世界で最も進んだ地域、ヨーロッパだ。第一の事件は二〇一一～一二年に頂点に達したユーロ圏危機であり、第二が今も進行中のブレグジットである。

ユーロ圏危機

二〇〇八年の世界金融危機に続いてユーロ圏危機が起きた。その最もわかりやすい表れは、ギリシャが対外債務不履行の瀬戸際に立たされたことだった。ギリシャがヨーロッパをはじめ全世界の注目を集めたのは、この一件によって共通通貨としてのユーロの将来性に疑念が生じたからという理由が大きい。

しかし、本来もっと注目されるべきだったのは、ユーロの廃止がなくてもユーロ圏で金融の脱グローバル化が起こっていたことである。このトレンドを分析すれば、貿易のフローから資本のフローへと衝撃の分析を拡大することができるだろう。

その意味で顕著な例と言えるのがヨーロッパだ。なぜなら、危機前に急増したグローバルな総資本フローの半分以上は、ユーロ導入以降に特に増大したヨーロッパの資本フローであり、

図2-5

EU圏内の国内銀行の対外債権残高(2000～16年)

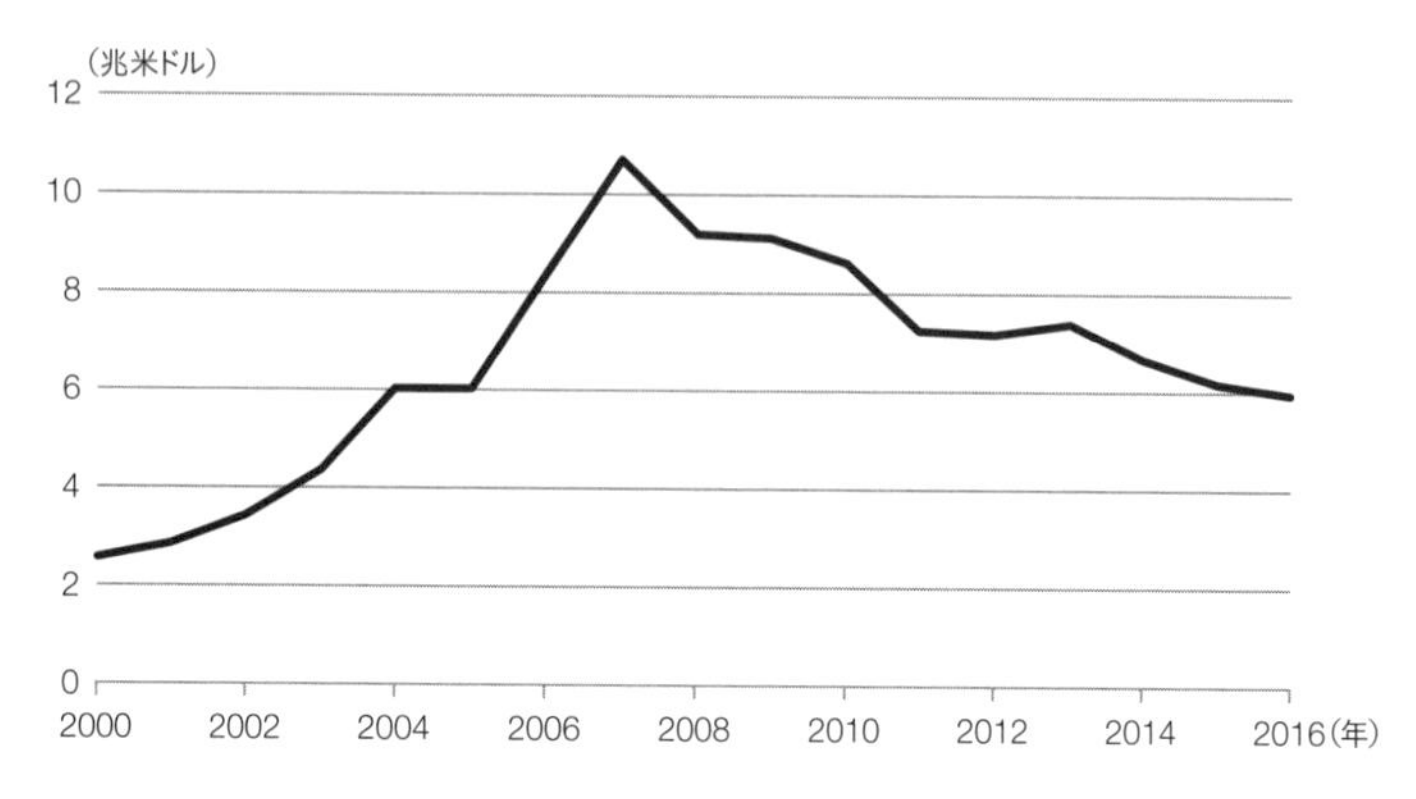

データ出所：Bank for International Settlements, *Consolidated Banking Statistics*.

その資本フローの減少分が危機後に急減したグローバルな総資本フローの四分の三近くにあたっているからである。[20]

図2-5は二〇〇〇年以降のEU内の銀行融資を追跡したものである。DHL世界連結性指標が対象とする、もっと安定したエクイティ・フローではなく銀行ローンに注目したのは、それがグローバルな総資本フローの増減の要因となった債務だからである。[21]

図に示されるEU圏内銀行融資の四五%減少はきわめて大きい。パーセンテージで見れば一九三〇年代の世界貿易戦争中の世界貿易の減少に引けを取らないほどだ。[22] しかし、深さは大きく減少したものの、融資の広さは相対的に変化がなかった(深さが大きく落ち込んでも広さは変わらないという同じ基本的パターンは、同時期のEU加盟国のFDIフローにも当てはまる)。

このような安定性の一つの指標となるのが、一九三〇年代の世界貿易戦争のケースと同様、推定された隔たりの影響である。ここでは、一九三〇年代の貿易戦争について行ったのと同じ回帰分析を、二〇〇〇年から二〇一六年にかけての銀行融資に適用した。回帰分析によって、推定された隔たりの影響はEU内への融資についても、全世界への融資についても、ヨーロッパの貸し手にとって、おおむねきわめて安定していることがわかった。

このパターンの唯一の例外は経済的な隔たりで、これだけは貸し手のリスク回避志向の強まりを反映していた。全世界でもEU内でも、一人当たり所得の差が非常に大きい国への銀行の融資傾向は危機の時期に減少している。

安定性のもう一つの指標は、銀行業務分析を見ると、銀行の国際融資が大きく減少したにもかかわらず、主要な資金源(および融資先)の変化は、ほとんどない点だ。たとえば、二〇〇七年と二〇一二年で、EUに本拠を置く銀行のEU向け貸付金残高が多い国のランキングには非常に高い相関性(〇・九二)があった。報告国の六四%で、いずれの年も融資先の第一位は同じ国だった。

この分析のインプリケーションに留意してほしい。すなわち、ユーロ圏危機が始まる前からの隔たりの影響のパラメータ推定値は、今日の同様の交流分布の予測に使える。平均すると、隔たりと規模の影響および国の特性によって、国際銀行融資のパターンのバリエーションの約四分の三が説明できる。これらの数字は、隔たりの法則がさまざまなフローに適用できるだけでなく、比較的安定していることを裏づけている。

ブレグジットとその後

二〇一七年の春に英国のテリーザ・メイ首相がリスボン条約第五〇条を発動し、EU離脱まで二年間のカウントダウンが始まった。しかし、本書執筆中の二〇一七年後半の時点では離脱の条件は見えないままだ。経済だけでなく強い感情が絡む離脱交渉がどう決着するか、予測するのは難しい。

とはいえ、離脱の条件交渉——実際には、英国にEU市場へのある程度優先的なアクセス権を与えるソフトランディングになるのか、それともWTOの他の加盟国と同等の条件になるハードランディングとなるのか——は、二〇一九年までもつれ込むかもしれない。そして、最終的な離脱条件の影響が本当にわかるには、二〇二〇年以降まで待たなければならないだろう。しかし、こうしたタイミングを考慮しても、ブレグジット以後の未来がまったく見通せないわけではない。

セミ・グローバリゼーションの法則を思い出してほしいが、英国の国際交易が全般的に米国より深いとはいえ、それでも国境が問題ではなくなった(英国の場合、EU内の国境であっても)と仮定した場合に予想されるレベルには、はるかに及ばない。英国の財とサービスの総輸出額は二〇一五年にGDPの二八%、輸入額は二九%だったが、それに対して国境の効果をゼロとしたベンチマークは九六%(一〇〇%から世界GDPに占める英国のシェアを差し引いた)である。

ブレグジットによって、確かに国際交易の一部は減少すると予想されるが、ヨーロッパ大陸との距離が広がるとはいっても完全に孤立するわけではない。たとえ「島国根性」が働いても、完全な孤立はまずありえないと思われる。

しかし、前述のトランプ政権下の米国を考えれば、それはおそらく自明だろう。隔たりの法則から得られるインプリケーションで、もう少しわかりにくいのは、英国の国際交易の広さ、つまり分布に関するもので、これはブレグジット支持派がした約束の一部とは真っ向から対立する。

◆英国の自然な市場

重力モデルと重力モデルから得られる隔たりの影響の推定値に従えば、EU諸国は明らかに英国にとって最大の自然な貿易相手国であり、今後もそうあり続けるだろう。この漠然とした断定にもっと具体的な形を与えたい。

そこで、英国独立党（UKIP）などのブレグジット支持派が繰り返し行ってきた、EUよりも英国の「本当の友好国」（政治家ナイジェル・ファラージの言葉）を商業政策のターゲットにしたほうがよいという主張を考えてみよう。[23] あるいは、UKIPの英連邦担当スポークスパーソンが詩的な表現で語った言葉でもよい。「EUの外に出れば世界にはいくらでもチャンスがあるし、英連邦がその中の貴重な真珠であることに変わりはない」[24]英国が英連邦（カナダ、オーストラリア、インド、南アフリカなどかつて大英帝国に属していた国々）との自由な交渉によって得るもののほうが、EUへのアクセスが減少して失うものより大きくなる可能性はどれだけあるだろうか。

英国を除く英連邦のGDPは、英国を除くEUのGDPの五五％しかない。ということは、規模だけとってても市場ポテンシャルに関してEUのほうが英連邦より利点が大きい（図2－6の①）。図2－6の②は物理的な隔たりの影響を加味して調整したものである。英国を除く英連邦の経済集積の中心と英国の隔たりは、英国を除くEUと英国の隔たりの八・四倍もある。隔たりが半減すると貿易が倍増すると仮定すれば、英国にとって英連邦の市場ポテンシャルはEUの六・五％（五五％を八・四で割る）にすぎない（図2－6の②の内側の円の大きいほう）。

しかし、第1章で見たように、グローバルな貿易の重力モデルは物理的な隔たりの影響がさらに大きいことを示唆しており、数十年にわたって行われた数百の研究の中心的傾向としても、それは示されている。[25]

図2-6

英国を除くEUと，英国を除く英連邦で比較した，英国の相対的な市場ポテンシャル

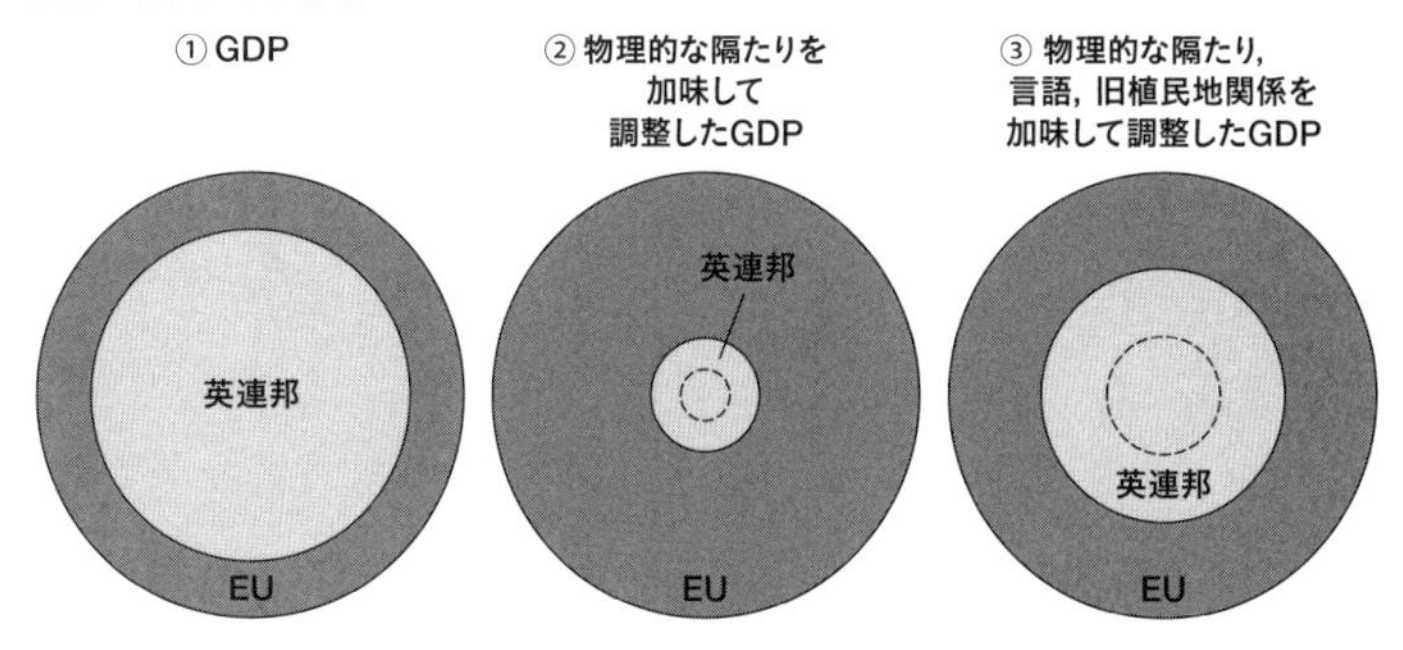

注：破線は隔たりの影響の最新の推定値を加味して調整した市場ポテンシャルを表している．

データが揃っているすべての国を使った私の最新の推定値では、隔たりが半減すると貿易は二二八％増加することが示されている。この隔たりの影響の推定値によって、EUに対する英連邦の相対的な市場ポテンシャルの推定値は二％未満に減少する――図2-6の②の破線で描いた最も小さな円である。

もちろん、図2-6の②の比較は、文化的要素と行政的要素を考慮しておらず、こちらに関しては英連邦のほうがEUよりも英国に本来的に近いかもしれない。英国は、自国を除く英連邦の九一％と公用語（英語）が共通であり（GDP加重ベース）、九九％と旧植民地関係があるが、対してEUとはいずれの要素も二％しか共有していない。

私の推定値によれば、他の条件をすべて同等とした場合、共通言語は、共通言語がない場合に比べて貿易を通常二・二倍増加させる。また、私の推定では旧植民地関係には二・五倍の乗数効果がある。

よって、共通言語と旧植民地関係を有する相乗効果は、これらの類似点をいずれも持たない国と比べて五・五倍の貿易量となる[26]。これらの影響によって、英国の自然な市場としての英連邦のポテンシャルはEUに対して相対的に高まる(図2-6の③)。しかし、この増加分を考慮しても、英国を除くEUに予測される市場機会のほうが数倍大きい(ここでも、より保守的な推定値を破線の円で示す)。

この結論は、隔たりに対する感応度の幅を広げても当てはまり、さらにいくつかの考慮事項によって裏づけられる。共通言語と旧植民地関係の相乗効果は、私が認識している過去のどの研究でももっとはるかに大きく、EUのほうが自然な市場が大きいという結論を覆していなければならないはずである。

加えて、この結論は商品貿易の領域以外にも当てはまる。サービス貿易、さらにFDIは、英国の場合とりわけ重要である。世界の経済大国三〇カ国の中で、英国はGDPに占めるサービスセクターの比率が最も大きい(二〇一五年に八〇%)[27]。物理的な隔たりによる制約は、商品貿易に比べてサービス貿易とFDIではいくぶん小さく、旧植民地関係による増大効果は、サービス貿易とFDIのほうが商品貿易より大きい。

しかし、これらの影響を合計してもやはり、英国の市場機会は英国を除く英連邦よりEUのほうが大きいのである。

この分析の性格(長期的なスナップショット)上、英連邦の英国を除く五二カ国との実際の貿易協定交渉――英国に貿易交渉の経験豊かな人材がほとんどいない時期に(二〇一六年半ば現在で、英連邦の一カ国当たり約〇・五名!)行われた――というスムーズではない動きの一部も除外している。[28]

英国が単独で、現在EUを介して享受しているよりも良い条件を英連邦諸国から勝ち取れるという提案についても、疑念を提起することができる。EUは巨大な経済圏だが、英国はそうではない。英国はEUのGDPの一六%を占めるにすぎない。

また、「本当の友好国関係はすべてに打ち勝つ」という考え(願望?)についても、二〇一六年一一月のメイ首相のインド訪問がおおむね期待外れの結果に終わったことで、悲観的な観測が出ている。英国は貿易と投資の関係強化を望んでいたが、インドのナレンドラ・モディ首相は、英国留学を希望するインド国民の英国ビザの条件緩和をあからさまに交換条件としてきた。[29] EUと同様、インドも人の流入に対する管理の厳格化を主張する英国とは相いれないのだ。

とはいえ、EU離脱後の英国の対EU貿易量がどうなるかは、離脱条件の交渉結果次第であるのは確かだ。ここで、今まであまり検討されてこなかった「もう一つのブレグジット」の結果を考えてみよう。すなわち、英国がインドとパキスタンを分割した後にインドから撤退した件である。

パキスタンは現在インドの輸出額の〇・八%を占め、この数字は世界GDPに占めるパキスタンの割合の二倍であるが、重力モデルで予測される割合の一〇分の一にも満たない。もちろん、インドとパキスタンは極端な例だ（そのため、重力モデルを信じていない少数の経済学者が最もよく引き合いに出す例となっている）。両国は分離独立後、三度ないし四度（数については説が分かれる）戦争をしている。

英国と他のEU加盟国の間に武力戦争が勃発するとはまだ誰も予測していないが、英国と他のEU加盟国間の話し合いは、これまで必ずしも友好的ではなかった。この理由からも、純粋に技術的な理由からも、英国最大の自然な市場との貿易関係は悪化する可能性がきわめて高い。問題は、どの程度悪化するのかだけである。[30]

◆業種へのインプリケーション

この前提をふまえると、当然次に出てくる問題は、ブレグジットによって最も打撃を受ける可能性が高く、したがって、現在の事業運営モデルを再考する必要に最も迫られている業種と企業はどこかである。

この観点で考えた場合、ブレグジットによって発生しそうな最大の変化は、英国とこれまでパートナーだったEU諸国の行政的な隔たりが広がることだ。行政的な隔たりに感応度の高い業種が最も影響を受けやすい。もちろん、英国を本拠地とする企業のEU市場アクセスを可能にする条項が、そうした業種について最も緩和されるということがない限りだが（少なくともEUが譲歩するかどうかを考えると、そのような条項は、現時点では実現しそうにない）。

行政的な隔たりに感応度が高いのは、次のような業種である。[31]

- 規制の対象になりやすい。
- 必需品または資格が必要な財やサービス(例:ヘルスケア)を生産している。
- 従業員規模が大きい、または政府調達業者である。
- 国策事業に携わっている。
- 国家の安全に不可欠と見なされている。
- 天然資源を管理している。
- 大型の、不可逆的な、特定地域への投資が必要である。

EUの「金融パスポート」が非常に重要な、国外事業を大規模に行っている金融サービス企業が、ヨーロッパ人員の英国への配置を再考しているのは当然だろう。たとえば、ゴールドマン・サックスは早くもブレグジットの最初の段階で、ヨーロッパの人員を数百名増やす一方で、ロンドンの人員は削減すると発表した。[32] 航空会社とメディア企業も、同じ理由から非常に警戒している。

ブレグジットに対する業種の感応度のもう一つの指標は、国内市場の中だけでなく(海外の)地域市場で償却する必要がある、大きな規模の経済である。たとえば、BMWは非常に英国的なブランドである「ミニ」の生産を、英国外に移転するかどうかを議論した[33]。

輸出または輸入への依存度が高い業種も、明らかにブレグジットへの感応度が特に高い。輸出に注目が集まりがちだが、EUは英国の輸出先として以上に輸入品の原産国として重要である。最後に、サービスセクター（英国にとってとりわけ重要なセクターであるが、国境の壁を乗り越えるためには貿易協定だけでなく投資協定が必要であることが多い）に属する業種もブレグジットへの感応度が高い。

◆企業へのインプリケーション

企業レベルでは、ブレグジットの影響にさらされる度合いが高いと思われる属性がさらに増える。競合他社より輸出ないし輸入への依存度が大きい企業が最も打撃を受ける可能性が高い。米国の場合でいえば、トランプのTPP離脱に対するニューバランスとナイキの反応の差を考えてみるとよい。現地生産を貫いてきたニューバランスはトランプの動きを支持したが、国際的なサプライチェーンを構築していたナイキは支持しなかった[34]。

輸出や輸入をまだ行っていない小規模企業も海外貿易を始める可能性は低い。なぜなら、このような企業は初めて国際取引を行う場合、通常は近場に目をつけるからだ。逆に大企業の場合、英国、特にロンドンを、全ヨーロッパを統轄する地域本社の拠点にしている企業（たとえば、多くの米国の多国籍企業）は、地域本社を英国に置くことを再考する必要がありそうだ。

同様に、ロンドンをグローバル本社の拠点としている他の企業も、特に事業の大半が英国外にある場合は（たとえば、売上の約八五％を海外で上げているボーダフォン）、英国の扱いを再考する必要があるかもしれない。[35] 喜ぶ理由がある英国企業は、国内だけで事業を行っていて、地域の競合やグローバルな競合までもが参入してくるのを阻止したい企業だろう。

ここまでの議論から改めてわかるとおり、評価や事業判断は高い精度で行う必要がある。同じ業種に属していても、まして全業種を見ればなおさら、すべての企業が同じように影響を受けるわけではない。同様に、対策に関しても、その会社が置かれた状況の具体的な詳細に基づいた対応を取るのが適切であろう。

しかし、英国とEUが道を分かつ見通しがついた今、ブレグジットを決めた国民投票直後の、リスボン条約第五〇条が発動されるかどうか、ましていつ発動されるかもわからなかった時期に立てた戦略は、もう変更を検討してしかるべきだろう。

VUCAな世界に対処する

ブレグジットの業種レベルと企業レベルのインプリケーションを論じると、VUCAな世界にどう対処するかという、さらに大きな課題が出てくる。[36] 本章ではすでに一つの対応を提案した。すなわち、今後の指針としてグローバル化の法則（および関連するパラメータ推定値）に頼ることである。

しかし、VUCAな条件への対応は、少なくとも短中期的には他にも多種類あり、それらによっても便益と機会を増大したりコストとリスクを軽減したりできる[37]。

その一つが、変動性つまり上下の変動を利用する戦略的な動きの好機とするという対応だ。たとえば、二〇一六年六月の国民投票でブレグジットが決まってから一〇月に瞬間的な暴落が起こり、英ポンドが三〇年ぶりに対ドル最安値をつけたとき、ルパート・マードック傘下の21世紀フォックスは、まだ手中に収めていなかった英国のスカイ・テレビジョンの（二度目となる）株式買い付けを行い、六一％を取得した[38]。

もう一つの対応は、前述の対応の支援策となりうるものだが、変動性に対処するためのバッファ、つまり余剰能力――物理的なものから財政的なものまでさまざまにある――を持っておくことである。たとえば、企業の手元資金が潤沢にあれば、買収の際の機動力が高まる。ただし、余剰能力は機会を広げる可能性がある半面、リスクは言うまでもないが機会コストも伴う。

さらに別の対応は、時間をかけてより効果的に適応することである。柔軟な予算編成は、通常の予算編成サイクルで可能な以上に機動力を高める主要経営パラメータの好例だ。ただし、このようなバリエーションを持つと複雑性が生じるため、ビジネスリーダーは多様化と標準化のトレードオフを改善する手段も考えなければならない。

たとえば、成長が少なくとも予測できる特定のセグメントに絞り込んでもよい。例を挙げれば、最近発表されたボストン コンサルティング グループの報告書は、「消費者と企業がつながった新たなボーダーレス市場」を標的にすることを提案している[39]。ジョイントベンチャーやフランチャイズのような外部化を行うと、ローカル適応の負荷をパートナーに移転して軽減することができる。また、保護主義が存在する場合は、現地向けの顔(ローカルフェース)づくりにも役立つ。

さらに、アパレル大手のザラのクイックレスポンス・モデルのような設計にも可能性がある。このビジネスモデルは、(他社と同様に)何が売れるかを予測しようとするのではなく、どの衣料アイテムが売れているかを観察して迅速に生産調整を行うというものだ。

さらに視野を広げれば、アマゾンが新事業に乗り出すために構築したプラットフォームのような、全般的なイノベーションすなわち再構成の可能性を考えてもよい。

多様化、絞り込み、外部化、設計、イノベーションについては、適応の五つのツールとして第4章で詳しく解説する。同章では時間の推移ではなく国ごとの差異への対応に注目しているが、これらのツールは本章の話に当てはめても、企業が時間の推移に対してより効果的に適応する役に立つだろう。この一連のアイディアに加え、他にもいくつかの考察は挙げておく価値があるだろう。

- 不確実性、つまりVUCAな世界になすすべもなく屈してはならない。人は往々にして両極端な可能性に注目しがちである。つまり、不確実性がゼロだと思い込むか、不確実性が高すぎて分析などしようとしても一切無駄だと決めてかかる。しかし、その中間レベルの不確実性は分析が可能だし、するべきである。[40]
- 大きな地政学的事件に対しても、予測力を上げることは可能だ。グローバル化の法則、特にグローバル化の深さが小さくなっても広さは変わらない場合があるという考え方から、ブランプで何が起こりうるかについて有益な洞察が得られた。また、心理学者のフィリップ・テトロックが最近出した超予測力についての著作は、新しいデータを常に受け入れ、時間の推移に従って自分の仮説を改訂する意思を持ち、確率で物を考え、一人で考えるのではなく人と協力することの重要性を強調している。いずれも本書で主張している考え方と同じ、あるいは、おおむね合致するテーマだ。[41]
- グローバル化が減少はするがゼロとはならない、脱グローバル化シナリオにも目を向けよ。本章では、グローバルレベルまたは地域レベルで深さが減少したが広さはほぼ変わらなかったシナリオに注目した。しかし、供給源ないし需要源となる特定の国が影響を受けるケースなど、別のシナリオも容易に想像できる。たとえば、中国が世界最大の市場に成長すると、高級品メーカーは好機を物にしたが、中国が二〇一二年に国内の贈賄と「グレーな流通チャネル」経由の輸入品の取締りを開始するとつまずいた(中国人は国内の関税や税金を回避するために、高級品の大半を海外で購入していた)。メーカーは、いずれも中国本土でのプレゼンスを高める動きに出たが、準備不足の企業もあった。

- 新たな進展のすべてに反応するな。未来学者のポール・サフォーは「未来の波が岸辺に打ち上げてくる指標は、あなたが考えるよりも先駆的で、その数も多い」と述べている。サフォーの結論は次のとおりだ。「では、どうするか? 見かけの変化を疑い、即座に予測を立てないようにすること。少なくともどの予測も真面目に取りすぎないことだ」[42]。その代わり、ベンチャーキャピタリストにならって路線継続にも路線変更にも対応できるよう、複数のトリガーをセットしておこう。
- 他の条件が同等であれば、VUCAな世界では比較的後戻りできるか後悔の少ない行動のほうが、後戻りできない行動よりも有利である。たとえば、メキシコのサプライチェーンに投資しようと考えている米国企業は、当面は実施を控えたほうがよいだろうが、すでに投資してしまった企業は、おそらく今すぐには撤退すべきではない。ただし、代替案は立てるべきである。

最後に、VUCAな世界への対応は、どうしても短中期の考慮事項を重視しがちになるが、企業はなおも長期的な成功に向けて確実に自社を構築していかなければならない。中国に進出したグローバルな高級ブランドは、順調にその実現を果たしつつあるようだ。彼らは諦める代わりに取組みを改め、市場が回復に転じるまで（二〇一六年に中国市場は回復した）自社のプレゼンスを維持できるよう、戦略の大幅な変更を行った。多くはｅコマースとソーシャルメディアに一層力を入れた。

また、国境管理の強化、関税の調整、為替レートの動き、ヨーロッパでのテロ攻撃などにより、顧客が海外旅行先ではなく中国国内で購買する流れになったのを受けて、自社の価格設定や販売戦略を修正した。地元中国のブランドや製品オファリングに投資した高級品メーカーもある。そして、中国の高級ブランドが腐敗の取締りにどう対応したかを抜け目なく観察し、自社への教訓とした。

グローバルな高級ブランドが中国で短期戦略から長期戦略への移行に成功した例と見てよいとすると、ノルウェー・エアシャトルの立場は、それよりはるかに不安定に思われる。同社は急成長を遂げてヨーロッパ第三の格安航空会社となり、二〇一七年には格安航空会社として、他社に先駆けて胴体の細い新世代の航空機で大西洋を横断する路線を開拓した。

ノルウェー・エアシャトルの主要な戦略の一つが、新しい航空機をいち早く発注することだった。同社のビョルン・キヨスＣＥＯは、ヨーロッパ最大の格安航空会社ライアンエアーと自社の手法の違いを次のように述べている。「ライアンエアーが長距離便の開始のタイミングをうかがっていることは知っている。（中略）しかし、航空機はすべて当社が押さえた。で、（ライアンエアーＣＥＯの）マイケル・オレアリーに様子を尋ねると、こう言われたよ。『ビョルン、何を言ってるんだ。おたくが航空機を買い占めたんじゃないか!』ってね」。しかし、オレアリーの見方はまるで異なる。彼は二〇一七年九月にライバルのノルウェー・エアシャトルについて、手を広げすぎて資金不足に陥っているため、「先は長くないだろう」と主張した。[44] ノルウェー・エアシャトルの大胆な戦略は、最終的に吉と出るかもしれないが、バッファをあまり持たないことは、VUCAな環境においてはきわめて危険だ。

本章のまとめ　グローバル化の一般法則

❶ ブレグジットとトランプ大統領選出によって政策がどう変わるか先が読めない今は、グローバル化の法則に頼るのが得策である――法則がこれらの衝撃にも耐えると期待できるのであれば。

❷ トランプ以前の米国は、明らかにグローバル化の法則に従っていた。輸入に対する懸念が大統領選では大きく取り上げられたが、自国の経済規模と比較して輸入額が米国よりも少ない国は五カ国にすぎない。

❸ トランプ政権は主要な貿易相手国と同等まで輸出を増やし、輸入を削減して米国の貿易赤字を解消すると公約したが、それでも米国の貿易フローの深さと広さは変わら

ないだろう。

❹ しかし、トランプ大統領の発言は反貿易色が強く、選出後に貿易戦争への恐怖が高まった。前回の世界貿易戦争が勃発した一九三〇年代に、世界貿易額は三分の二減少した。今日、同様に減少すれば壊滅的であろうが、貿易の深さは大きいままだろう。

❺ 一九三〇年代に貿易の深さは急減したが、広さは変わらず、複数の隔たりの次元によって貿易がどの程度妨げられるかの推定値も変化しなかった。同様に、ユーロ圏危機の際に国際融資が急減したときも、各種の隔たりがヨーロッパ諸国の銀行の国際融資に及ぼす影響は、ほぼ変わらなかった。

❻ 貿易戦争が本当に起きた場合、各国は自然な貿易相手国との関係を強化することによって被害を最小化できる。カナダとメキシコは米国にとって最大の自然な市場である。北米三カ国の関係が崩壊すれば、三カ国すべてが大きな損害をこうむるだろう。

❼ ブレグジット以後も、EU（英連邦ではなく）が英国にとって最大の自然な市場であることに変わりはないだろう。EUの規模の大きさと地理的な近さは、英国と英連邦の文化的・歴史的つながりを相殺して余りある。

❽ ブレグジットによって最も影響を受けるのは、規制の強い業種の企業、国際的な規模の経済またはサプライチェーンに依存している企業、小規模企業、サービスセクターの企業だろう。

❾　本章で分析した衝撃から、ＶＵＣＡな世界が突きつける課題がよくわかる。企業は不確実性に気圧されず、より優れた予測手法を採用し、シナリオを活用し、過剰反応を避け、後戻りできる施策を活用することによって、このような激動を切り抜ける能力を高められる。

❿　グローバル化の法則は、トランプの政策公約、ブレグジットの予測分析、一九三〇年代の貿易戦争およびユーロ圏危機の歴史分析というストレステストに合格した。グローバル化の法則は、激動する環境で国際戦略の根拠となる安定した準拠枠を提供してくれる。

第3章 長期的に見たグローバル化

Globalization in the Long Run

第1章では、現在までのグローバル化のエビデンスに注目し、私たちが(まだ)グローバル化の終末期に入ってはいないと結論した。また、グローバル化の二つの法則、セミ・グローバリゼーションの法則と隔たりの法則がエビデンスに裏づけられることも説明した。

第2章では、グローバル化への衝撃、その顕著なものとして世界貿易戦争の可能性を、一九三〇年代の世界貿易戦争にさかのぼって検証した。グローバル化の法則は、このエピソードにもやはり通用し、今日の激動する状況下で有益と思われる教訓を実証している。

本章では、分析の対象をさらに移し、今度は長期に注目する。

短中期の予測も難しい時代に長期の分析を行うなどと言うと、眉をひそめる向きもあるかもしれない。しかし、思い出してほしいが、二週間先の天気予報は精度に欠けても、一〇〇年後の気候が今より温暖か寒冷かは相応の確信を持って予測できるのだ。短期的には、偶発的な出来事が全体的なトレンドに勝ってしまうことが多いが、長期的には、そのような出来事の影響は薄れる傾向がある。[1]

もしあなたが地球温暖化を信じていないなら、ダイエットのヨーヨー効果を考えてみてほしい。特定の人物の体重の増減サイクルを知らなくても、中年になれば年平均で〇・五〜一キログラムほど体重が増えていくことは予測できる。

グローバル化に置き換えると、グローバル化のレベルが長期的に上がるか下がるか、どちらの可能性が高いかについて、そこまで明確な判断はつかない。グローバル化は数百年にわたって拡大する傾向にはあったものの、二度の世界大戦の間に逆行が起きたことは確かであり、これはビジネスの世界で長期として扱われることが多い五年ないし二〇年よりもさらに長い期間だ。[2]

今後の数十年について、私たちは成功から崩壊まで、グローバル化のさまざまな結末を想定できる。可能性という広大な地平のどこに着目すべきだろうか。

ピーター・ティールがある思考実験を提案している。グローバル化は極端に振れやすいという彼の考え(セミ・グローバリゼーションの法則とは一致しない)に沿ったものではあるが、発見を促す価値がある。

「グローバル化が成功した場合、ある企業の株価が一株一〇〇ドルになるが、グローバル化が成功する確率は中程度(たとえば一対一〇)しかないとしよう。成功しない場合は考えるのも悲惨だ。理論上は株価は一〇〇ドルであるはずだが、投資家が生き残る世界では必ず一〇〇ドルになる。一〇〇ドルを超える金額で、最大一〇〇ドルまで出して株を買うのは理にかなっているだろうか[3]」

彼が暗黙のうちに言わんとする教えは投資家だけでなく、長期分析でグローバル化の成功と失敗を比較考量するマネジャーにも通用する。壊滅的終末(アルマゲドン)に対して自社の備えを固めるのは難しいし、グローバル化の勝算はティールの思考実験よりは高いのだから、成功シナリオ――そして、成功シナリオの実現にいかに寄与し、そこから利益を上げるか――に取り組むほうが全般的に価値がある。

これは前章で助言した、短中期の脱グローバル化シナリオを考慮する必要性を否定するものではない。しかし、すでに短中期の脱グローバル化シナリオの検討が済んでいるのであれば、長期のグローバル化失敗にだけ目を向けても、得るものはおそらく少ないだろう[4]。

長期を考える枠組みのヒントとなるのは、もし経済が健全に成長しグローバル化が進展すれば、南半球の開発途上国「グローバル・サウス」、なかでもアジアの開発途上国は、先進諸国よりはるかに急速に成長するはずだろうという考察だ(人口動態から、新興諸国のほうが成長が早くないシナリオを考えるのは難しいが、いずれにせよ世界経済の成長は堅調である[5])。世界の南から東南にかけての一帯に経済活動が移動する(サウス・バイ・サウスイースト)ビッグシフトが、本章で私がＳＭＡＲＴと称して取り上げる予測の支柱となる。

- サウス・バイ・サウスイースト（South by southeast）
- 貿易の緩やかな成長（Modest trade growth）
- 貿易以外の次元におけるグローバル化の加速（Accelerated globalization along other dimensions）
- 地域化と多極化（Regionalization and multipolarity）
- 覇権交代？（米中のライバル関係）（Trading places?）

この五つの予測は実現するとは限らないが、ありうべき長期の成功シナリオで可能性の高い要素である。そして企業は、戦略の抜本的な変更を行い、グローバルなプレゼンスを修正し、組織再編を行うなどの事業判断（第Ⅱ部で論じるが）に必要な時間の長さを考えれば、長期的視野に立つべきである。

サウス・バイ・サウスイースト

図3-1

先進国と新興開発途上国で比較したGDP成長率(1980〜2022年[予測])

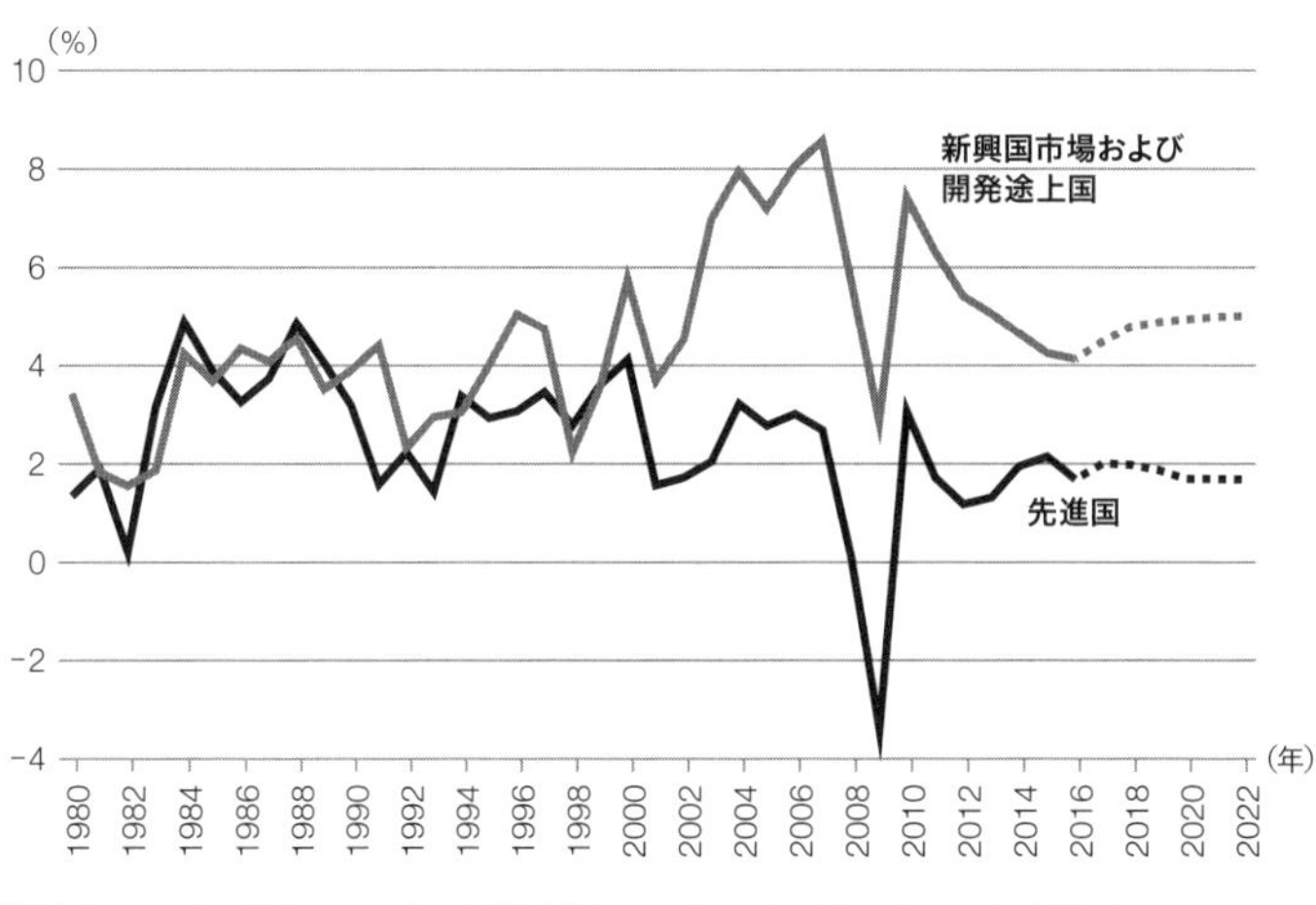

出所:International Monetary Fund, *World Economic Outlook Database*, April 2017.

二〇〇〇年代以降、経済成長のエンジンはヨーロッパと北米の先進諸国から新興の開発途上国、特にアジアに移動した。図3-1に示すように、二〇世紀最後の二〇年間にわたる開発途上世界の成長率は、先進世界の成長率をわずかに上回ったにすぎない。

しかし、二〇〇〇年代前半からは、新興の開発途上国は全体として先進諸国よりはるかに大きな成長を達成し始め、今日すでに顕在化している劇的な影響を生み出した。この成長率の差が今後も続くと考える理由はいくつかある。

詳細に入る前に、新興国の定義を明らかにしておくべきだろう。「新興国市場」という言葉は、世界銀行に勤務していたアントワン・ファン・アットマールが一九八一年に使い始めた造語である。[6] 貧困国には投資家を引きつけるためのマーケティングアピールがもっと必要だと認識していたファン・アットマールが、より「心を高揚させる言葉」を考案した。この言葉を、ここでは「新興国」やもう一つの新語である「グローバル・サウス」と同義で使っている。

ファン・アットマールは貧困国に注目していたため、新興国市場の意味は今日、一部の人々が急成長している国々すべてを指して使う言葉よりも対象が狭いことには注意されたい。

現在の総称的な意味で使われている例としては、たとえばマッキンゼーのマネージングパートナー、ドミニク・バートンが『ニューヨーク・タイムズ』紙に次のように語っている。「米国は新興国市場と考えるべきだと私は思っている。(中略)米国はきわめて高度成長している市場だ。(中略)率直に言えば、当社は中国やインドより米国にもっとオフィスを開設すべきだ」[7]

新興国市場は相対的に成長が早いとする私の予測は、このような言葉の使い方にしたほうが安全だろう(実際のところ、同語反復になる)が、それでは言葉に意味のある内容がなくなってしまう。

そこで私は、この言葉の本来の意味にもっと近い、加盟国を「先進国」と「新興開発途上国」に分けている国際通貨基金(IMF)の分類システムを採用する。IMFは現在の基準を公表していないが、従来その国の国民一人当たり所得、金融市場の洗練度、経済におけるセク

図3-2

市場為替レートおよび購買力平価調整後レートでの新興開発途上国の世界GDPに占める割合(1980～2022年[予測])

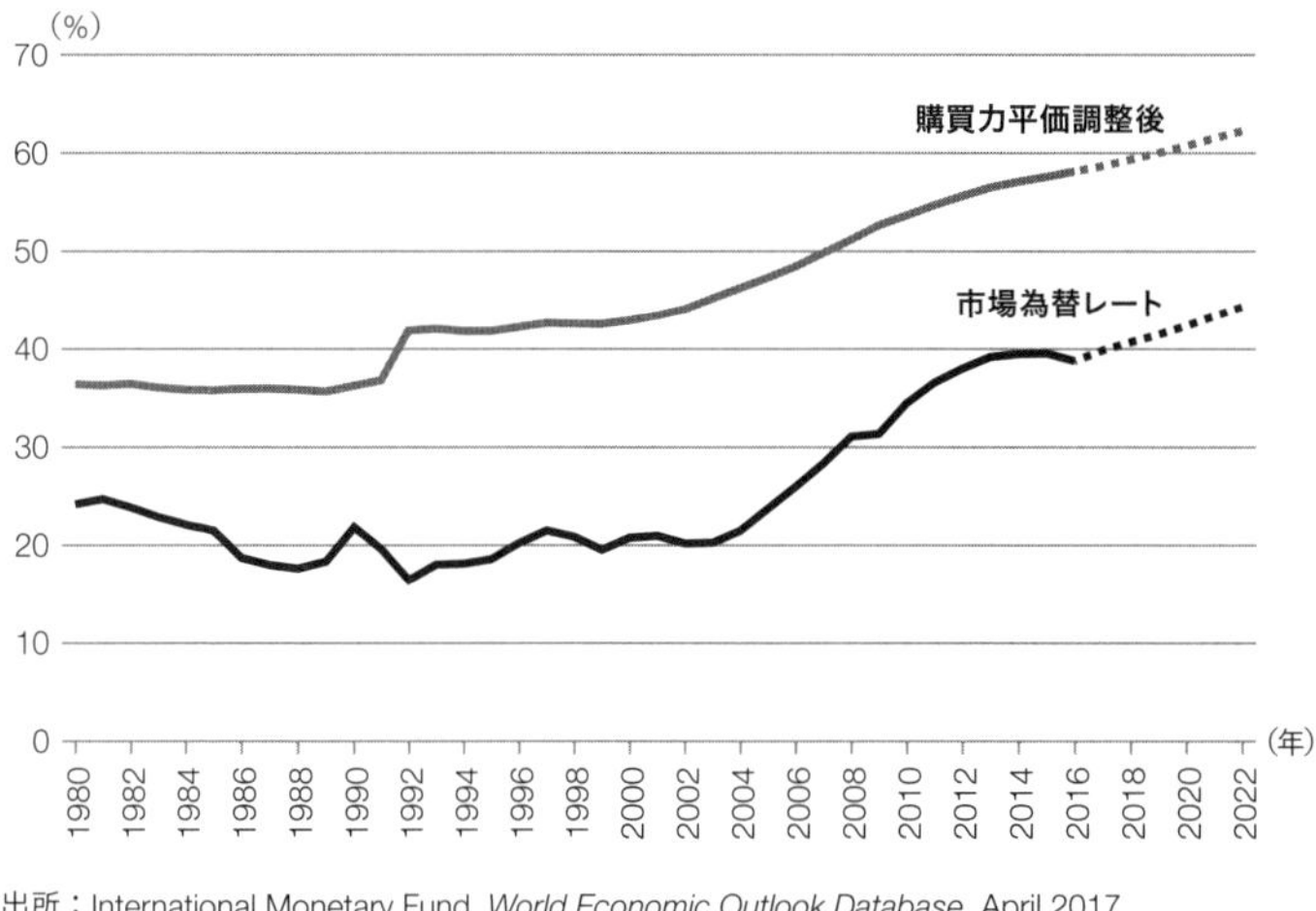

出所：International Monetary Fund, *World Economic Outlook Database*, April 2017.

ター構成を考慮してきた[8]。

「新興」の名称は、こうした国々が実際に台頭してくる以前から付いていたことになる。世界GDPに占める新興諸国のシェア(市場為替レートで)が実際に一六%で底を打ったのは一九九二年だ(図3-2)。

しかし、二〇〇〇年以降の世界経済成長の六二%は新興諸国の分であり、二〇一六年には世界GDPに占めるシェアが三九%にまでなった(通貨を市場為替レートではなく購買力平価で評価すると、この数字は世界経済成長の七八%、世界GDPの五八%となり、さらに劇的に見える)。

新興国市場の経済失速が取り沙汰されているとはいえ、「ブランプ」以前から先進国の大半が経済的に振るわないため、新興諸国の成長の優位性は消える気配がない。経済予測会社オックスフォード・エコノミクスの予測では、二〇五〇年までに新興国市場がGDPに占めるシェアは六七％になるという[9]。もちろん、これらは総計であり、新興開発途上国と分類された一五〇以上の国々の間には大きな格差がある。そのうち大多数は成長している国だが、成長が停滞している国や縮小している国も一部にはある。

ラテンアメリカ、西アジア、ヨーロッパの新興国、アフリカにも成功例はあるが、全体として最大の成長を遂げてきたのは、東アジアと南アジアである。中国とインドだけで過去一〇年間の世界経済成長の四分の一以上を占める(市場為替レート)。購買力平価で測定すれば、中国は今や世界一の経済大国であり、市場為替レートでも米国に次ぐ第二位だ。

アジアが生み出す生産高シェアの伸びにより、世界経済の重力の中心は、すでに東にシフトした。一九八〇年にアゾレス諸島の南にあった重力の中心は、二〇〇〇年代の初めにはアルジェリアに移動した。現在はイランに位置しており、この後で取り上げる予測の一部によれば、二〇五〇年までにはチベットに移っているかもしれない[10]。

ビッグシフトを重力の中心の移動として視覚化する一つの利点は、先進諸国の経済活動のシェア縮小を絶対値の減少と同一視せずに済むことだ。先進諸国の国民一人当たりGDP(為替変動の影響を除いた場合)は、二〇〇〇年よりも二〇一六年のほうが一七％増えている(新興諸国では八六％増)。

さまざまに述べてはきたが、こうしたGDPに表れた実質的な成長の数値は、おそらく企業の意思決定者にとって、自社が特に関心のある業種やセクターに新興諸国へのビッグシフトが及ぼす影響に比べれば、重要性が低い。

図3－3に生産（縦軸）と消費（横軸）に占める新興諸国のシェアが二〇〇〇年以降、一二の業種でどのように推移したかを示す。生産と消費の大半は一国の中で行われるとするセミ・グローバリゼーションの法則どおり、図に示した業種の大半は右上に向かう斜線上に集まっている（生産と消費に占める新興諸国のシェアが均等であることを示している）。

例外的に新興国から先進国への輸出が多いのは電子レンジで、斜線のはるか上に位置している。二〇一六年にはその約九九％が新興国で生産されたが、新興国で販売されたのは五〇％しかない。逆のパターンを示すのが斜線のはるか下に位置している大型商用ジェット機で、新興国で生産されたのは三％しかないが、四七％が販売されている。

動的に見ると、生産と消費に占める新興国のシェアは一二業種すべてで拡大した。つまり、全般的にグラフの右上に向かう動きがあった。

しかし、その動きの速度には大きな差があった。最大のシフトを示したのは自動車産業である。二〇〇〇年時点では新興国における生産と消費は二〇％未満だったが、二〇一六年には、その数字が約六〇％にまで上昇した。それに対して、新興国における食肉の生産と消費のシェアは二〇〇〇年から二〇一一年にかけて、六～七パーセンテージポイントしか伸びなかった。

図3-3

業種レベルの生産と消費の新興国へのシフト

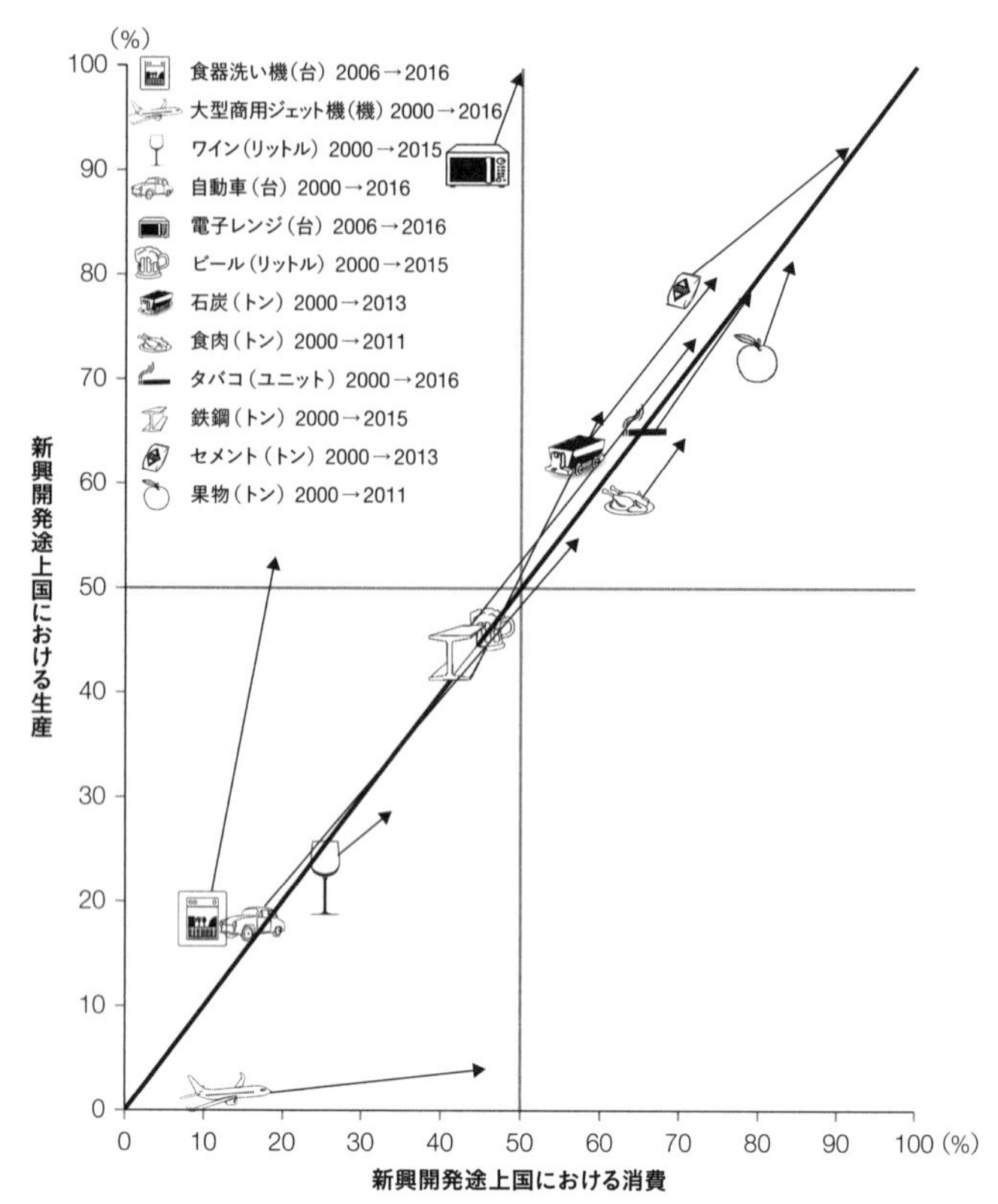

注：チャート上の矢印の根元のアイコンは初年度のデータを，矢印の先は直近年のデータを表す.
出所：ユーロモニターのデータベース「*Passport*」のデータに基づく．ただし，以下を除く：大型商用ジェット機（ボーイング，エア・トランスポート・ワールド，ブルームバーグ），ワイン（ユーロモニター，ワイン・インスティテュート報告の貿易データと分析），自動車（“Organisation Internationale des Constructeurs d'Automobiles”［OICA］），ビール（ユーロモニター，キリン），石炭（米国エネルギー情報局［EIA］「国際エネルギー統計（*International Energy Statistics*）」），鉄鋼（世界鉄鋼協会），セメント（ポートランドセメント協会，ドイツ銀行，国連「コモディティ生産統計（*Commodity Production Statistics*）」.

このシフトでも、中国が大きな役割を果たしている。二〇一六年に三四の主要業種のうち、中国は一八業種で第一位、一四業種で第二位の消費国だった。二〇〇〇年時点では第一位が五業種、第二位が一一業種しかなかったのと比べてみてほしい[11]。

大型商用ジェット機にすら、変化が起きようとしているかもしれない。エアバスはすでに中国に二つの組立工場を所有しており、ボーイングは二〇一八年に米国外では初の新工場を中国に開設する[12]。さらに、中国は航空機の国内生産能力を高めつつあり、国有の中国商用飛機有限責任公司(COMAC)が二〇一七年にC919の試験飛行に成功している(商業運航にはまだ規制のハードルがあるが[13])。

話をマクロレベルと将来に戻すと、世界経済に占める新興国のシェアが今後も拡大を続けることは確実と思われる。成長の柱として突出した中国の役割は減少していきそうであるが(以下に詳述する)、新興諸国全般、特にアジアの新興国が先進国より早く成長し続けると考える理由はいくつかある。

- 過去を振り返ると、サウス・バイ・サウスイーストのビッグシフトは、安定したメガトレンドであったことがわかる。一九八二年に未来学者のジョン・ネイスビッツは一連のメガトレンドを特定し、一九九〇年にパトリシア・アバディーンとともに改訂を加えた[14]。そのトレンドの大半は到来と同時に、あるいは到来する前から、空振り、つまり外れであった

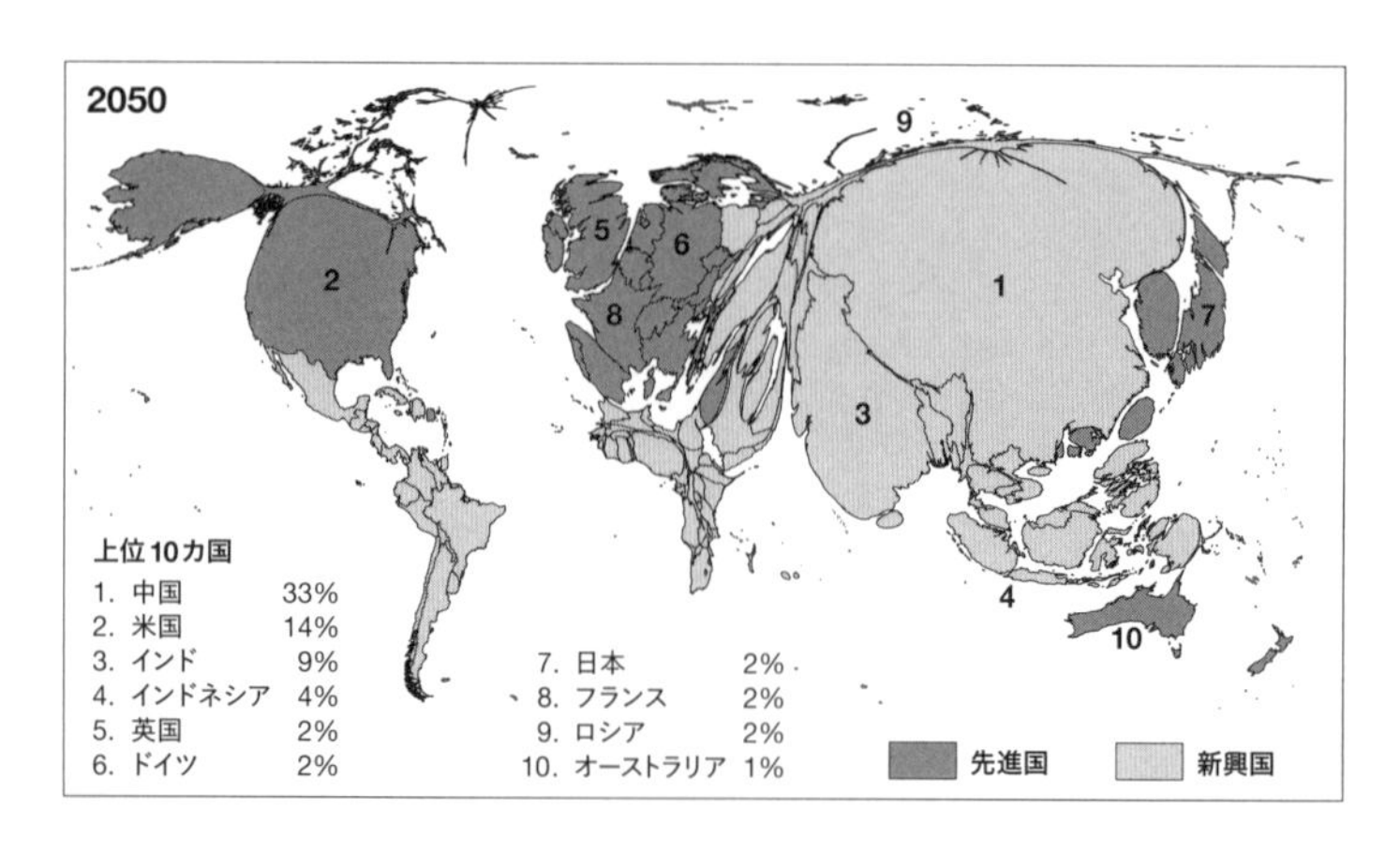

データ出所：Oxford Economics.

ことが判明した[15]。

しかし、予測が当たった稀な例外もいくつかある。ネイスビッツは初期の著作で「国家経済からグローバル経済へ」の変化を予見していた。また、後年の著書では「環太平洋地域の台頭」についても述べている。いずれのメガトレンドも、本章の主旨とおおむね一致する。

●よく引用されるオックスフォード・エコノミクス、エコノミスト・インテリジェンス・ユニット、マッキンゼー、経済協力開発機構(OECD)による長期予測は、経済成長が新興国、特にアジアの新興国に集中していることを指摘している。

図3-4に一九九二年(新興諸国のシェアが底を打った年)、二〇一六年、二〇五〇年(予測)に各国が市場為替レート

図3-4

国の大きさを市場為替レートのGDPに対応させた地図

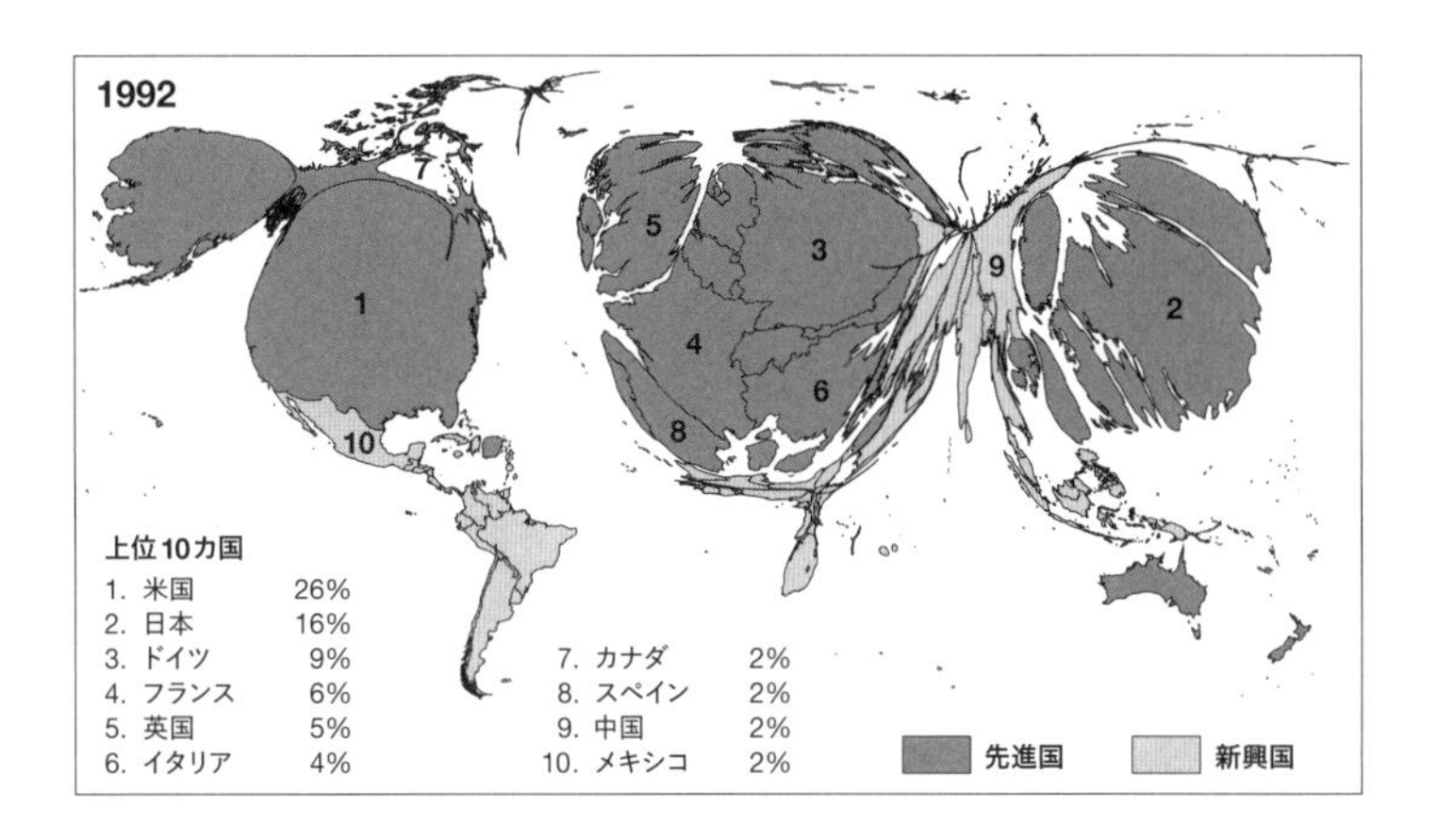

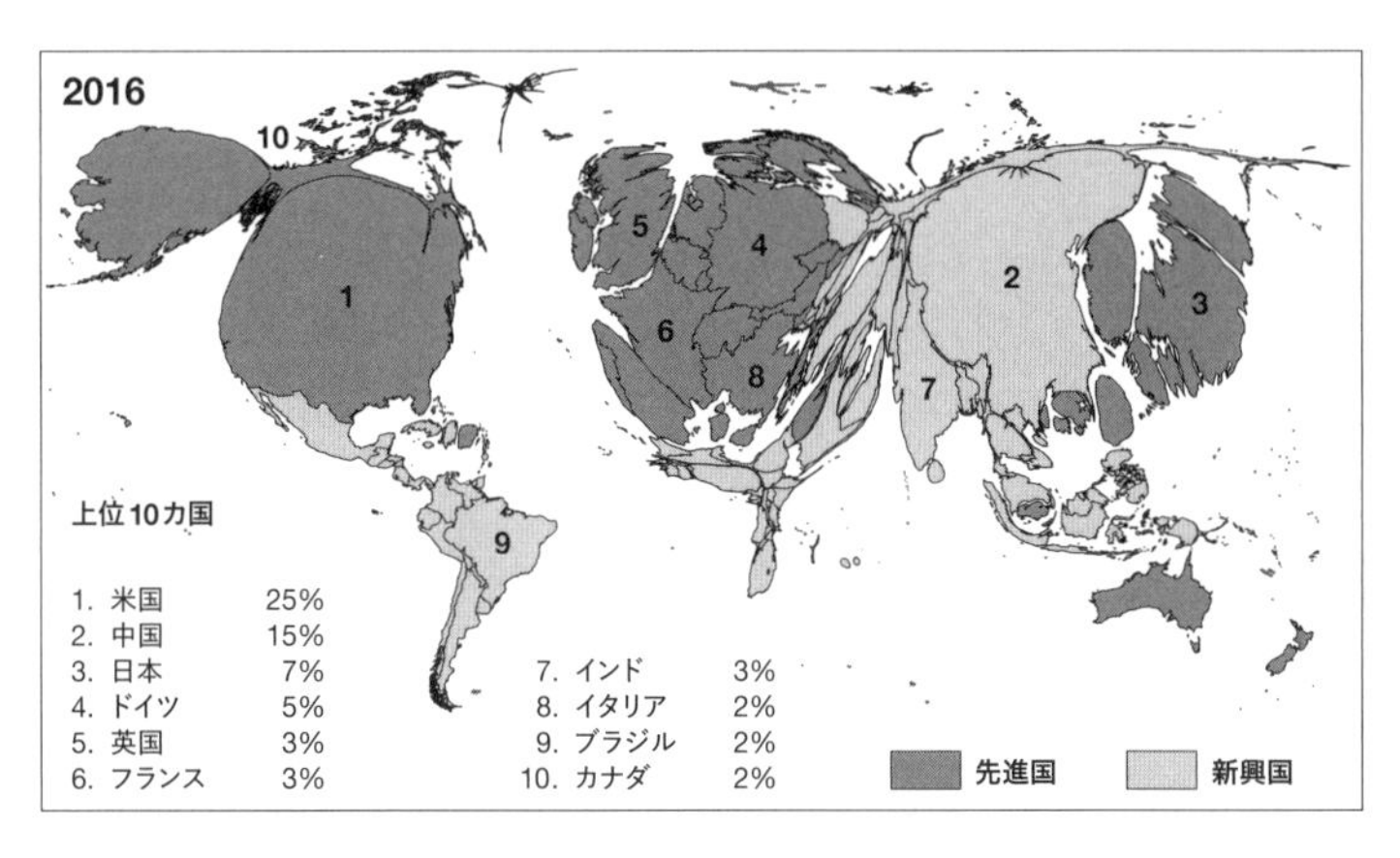

でのGDPに占めるシェアの推移を示す。

●これらのGDP予測は、一般的にもっと確信を持って予測が可能な人口動態トレンドとも一致している。国連人口部は二〇一六年から二〇五〇年までの人口増の九七%は新興地域が占めると予測しているが、この成長の大部分は、アジアほど一人当たり所得の伸びが見込めないアフリカで起きると予想されている。

そして、現在の先進地域の人口動態に目を向けると、日本の人口は一億二六〇〇万人から一億七〇〇〇万人に減少し、ヨーロッパは従属人口指数の急増により経済的危機に陥ると予想される。[16] 先進地域の大国の中で人口動態の展望が比較的健全なのは米国だけであるが、その展望も実施の可能性がある移民制限の影響次第である。もちろん、ブラジル、中国、ロシアなど、開発途上国の中にも人口動態に課題を抱えている大国がある。

今述べたことから、新興諸国へのビッグシフトがグローバル化の成功シナリオに不可欠なだけでなく、実現性の高い要素でもあることがわかる。このシフトをしっかり頭に入れておくと、残りのSMART予測に取り組みやすい。

貿易の緩やかな成長

グローバル化は多面的な現象であるという合意が学者の間では全般的にできているが、貿易と一緒にされることが多い。[17] グローバル化として貿易が注目される理由はいくつかある。二〇世紀をだいぶ過ぎるまで、FDIも含めてほとんどの国際的なビジネス活動は、コモディティの貿易が中心だった。人のフローは、一般的に今よりも地域内に限定されており、情報のフローははるかに弱々しかった。

二度の世界大戦間に壊滅状態となった国際交流を、戦後は貿易が再び牽引した。貿易が最初に急増したのは一九六〇年代で、さらに一九九〇年から二〇一〇年にかけては、GDPの二倍の早さで成長した。それに対して、FDIが本格的に盛んになったのは、ようやく一九八〇年代に入ってからであり(第1章の図1-6参照)、第一世代の移民が世界の人口の約三%に達するには一〇〇年以上かかった。[18] また、他のグローバル化の次元より(商品)貿易のほうがデータも揃っている。

こうした歴史的な理由と、貿易が他のタイプの国際交流に比べて近年弱くなっていることから、グローバル化はピークを過ぎたのかという最近の議論の多くが、実は貿易がGDPに占める割合がピークを過ぎたのかどうかを問題にしている。貿易がピークアウトしたと主張する人々は、貿易にとって不利となる可能性を秘めた技術の変化、特に自動化をよく指摘する。たとえば、産業用ロボット「バクスター」は二万五〇〇〇ドルで購入でき（価格は急速に下がっている）、三年間で償却できるため、「休憩（メンテナンス）」時間を加味しても一時間当たりのコストは四ドル未満になる。ロボット化のコストは、中国人の人件費に迫っているのだ[19]。ロボット価格の低下によって、新興諸国における製造業の雇用拡大の潜在力は頭打ちになるかもしれない。3Dプリンティングもコスト効果では及ばないものの、同様に作用する可能性がある。

欧米諸国の国民の間で高まる保護主義感情に呼応した政策変更や、すでに国際協定や国際機関がこうむった打撃などに注目する悲観論もある。しかし、一〇〇年来の貿易増トレンド――過去五〇年間でむしろ勢いを増し、計算上は今後もその傾向が長く続く――がこれから反転すると主張するには、これらを挙げるだけでは足りない。

短期的には、コモディティ価格――その急落が二〇一五年の貿易減の背景にある――が平均水準近くまで戻れば、商品貿易の増加が期待できるかもしれない。しかし、これは読者には大幅下落後の一時的な小幅回復にすぎないと映るかもしれない。

長期については、WTOのロベルト・アゼベド事務局長の所見が有益な目安になる。彼はこう述べている。「つまり、『ニューノーマル』が『常態（ノーマル）』ではないのと同様に、『オールドノーマル』も、実は『常態』ではなかったのだ[20]」

敷衍すれば、貿易は持続的にGDPの二倍の速さで成長することはもうないだろうが、再び成長速度が上がる可能性は十分にあり(二〇一七年はそれが起きたように見える)、結果として貿易量は増えるだろう。貿易がGDPの二倍の早さで成長し続けることはできないという所見には、それほど異論は出ないはずだ。

貿易はGDPの一部であり、すでにかなり大きな部分を占めているため、無限にGDPの二倍の早さで成長し続けることは数学的にありえない。そして、貿易の成長速度が再びGDPの成長速度を下回るのではなく上回り始めることについては、歴史的経緯を念頭に置けば、再びの加速化は起こりえないとするピーク論者よりアゼベドの意見のほうが私には納得がいく。

GDPに対して貿易の成長速度が実際どれくらいになるのかは、サービス貿易の進展次第だろう。サービスは世界GDPの三分の二以上を生み出しているが、貿易に占める付加価値商品の割合は(第1章で述べたように)財の生産セクター(製造業、農業、天然資源開発)の約四〇%に対して、サービスセクターは一五%しかない。

性質上、貿易が不可能なサービスもあり(たとえば、現在のところは理容業など)、また、他のサービスに関しては、主な障壁は製造業でおなじみの関税障壁や非関税障壁よりも規制環境にある。WTOドーハ・ラウンドでサービス分野の交渉が失敗に終わったことから、このような障壁は多角的合意形成に抵抗力が強いことがわかっている。[21]

一方、サービス貿易を、ほかでもない技術的理由から楽観視してよいとする主張が、少なくとも一部にはある。たとえば、リチャード・ボールドウィンの*The Great Convergence*

図3-5

先進国と新興国を比較したグローバルな結合の平均的な深さ（2005～15年）

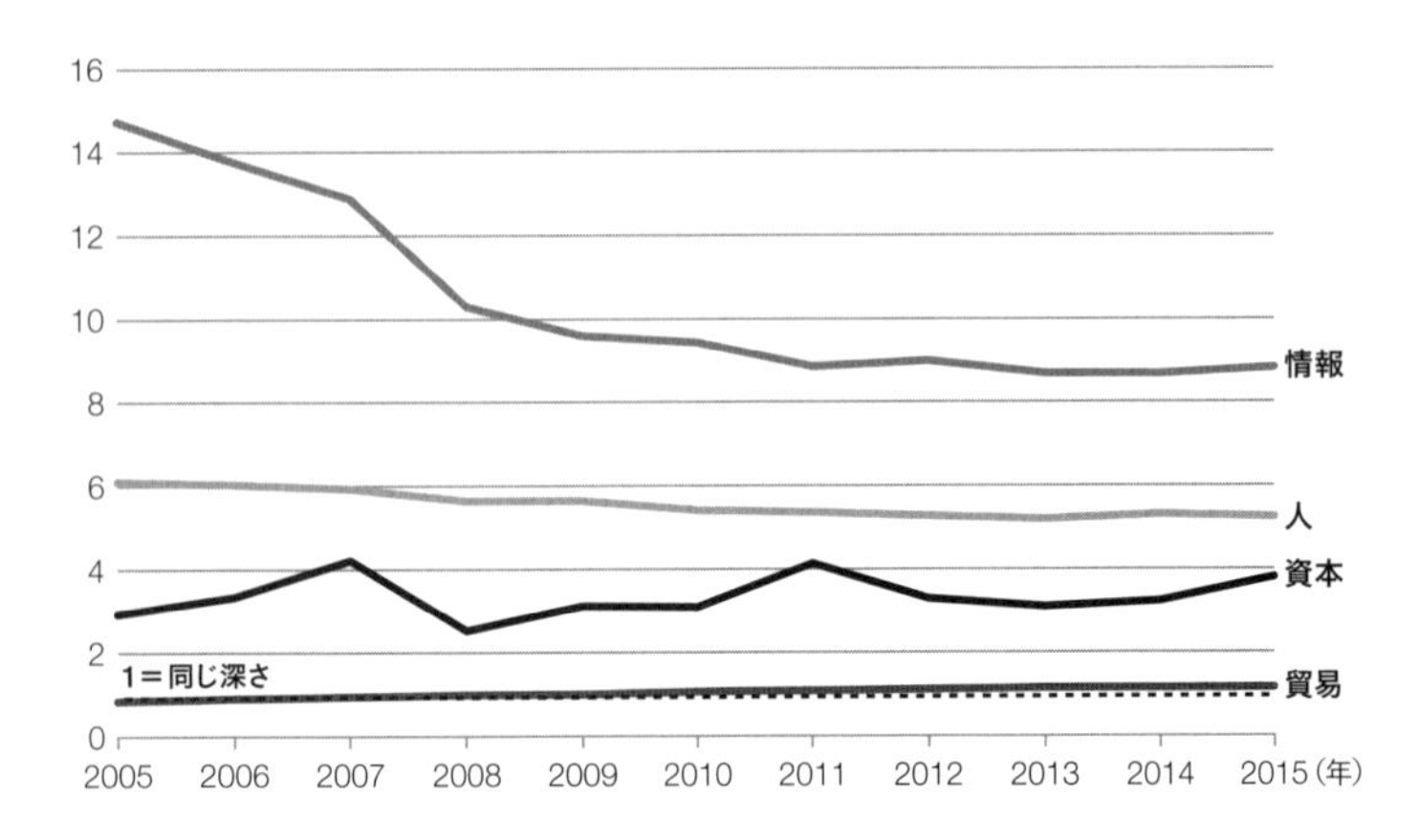

出所：Pankaj Ghemawat and Steven A. Altman, *DHL Global Connectedness Index 2016: The State of Globalization in an Age of Ambiguity* (Bonn: Deutsche Post DHL, 2016), figure 1-6.

（邦題『世界経済　大いなる収斂――ＩＴがもたらす新次元のグローバリゼーション』）は、「テレプレゼンス」と「テレロボティクス」によるバーチャルな人の移動によって支えられたグローバル化の新時代をテーマにしている(22)。その魅力はもちろん、労働者の国境を越える移動なしに海外から労働サービスを調達できるところにある。

しかし、これについても、前述したテクノトランス論に従い、私は技術至上主義に警告を発しておきたい。テレマティクスのみを介した交流を温かみに欠けると感じる心理的障壁や、テレマイグレーション［テレマティクスによるバーチャルな移民］によって地域雇用が大きく減少した場合の政治的反動があるかもしれないからだ。

貿易を地域別に見ると、二〇一六年から二〇二五年までの世界貿易の成長に新興アジア諸国が占める割合は三四％で、二〇〇七年から二〇一六年までの五四％から下がる予測となっている。

世界金融危機後の貿易拡大をほぼすべてにおいて牽引したのは新興国だが、すでに平均して先進国と同等の貿易量に達している（図3－5）。むしろ、図の貿易を表す線はわずかに上昇しているので、先進国の貿易量と相対的に見た新興国の貿易量は二〇〇五年以降、実は少し減少している。その大きな理由は、中国がＧＤＰの三三％を占めていた輸出への依存度を弱め、現在はＧＤＰに占める輸出の割合が二一％に下がったことである。[23]

要するに、新興国は貿易量で後れを取っているわけではないため、次に論じるグローバル化の他の次元とは異なり、新興国が裕福になるにつれて国民所得に占める貿易のシェアが増加していくと予想する理由はない。

他の次元では加速するグローバル化

グローバル化は単に貿易だけを指すのではない。グローバル化がピークを過ぎたという考えは、貿易以外の次元のトレンドでは裏づけられていない。第1章の図1－2が示すように、国境を越える情報フローの量の大幅な増加と、それよりは少ないが着実に増えている人のフローが、グローバル化のレベルを上げている。そのため、貿易と資本の面では弱くても、総合するとグローバル化のレベルは、二〇一六年のDHL世界連結性指標で史上最高に達した。

図3-5の非貿易数値指標で特に興味深いのは、資本のフロー(一対四)、人のフロー(一対六)、情報のフロー(一対九)の国際化に関して新興国が先進国にどれほど遅れているかである。もし経済活動のビッグシフトによって新興国が成長し、現在の先進国に近づくのであれば、新興国の発展は貿易以外の次元で、もっと急速なグローバル化の進展を示すはずである。他の次元のグローバル化の速度は、貿易面のグローバル化とはあまりにも相反しており、「オルト(別の)・グローバリゼーション」とさえ称してもよいかもしれない。

この呼称が突飛すぎると感じられるなら、近年のグローバル化の拡大を牽引したのは人の流れと、さらに特筆すべきは情報の流れであることを思い出してほしい。

現在見えている兆候をいくつか考えてみよう。観光のフローは爆発的に増えている(過去一〇年の増加分のうち、中国からのアウトバウンドが二三%を占め、今後は一層増える)。デジタル化によって、人々は空間を超えてつながりやすくなっている。そして、ポップカルチャーは世界的なメガヒットであふれている。資本のフローでさえ、潜在力はまだまだ大きい。

新興国が貿易以外でもグローバル化拡大の原動力になるという予測は、各種フロー間の相補性によっても裏づけられる。サービス貿易(これも、新興国が先進国より遅れている分野である。新興国の貿易が全体として先進国とほぼ同等なのは、商品貿易のおかげだ）は資本のフローと密接に連動しやすい。そのため、サービス貿易の障壁を低くするには、二国間の投資協定が必要であるのが定型化された事実となっている。

また、デジタル化も商品貿易よりサービス貿易に影響が大きく、ここでも貿易のフロー、資本のフロー、情報のフロー間の相補性が目立つ。貿易が多いセクターほど国際的なM&Aが多いという事実も、フロー間の相補性によって個々のフローだけを見て予想するよりも、グローバル化拡大が加速化しうるもう一つのエビデンスとなっている。[24]

さらに、もういくつかの兆候としては、七五の経済カテゴリーで世界合計に占める新興国のシェアのデータを私がまとめた結果がある。世界合計に新興国が占めるシェアが最大だったカテゴリーは人口で、上位五項目は携帯電話の加入者数を除いてすべて人に関連していた。[25]下位五項目には大学、企業レベルで評価したブランド価値、研究開発支出額とともにポートフォリオ・エクイティ関連が二つ含まれる（資産のストックと負債のフロー）。

下位一〇項目には、さらに二つのポートフォリオ・エクイティ関連項目（資産のフローと負債のストック）が入る。だから、新興国が先進国より成長が早いと予想する場合、ポートフォリオ・エクイティ・カテゴリーの世界合計に占める新興国のシェアが偏った増え方をする可能性が高い。

その大きなインプリケーションの例として、私があるスイスのプライベートバンクの仲介でトップと話をした、スイスのいくつかの年金基金を挙げよう。年金基金の運用をする際は、世界経済の長期予測に目配りしなければならないだろうと私は考えていた。だから、スイスの年金基金が新興国に持っている資産が概して全体の五%未満と知って驚いた。

ファイナンスの研究者のヘルト・ベケルトとキャンベル・ハーベイは、ポートフォリオを多角化するための妥当な資産加重は一般的に時価総額シェアとGDPシェアの中間だと提言している。[26]新興諸国を一つのグループとして考えると、二〇一六年の時価総額シェアは約二〇%、GDPシェアは四〇%である。

話を戻すと、広義のインプリケーションは、成長が新興国に集中している場合、新興国のエクイティ市場は、対GDP比成長(これについては七五のカテゴリー中、新興国市場はすでに中位にランクインしている)が示す以上に重要になっていく可能性が高いということである。[27]

もちろん、オルト・グローバリゼーションにも特有の課題が出てくるはずで、進行中の国際交流とともにその課題のマネジメントが今後は重要性を増していきそうだ。この点、貿易、特に商品、なかでもコモディティというモノの貿易は、比較的単純と考えられる。他の形態のグローバル化は、国際的な人対人の交流が関与する比重が大きい。

国際的な人材移動(モビリティ)は明らかにそうだが、ソーシャルメディア上などでのさまざまな情報の交流にも、これが当てはまる。第7章で論じる自国びいきやホームバイアス(自国中心主義)を考慮すると、悪感情の発生を放置せずにこのような交流をうまく機能させるためには、マネジメントが必要な場合が多い。また、ポートフォリオ・エクイティ投資は人との直接の接触は必要ないものの、悪感情に左右されやすい。

さらに視野を広げ、貿易の影響が少ないグローバル化を見れば、多国間のグローバル化（WTOは自らの役割を再考する必要があるだろう）から個人のグローバル化（あなたは自分がどれだけコスモポリタンになりたいかを再考する必要があるだろう）まで、さまざまなインプリケーションがあるだろう。

これらマクロレベルとミクロレベルのインプリケーションについては、二〇一一年に刊行した拙著*World 3.0*に詳しい。[28] しかし本書では、企業にとってのインプリケーションに主眼を置く。

地域化と多極化

長期的トレンド、特に本章の前半で取り上げた成長予測は、地域グループという観点で世界を考える重要性が増していくことを示している。予測ではどの国も自国の力だけでは成長できないことを示している。多極化はすでにデータに表れており、今後ますます鮮明になっていくだろう。多極化をさまざまなグループ分けで考えてみることが有益である。

貿易のリーダーシップを三極化した地図で見ると、EU、中国、米国がそれぞれ国グループの中で自身が最大の貿易相手国である貿易圏を形成している(図3-6、上の地図)。アフリカでの中国の影響力拡大は目覚ましいが、アフリカ大陸の大半でEUは、相変わらず貿易相手国の第一位である。

中国、米国、EU、そして中国以外のBRICS(ブラジル、ロシア、インド、南アフリカ)に七極化した地図は、極を増やしても、ほぼ国同士が隣接したリーダーシップ圏が存在することを示している(図3-6、下の地図)。

さらに細かくすることも可能だ。二〇一七年にカタールが直面した外交危機で主要な役割を演じたのは、グローバルではなく地域の極、サウジアラビアとイランとトルコだった。このように精度をさまざまに変えて見てみると、世界の見え方はグループ分けのレベル、言い換えれば解像度で変わってくることがわかる。

サウス・バイ・サウスイーストのトレンドでは、これから全体として最も成長するのが東アジア/太平洋(中国のリーダーシップ圏内)とインドを中心とする南アジアの二地域である(図3-7)。

しかし、中国は減速している。インドは(経済規模が)中国よりはるかに小さく、成長速度も中国ほどではない。インドが今日の中国の地位に到達するには、一八年間一〇%ずつ成長しなければならないだろう。

図3-6

各国の上位貿易相手国の多極化地図(2015年)

三極化地図:米国, EU, 中国

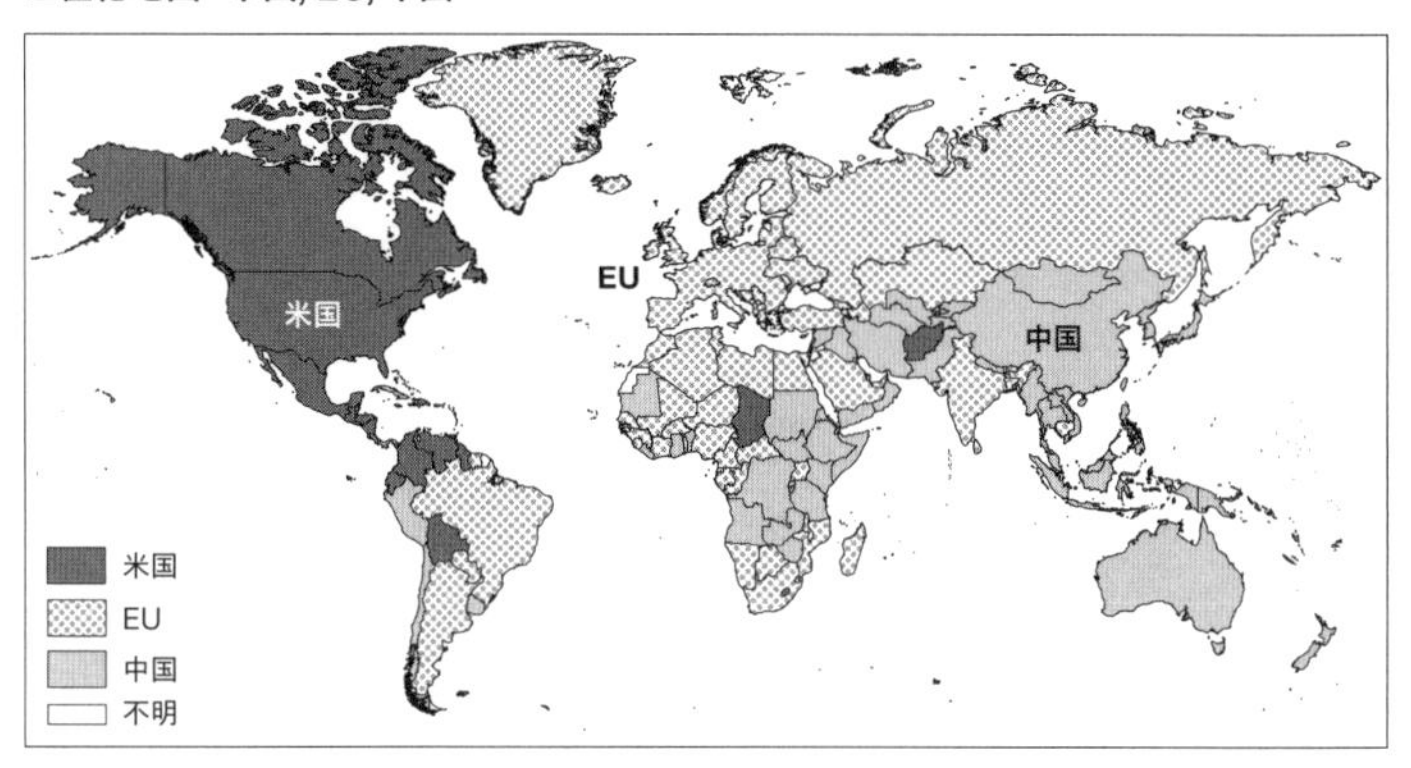

七極化地図:米国, EU, BRICS(ブラジル, ロシア, インド, 中国, 南アフリカ)

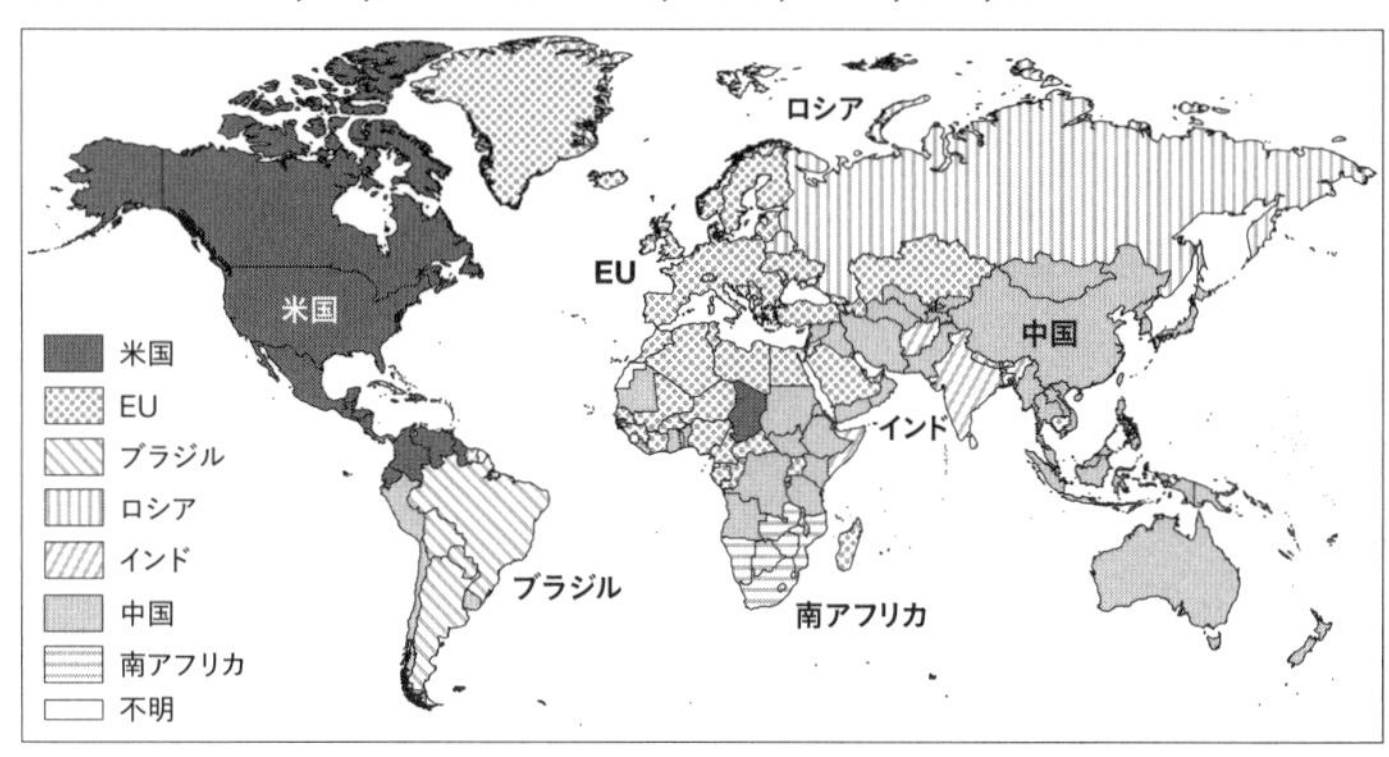

データ出所:United Nations *Comtrade* and International Monetary Fund, *Direction of Trade Statistics (DOTS)*.

図3-7

国の大きさを予測されるGDP成長(絶対値)に比例させ，GDP成長率(割合の変化)に従って濃淡をつけた地図

2017～22年(予測)

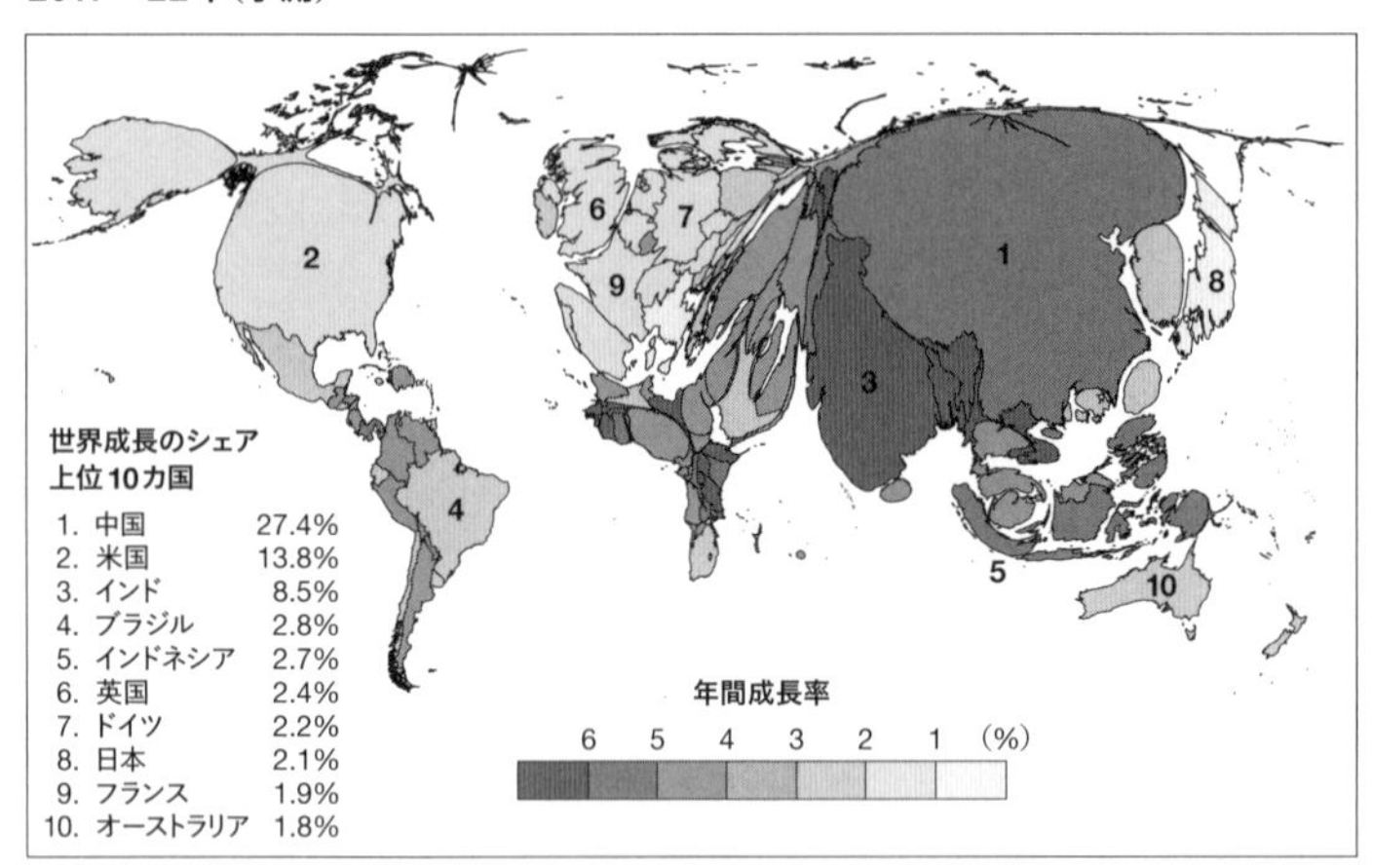

2017～50年(予測)

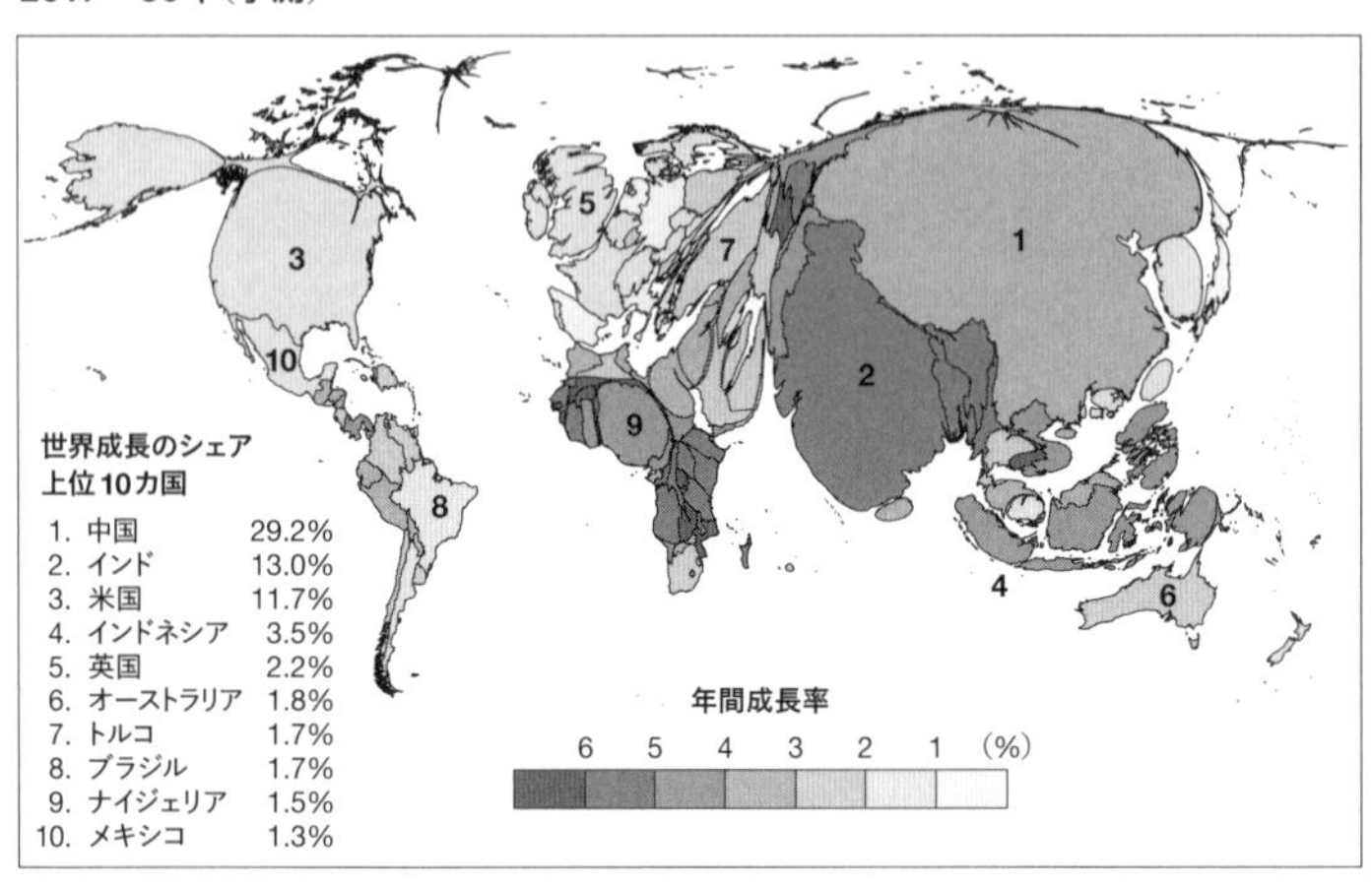

データ出所：Oxford Economics.

さらにASEAN（東南アジア諸国連合）諸国も、もう一つの、いくぶん小さな成長の極を形成している。これら三つの成長の極が大きく見て同じ地域内に存在することから、世界の東南の貿易シェアは、地域間より地域内で拡大していく可能性が高い。

このような成長の極がアジアその他に特定できるとはいえ、かつての成長の極と比べると小粒に見えてしまうことに留意されたい。グローバル化のかつての急成長期には、一極が成長するのが典型的だった。つまり、一国あるいは一地域が、世界の成長の二〇％以上を占めていたのである。第一次世界大戦前の数十年間に起こったグローバル化の最初の波では、ヨーロッパの海運大国がその役割を果たした。一九五〇年から一九七〇年にかけては米国が、一九九〇年から二〇一〇年にかけては中国が主役を演じた。[29] 今日、それらに匹敵する一極は見当たらず、多極化を裏づけている。

図3-7では、最も成長している国々（割合の変化において）はアジアとアフリカにあるが、それでも依然として大幅な成長（絶対値で）は先進国で続くこともわかる。成長率はアフリカとアジアのほうがはるかに高いが、絶対値で見ると二〇一七年からの五年間で世界GDPの成長の三六％、二〇一七年から二〇五〇年にかけては成長の二七％を先進国が占めると予測されている。

サハラ以南諸国の大半で高い成長率が予測されているが、人口が爆発的に増加するため、この地域の一人当たりGDPは、きわめて低いままであるとも予想されていることを付け加えておくべきだろう。

オックスフォード・エコノミクスの予測によれば、サハラ以南アフリカの一人当たりGDPは二〇五〇年になっても三五〇〇ドル(現在のドル)未満にとどまる。また、この地域は相対的に見てもさらに後れを取っていく。二〇一七年時点でサハラ以南の一人当たりGDPはアジアの三〇%だった。この比率は二〇二二年に二六%、二〇五〇年までには二〇%に落ちていくと予測されている。

多極化という概念をさらに発展させ、世界をいくつかの大きな濃淡やパターンとしてではなくモザイクとして考えてみてもよいだろう。このような見方をすると、新興国は一つのカテゴリーとしては先進国よりもはるかにばらつきが大きいため、もっと多面的なアプローチが必要である。

たとえばアフリカの中でも、開発目標の進捗度には大きな差がある(むしろ、まったく進捗していない国もある)。だから、ビッグシフトに対処するという現在の課題に、中国が主要な成長の極だった時代の画一的なアプローチでは不十分であろう。

しかし、企業は新興国それぞれの違いにひたすら目を奪われるのではなく、隔たりの法則と業種レベルに落とし込んだCAGEフレームワークを手がかりに、ビジネスに関連した類似点と差異のパターンを解明していくことができる。

覇権交代?

今述べた多極化という文脈においても、問うべき重要な問題はやはり、米国と中国という最大の二極の相対的な力関係である。中国はすでに圧倒的に世界最大の輸出国になっている。IMFによれば、中国は二〇一四年に購買力平価調整後のGDPで米国を追い抜いた。

さらに、時期の予測は二〇二四年(オックスフォード・エコノミクスとIHSマークイットによる)から二〇三七年(エコノミスト・インテリジェンス・ユニットによる)と幅があるが、市場為替レートでも世界一の経済大国の座を中国が米国に取って代わろうとしている。

中国がこの二つの次元で世界一になることによって、米国とEUによって支えられていた、おおむねリベラルな世界貿易とグローバル化の体制から、中国の影響力が増大した、おそらくはまったく異なる体制へのシフトが起きるのか——つまり、米国と中国の覇権交代が起きるのかどうか——は、個々の企業が携わるビジネスとは関係なく、きわめて重大な問いである。

すでに起きたことに照らしてこの問いに答えるには、状況の他の側面もいくつか認識しておかなければならない。本節ではそれらを取り上げる。中国は商品貿易では世界一となったが、DHL世界連結性指標で測定したグローバル化の他の次元では、いずれもそのレベルに達していない。

この理由から、中国が米国に代わって世界の覇権国の座にのし上がる可能性は、まだ低いと思われる。ただし、中国と欧米の政策イニシアティブの動向により、この予測には多少の不確実性がある。いずれにせよ、少なくとも米国と中国の間に大きな緊張状態が発生する可能性は高い。

◆世界一はどちらか？

米国と中国の現在の立場を比較するにあたって、私はネットワーク構造における中心性を定量化するために社会科学者が開発した数多くの尺度の中から、「媒介中心性」と「ページランク」の二つに注目する。

媒介中心性は通常、ネットワークにとってのあるノード（結節点）の重要性を分析するために使われる。要するに、「このノードがオフラインになったら、ネットワークにどの程度支障をきたすか」を問う。それに対して、ページランクはウェブサイトの重要性を測定するために考案された。

ページランクのページは、グーグルの共同創業者、ラリー・ペイジの名に由来する。ページランクのアルゴリズムは、そのサイトにリンクしているサイト数とリンク元サイトの重要度に基づいてサイトを分類することによって、グーグルをトップ検索エンジンに押し上げた。検索結果で第一位のサイトは、評価の高い他のサイトから最も評価を得ているサイトだ。

二つの尺度の違いを理解するために、空港を通る人の流れをイメージしてみてほしい。ロンドンのヒースロー空港は媒介中心性で第一位に格付けされるが、理由はすぐにわかる。ロンドンは他の手段ではつながっていない多くの場所をつないでいるからだ。たとえば、北米からアフリカやアジアに行くためにはヨーロッパを経由することが多いが、ロンドンはヨーロッパにあるハブ空港のどこよりも多くの路線を受け入れている。その結果、ヒースロー空港が閉鎖された二〇一〇年のエイヤフィヤトラヨークトル火山の噴火のようなシナリオは、出発地と目的地がロンドンではなくても、きわめて多くの乗客にとって大打撃となるのである。

それに対して、アトランタのハーツフィールド・ジャクソン空港は、ページランク第一位に格付けされる。米国トップのハブ空港であるこの空港には世界中から、特に他のハブ空港からのトラフィックが流れ込む。ハブ空港自体が高く評価されている空港と考えられるから、他のハブ空港から大量のトラフィックが流入することは、アトランタの格付けを大きく高める効果を上げている[30]。

表3－1は、いくつかの国際活動における媒介中心性とページランクの米国と中国の格付けを示す。商品貿易については、中国は媒介中心性で米国を追い抜いたが、ページランクでは米国にわずかに及ばない。

米国の貿易額は中国より少ないが、商品貿易の価値における中国の首位を相殺して余りある

表3-1

媒介中心性とページランクの米国と中国の格付け

国際活動	媒介中心性		ページランク	
	米国	中国	米国	中国
商品貿易	3	1	1	2
サービス貿易	2	19	1	9
FDIストック	2	47	1	9
ポートフォリオ・エクイティ資産	1	8	1	10
電話	1	5	1	4
出版物	2	5	1	12
移民	1	13	1	43
観光客	1	66	1	6

出所：2016年のDHL世界連結性指標用に収集したデータに基づく.

ほど、米国の貿易相手国のほうが明らかに世界の貿易ネットワークで重要な地位を占めている。ただし、米国がページランク第二位の中国から非常に大きな支持を受けている点は見逃せない。

ＦＤＩは中国のほうが全体的にいくぶん弱いが、二つの中心性尺度における両国の力関係は逆転している。中国は媒介中心性では上位四〇カ国にすら入っていないが、ページランクでは一〇位以内に入っている。ページランクが高いのは、中国以外の主要なＦＤＩ対象国が中国に対して行ってきた多額の投資による。

情報と人の交流は、データの対象範囲にばらつきがあるが、どちらの中心性尺度においても中国のほうが大きく格付けを下げている。また、この二つは現在の状況から中国がこれ以上の国際化を受け入れるのか、最も疑念を持たれているカテゴリーでもある。ここでも米国はおおむね一位か二位に入る。

全体として民間交流の二つの尺度における中国の中心性が相対的に小さく、軍事的にも米国より相対的に弱い（米国が世界中に軍事基地のネットワークを有しているのに対して、中国はジブチにしか海外基地がない）ことを考え合わせると、中国が米国に取って代わって世界の覇権国になるという話は誇張に思われる。

総合的な経済規模だけで見ても、米国は中国に追い抜かれた後も、しばらくは引き離されることはないと予想される。また、人口は米国のほうが中国より少ないため、今後も米国のほうが中国よりも一人当たり所得ははるかに高いと予想される。そのため、米国の重要性に対してある程度の下方圧力はあっても、完全な地位の交代は起こりそうにない。

この結論を脅かす主な要因は、米国の一連の政策が機能不全に陥る一方で、中国の政策が奏功して覇権交代が実現する可能性も考えられることである。

◆TPP、NAFTA、ブレグジットその他

前述したように、『ワシントン・ポスト』紙の「トランプ公約トラッカー」によれば、トランプ大統領が就任後の二〇〇日間で守った選挙中の公約は、貿易と移民に関する二つだけで、彼はTPPを離脱し、NAFTAの再交渉を開始した。TPP離脱は、米国のアジア重視策――アジアを中国中心に固まらせないことが目的の一部であった動き――の終焉を示した（貿

易協定への加盟によって中国の国有企業と国家計画に制約がかかることを考えると、中国は絶対に貿易協定に加盟しないだろう)。米国が不参加となり、当事者各国の熱が冷めた今、中国に対する防壁の実現可能性は遠のいたように見える。

もちろん、米国は日韓との安全保障条約は継続するが、両国とも対米貿易黒字が容認できない大きさになっている国としてトランプから目をつけられており、自国の安全保障をトランプがどれだけ本気で考えているのか、そして、安全保障と引き換えにどんな代償を要求してくるつもりかに懸念を抱いている。

地球を半周した先に目を移すと、北大西洋条約機構(NATO)がヨーロッパ内の諸問題もさることながら、費用負担が不公平であるとするトランプの主張に揺らいでいる。そして言うまでもなく、軍事同盟が崩壊するのは一瞬かもしれないが、再構築にはそれよりはるかに時間がかかるだろう。

より広い見地からまとめると、確立した安全保障関係が自国の経済的利益というシビアな計算に左右されるとすれば、視野が狭まることによって安全保障関係は一変し、根本的に弱まりかねない。米国は安全の保証人ではなく、雇われ警備員になるだろう。そして長期的には、かつての同盟は消失していく。

極端なシナリオとして、米国がとんでもない愚策を連発しない限り実現しないが、地政学地図の様相は、経済地図に近づいていく可能性もある。そのような結末は、中国の国力と表向き

図3-8

貿易相手国における米国と中国の勢力地図(2015年)

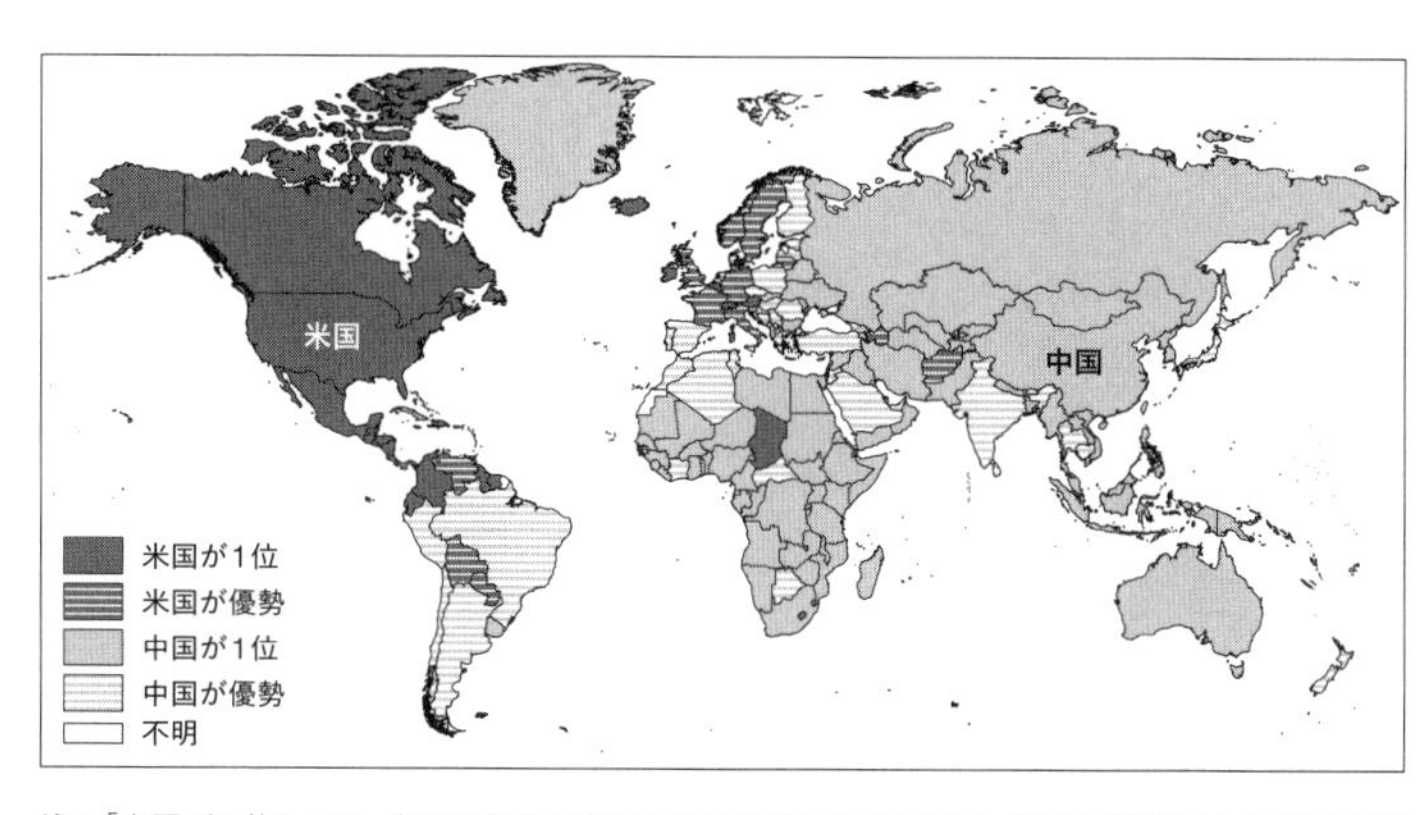

注：「米国が1位」とは，米国の貿易が中国の2倍を超える国を指す．「米国が優勢」とは米国の貿易が中国と同等から2倍までを指す．「中国が1位」と「中国が優勢」も同様の定義である．
データ出所：United Nations, *Comtrade and International Monetary Fund Direction of Trade Statistics (DOTS)*.

の戦略に有利に作用するだろう。

このシナリオがどのように展開するかを知るには、貿易相手国としてどちら(米国と中国)が大きいかに従って各国に濃淡がつけられた、図3－8の二極化貿易地図を見てほしい。米国はいくつかの場所、特に南北アメリカ大陸に近いところでは優位に立っているが、中国のほうが広い地域で優位にある。

推定では二〇二五年までに、中国が貿易で首位を占める領域はさらに広がり、米国が首位である地域は北アメリカ大陸しかなくなる。現実離れした予測だと見る向きもあるかもしれないが、オバマ政権下の米国商務省が策定した「ルック・サウス」輸出戦略はこの論理を認識したものである。[31]

同じ地図から、NAFTAをめぐる危険にも気づかされる。第2章で述べたように、トランプはカナダとメキシコに強い圧力をかける可能性があり、メキシコの政策アナリストは「チャイナ・カード」を切ることさえ口にした。米国がグローバル化から撤退すれば、明らかに中国が米国に取って代わる可能性が高まるだろう。

そしてヨーロッパでは、ブレグジットの後に全般的なポピュリズムの波が起きてはいないものの、極右の反移民、保護主義、EU懐疑派の政党が二〇一七年のオランダの総選挙とフランスの大統領選で得票第二位となり、ドイツとオーストリアの選挙でも大躍進した。米国(および英国)だけでなく欧米全体がグローバル化に背を向けるようであれば、サウス・バイ・サウスイーストの力学は、おそらく一層顕著になるだろう。

◆中国のグローバル化への道

中国政府がチャンスをかぎつけたことは間違いないようだ。習近平は二〇一七年の世界経済フォーラム「ダボス会議」で、中国をグローバル化の最も確固たる擁護者と位置づけた。チャイナ・ウォッチャーは、中国指導部から「中国の叡智」や「(全人類の)運命共同体」といった発言が増えていることも指摘している。

こうした発言には、ソフトパワーを行使し、国際機関を通じて影響力を振るう米国の手法に中国が学んでいる様子がうかがえる。中国指導部は「平和的台頭」や「運命共同体」といったテーマをめぐり、異なるイメージを構築しようとしているようだ。

また、中国はブレトンウッズ体制に匹敵する新たなグローバルガバナンスの体制を創設し、それに投資してきた。莫大な国家資金がアジアインフラ投資銀行(AIIB、二〇一七年半ば時点で五〇カ国以上が参加、さらに二四カ国の参加を見込んでいる)、シルクファンド(中国版IMF)、新開発銀行(BRICS開発銀行)に注ぎ込まれた。

地域的なものとしては、南と東を対象にした中国の東アジア地域包括的経済連携(RCEP)という貿易計画が、TPPプロセスに取って代わろうとするライバルの筆頭として現れた。そして、中国の地域的な活動でおそらく最も印象的なのが、北と西を対象とした一帯一路構想だ。その最初のサミット(一帯一路国際協力サミットフォーラム)は二〇一七年春に開催され、二九カ国の首脳や閣僚が出席した。

一帯一路は航路と鉄道の連携を整備し、中国とユーラシア大陸の結びつきを緊密化するねらいの一連のプロジェクトを総称したものである(投資総額は現在、一兆四〇〇〇億ドルとされている)(図3-9)。ケニアの港に多額の投資が行われている以外は、アフリカへの力の入れ方が若干少ないが、それは中国がすでに対アフリカ貿易と援助で中心的な役割を確保したと自信を持っているからである。

しかしいずれにせよ、目的は中国の主導の下、中国を中心とした構図で旧世界を再編することだ。ユーラシア大陸だけで世界の人口の七〇%を占め、それにアフリカを加えれば八五%を

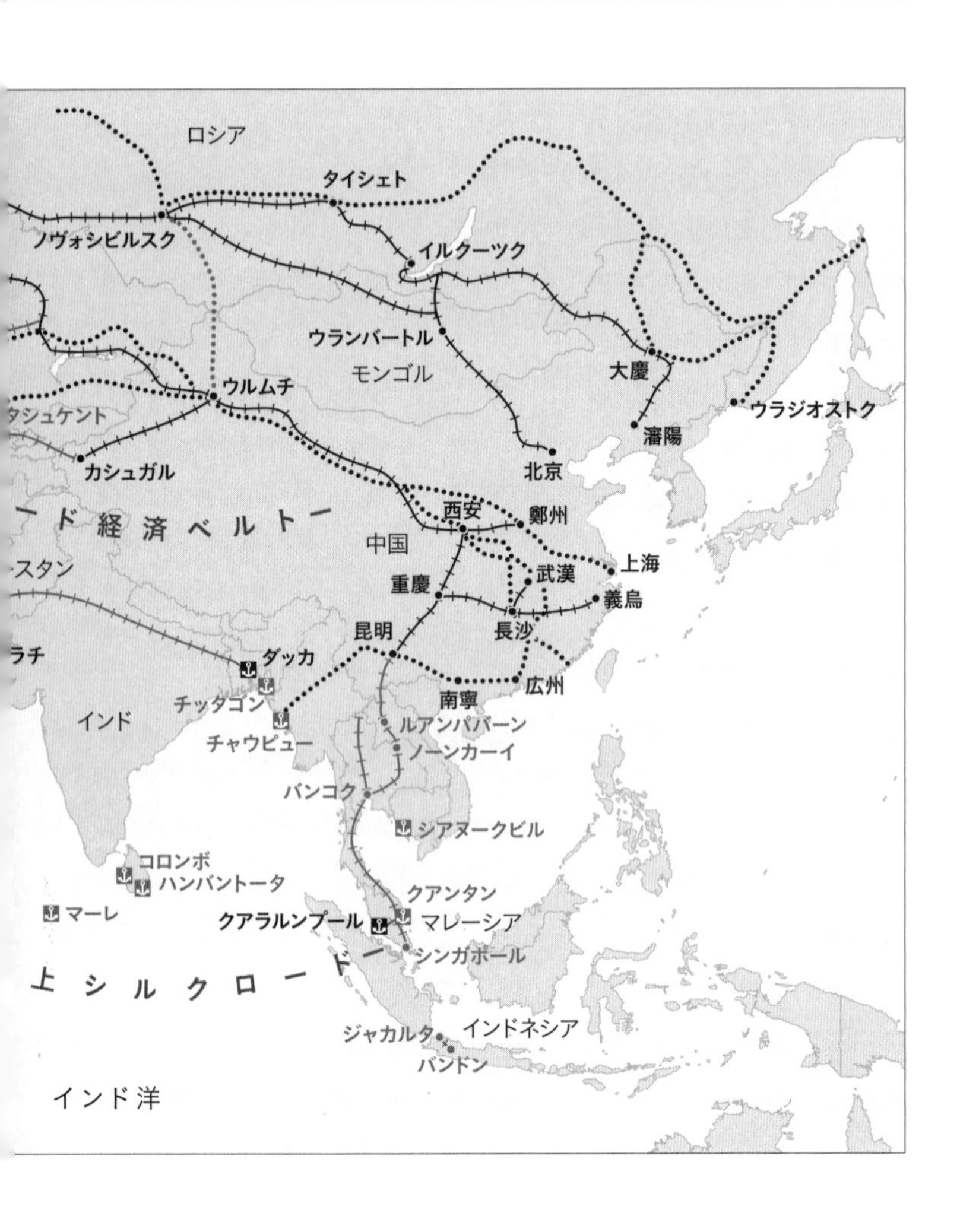
ロシア
タイシェト
ノヴォシビルスク
イルクーツク
ウランバートル
モンゴル
大慶
ウルムチ
ウラジオストク
タシュケント
瀋陽
カシュガル
北京
ード経済ベルトー
西安
鄭州
中国
上海
ースタン
武漢
重慶
義烏
昆明
長沙
ラチ
ダッカ
広州
南寧
チッタゴン
インド
ルアンパバーン
チャウピュー
ノーンカーイ
バンコク
シアヌークビル
コロンボ
ハンバントータ
クアンタン
マーレ
クアラルンプール
マレーシア
シンガポール
上シルクロードー
インドネシア
ジャカルタ
バンドン
インド洋

図3-9

一帯一路構想によるインフラ開発

出所：メルカトル中国研究所（MERICS）とジャーナル・オブ・コマース（JOC.com）が作成した地図をもとに，ニュース報道による追加・更新情報を加えた.

超えることを考えると、一帯一路は壮大な野心である。あらゆる階層の中国人が口にすることの構想が国家経済プロジェクトとしていかに浸透しているか、は決して見くびることができないだろう。

この大構想が実現すれば、中国の中心性スコアは急上昇する――人と人をつなぐ要素を考慮すれば、おそらく人に関するスコアも含めて。しかし、陸路も海路も多くは未整備であり、パートナー国の一部が慎重な姿勢を崩さず、貿易に尋常でない逆風が吹いている現状で、一帯一路が成功するかどうかは、まだ不透明である。

ここでは意図的に、中国が成功しており、米国と西欧がうまくいっていない部分に注目した。中国は国内の政治的緊張から多数の人口動態的な課題まで、大きな体制上の問題に直面している。

これに対して、米国の体制は過去数十年にわたって優れた柔軟性と創造性を発揮してきた。そのため、一帯一路を理由に中国を勝者とするのは、エビデンスが保証する範囲を超えているだろう。

グローバルな影響力をめぐる競争で中国が米国を追い抜くか、それとも追い抜かないかよりも確かな予測がある。今後数十年にわたって、両国の間にはトラブルが予想できる――政治学者のグレアム・アリソンが「ツキディデスの罠」と呼んだものだ。

この言葉は、アテネの台頭と、それに対してスパルタが脅威を覚えたことが戦争を不可避にしたと書いた、古代ギリシャの歴史家ツキディデスに由来する。アリソンによれば、従来の覇権国の前に新興国家が現れるという状況は構造的に問題が起こりやすいという。[32] ツキディデスの罠をふまえると、米中関係はある程度はうまくいくが常に不協和音を伴うのが基調と考えるのが、長期的には妥当だろう(これは失敗シナリオでは決してない。失敗シナリオは戦争であろう)。もちろん、継続的な不協和音の見通しから外交上の問題が企業レベルと業種レベルで想定される。それについては、第7章でさらに論じる。

本章のまとめ　グローバル化の一般法則

❶ ミレニアムに入ってから成長率が先進国と新興国で分岐し、新興国が上昇する一方、先進国は低迷している。

❷ 世界経済の中心は北大西洋からアジアに移動している。一九八〇年の世界GDPの地理的中心は北大西洋の上あたりだったが、今日ではイランにあり、二〇五〇年にはチベットに移っていると予測されている。

❸ 貿易が再び長期間にわたってGDPの二倍の速度で成長することはないかもしれないが、貿易の深さが拡大する大きな可能性は、まだ手付かずで残っている。

❹ 新興国は情報、人、資本のフローの深さでは先進国より大きく後れを取っているため、新興国がさらに発展すれば、グローバル化がこれらの面で大きく拡大する可能性がある。

❺ 中国は米国より輸出規模が大きいが、ネットワークでは米国に比べるとまだ多少引けを取る。米国は貿易においてさえ、ネットワーク中心性の一部の尺度で依然首位に立っている。貿易以外の国際活動では、米国のほうが明らかに先行している。

❻ 中国は世界の表舞台に存在をアピールするようになっている。海外での大規模インフラプロジェクトから米国主導の国際機関に代わる機関の設立などの取組みがそれにあたる。

❼ 地政学的な観点からは、中国の台頭によって、新興国が従来の覇権国と競った結果、ほぼ確実に戦争が起きる――「ツキディデスの罠」と呼ばれるパターン――懸念が生じる。

❽ 中国の成長は目覚ましいが、台頭している大国は中国だけではない。また、既存の大国も米国だけではない。私たちは覇権を多数の国で共有せざるをえない多極化した世界に移行しつつある。

❾ 新興国間の不均衡は依然残っており、一部の新興国は経済力と地位が高まっているが、多くはまだ上昇のきざしも見えない。

❿ 成長率が最も高いのは開発途上国であるが、先進国はまだ二〇一七年から二〇五〇年までの成長の約四分の一を占めると予測されている。そのため、米国から中国へのパワーシフトよりも、力のある国や地域グループが並存する複雑な世界に目を向けるべきである。

Managing Globalization

SPANning the World

第II部

グローバル化をマネジメントする

世界をSPANする

第II部では、第I部で行ったグローバル環境の特性評価のインプリケーションをなぞりながら、企業にとってより利益の上がる国際化の方法を提言する。提言は戦略、プレゼンス、組織構造、非市場戦略（SPAN: Strategy, Presence, Architecture, Nonmarket strategy）に対するもので、この四分野のマネジメント課題それぞれに一章ずつ割いている。

いずれの章も、グローバル化への逆風の対応策として提案されてきたローカル化や脱グローバル化施策の限界に注目する。そのため、適応戦略（第4章）、プレゼンスの縮小（第5章）、現地管理職への権限委譲（第6章）、現地向けの顔づくり（ローカルフェース）（第7章）といった、典型的な対応よりさらに大きく踏み込んだ提言を行う。

四つの章を合わせると、企業が業績を伸ばすために利用できる対応策の、より一層多彩なパレットが明確に浮かび上がってくる。

第4章 戦略――いかに競争するか

Strategy: How to Compete

序章でグローバル化のヨーヨー効果、すなわちグローバル化についてのセンチメントの揺れと、アジア金融危機前後のコカ・コーラに見る、グローバル企業にとっての重要課題と目されるものの変化との関係について論じた。

アジア金融危機前、コカ・コーラはロベルト・ゴイズエタCEOの下で標準化と規模の経済（集約）に戦略を絞り、その後ダグラス・ダフトCEOの下でローカル化と市場適合（適応）戦略にシフトした。ダフトは「ローカルで考え、ローカルで行動せよ」を合言葉にまでしている。また序章では、二〇〇〇年代前半の純粋な適応戦略は、それ以前の集約戦略と同様、コカ・コーラに良い結果をもたらさなかったことも指摘した。

しかし、同様のローカル化を要求する声が再び起こっている。二〇一六年五月に、当時GEの会長兼CEOだったジェフリー・イメルトが保護主義の台頭に応じてローカル化に向かう「大胆な転換」を呼びかけたことには、すでに触れた。[1]

もう一つ例を挙げると、世界最大の資産運用会社ブラックロックのCEO、ラリー・フィンクが、二〇一七年初めに社員に次のようなメールを送った。「当社が事業展開するすべての市場でローカル化すべきであると私は折に触れて話してきました。現在の事業環境において、ローカル化はかつてないほど喫緊の課題となっています。私たちは世界中で一つのブラックロックとして事業を行う必要がありますが、その一方でドイツではドイツの、日本では日本の、メキシコではメキシコの会社でなければならないのです」[2]

今回、グローバル化の難航にローカル化で対応するのは理にかなっているだろうか、前回は理にかなっていなかったのに？

第1章から第3章を概観して得られる三つのポイントは、その答えがおそらくノーであると示唆している。

第一に、グローバル化は(まだ)逆行期に入っていない。

第二に、たとえ衝撃を受けてもグローバル化の深さ、特に貿易のグローバル化がゼロになる可能性は低い。そして、グローバル化の広さは予測可能なパターンを示し続ける可能性が高い。

第三に、長期的には、ほぼ何をめざすにせよ、グローバル化が何らかの形で終焉するよりも成功するほうのシナリオに注目するのが理にかなっている。いずれのポイントも、バックアップ戦略として以外で適応戦略に長期的に取り組むべきことを示唆していない。

第I部の環境の考察から導き出されたこの判断は、競争力を考察すれば確かなものとなる。

純粋な適応すなわちローカル化は、大半のグローバル企業にとって最適ではない。なぜなら、どこでも現地企業を模倣する戦略を取れば、現地企業に対する優位性を持つ余地がなくなるからだ。

追求する戦略の決定にあたって、多国籍企業は国境や国際的な隔たりを超えて価値を創出するために使える基本的な三つの戦略原型モデル(アーキタイプ)を考慮する必要がある。これを私はAAA戦略と呼んでいる。

AAAとは、差異を調整する**適応**(Adaptation)、差異を克服して国境を越えた規模と範囲の経済を利用する方法を見出す**集約**(Aggregation)、差異を調整したり克服したりすべき制約と見るのではなく逆に利用する——たとえば、供給が豊富な土地で調達し、希少な土地で販売するような——**アービトラージ**(Arbitrage)の頭文字を取ったものだ。

集約とアービトラージは、多国籍企業を現地のライバル企業に対して有利にする。一方、適応は多国籍企業の弱点を緩和し、集約とアービトラージをうまく実行できる範囲を拡大する。歴史の検証を経たこれらの戦略的アプローチについて詳述するのは、本書の主旨から外れるため、ここでは概要を述べるにとどめる。[3] 現代の事例を紹介し、次にグローバル化への抵抗が高まっている今の時代に三つの戦略のリバランスについて、企業がどう考えるべきかを考察する。

最後に、先進国の既存の多国籍企業と新興国の参入企業それぞれの(異なった)戦略展開の方法を検討する。

――集約

集約戦略は、国をまたいだ有形ないし無形の資産を活用することによって、隔たりと差異の影響を克服する。集約戦略企業は国同士の差異ではなく類似点を探し出し、それに乗じる。なぜなら、差異は国際的な規模と範囲の経済の利用を制約しがち、少なくとも、それを複雑化しがちだからである。

まず、きわめてシンプルな例として、有形資産によって可能となる、生産における規模の経済を考えてみよう。ある製品が国内需要を上回る生産能力を有する機械を使って最も効率的に製造できるのであれば、その機械を有効活用するために生産規模を拡大し、生産高の一部を輸出するのが、最も効率性の高い仕組みとなるだろう。たった二カ国でも国をまたいで資産(この例では機械)の活用を行えば、集約を実行したことになる。

集約戦略は、有形資産より無形資産を活用したときのほうが、はるかに威力を発揮する。単に輸出するだけでなく外国で事業展開している多国籍企業は概して知識、技術、評判といった無形資産を国境を越えて活用している。

一九七〇年代から現在までの研究では、無形資産への投資を示す企業の研究開発費および広告費の対売上比が、海外進出度の強力な予測因子であることが、一貫して示されている。[4]コカ・コーラの場合、海外で活用されている最大の無形資産は、同社のブランドポートフォリオである。コカ・コーラは二〇一六年に純売上高の一〇%近くを広告に支出し、コカ・コーラのブランド価値は七三一億ドルで、世界第三位（アップルとグーグルに次ぐ）に格付けされている。[5]

海外での無形資産活用になぜ特に注目するのか。無形資産は競合他社が模倣しづらい戦略の支えとなるからである。特許を取得したイノベーションなど、法的保護さえ受けられる無形資産もある。多くの無形資産には海外での取引やライセンス供与に問題が内在するため、国をまたいだ活用は多国籍企業の内部で行うのが最も効率的な場合が多い。

さらに、一九七〇年代以降の多国籍企業の台頭と時を同じくして、ビジネスにおける無形資産の重要性が高まった。たとえば米国の民間セクターでは、一九七七年にGDPの六%だった無形資産への投資が二〇一一年には一二%へと倍増している。[6]

先に引用したGEのローカル化転換に関するイメルトの発言は、適応の拡大を提言するものだが、私の考えでは、集約は依然として同社の国際的な価値創造の主要な源泉である。GEの無形資産の力こそ、GEに世界のおよそ一七〇カ国で効果的に競争する能力（ケイパビリティ）と各国で一層のローカル化を進める潜在力を授けているものにほかならない。[7]

イメルトは、GEがローカル化だけではうまくいかないのを認識しているようで、二〇一七年五月に同社の戦略は「横のつながりのあるローカル化」であると明言している。[8] 一カ月後、GEはCEOがイメルトからジョン・フラナリーに交代することを発表したが、ニュース報道からは、フラナリーが「ローカル化路線を逆行させる可能性は低い」ことがうかがえる。[9]

細かく見ると、GEは二〇一六年に研究開発に五五億ドルを支出しており、研究開発費で世界トップ五〇社の常連である。[10] そして、この研究開発投資が、GEに技術面と知識面で大きな優位性を与えるという点で奏功しているように思われる。

PwCストラテジーアンドは、二〇一六年にGEを世界九位のイノベーション企業と格付けしている。トップ一〇の大半がコンピュータ、ソフトウェアなどインターネット企業で占められる中、GEは二社しかない工業メーカーのうちの一社だ。[11] またGEは、二〇一五年の米国特許取得件数においても七位となった。[12]

国際的な規模の経済なくして、GEがこれほど多額の研究開発投資の資金を調達することはできなかっただろう。そして、多額の研究開発投資のおかげで同社は潜在的な現地の競合他社に大きく差をつけている。ここで私がわざわざ潜在的な現地の競合他社と言っているのは、GEが手がけるいくつかの事業(航空機エンジンなど)は、規模の効果が非常に大きいため、大半の国は国有企業の支援がまったくできないからである。

GEに集約における優位性を与えるもう一つの源泉はブランドである。『ブランド・ファイナンス』誌は、二〇一七年にGEのブランド価値を三五〇億ドルと評価し、ブランド価値の高い企業として世界二二位、工業セクターでは第一位に選出した。[13] たとえGEに技術上の優位性がない市場でも、評判が競合他社に対する優位性となるかもしれない。

そして、GEにとって集約における優位性となる第三の無形の源泉は、誰もが知る上級幹部人材の育成力である。現在の苦境に陥る前まで、同社は長らく「CEO製造工場」と呼ばれており、他社が元GEの企業幹部をCEOに迎え入れると、その会社の株価が急上昇することもよくあった。人材育成に定評があるおかげで、GEは世界中から一流の人材を引き寄せることができた。

また、GEは集約における優位性の基盤が規模ではなく範囲にある例でもある。たとえば航空事業において、GEのジェットエンジンとターボプロップエンジンの販売、融資能力、グローバルなサービスネットワークは、明らかに潜在的な競合他社に対する優位性となっている。またGEは、世界中の顧客にクロスセル［関連製品の提案］を行え、複数の業種をまたいだグローバルな事業展開実績があることを活かし、競合の脅威を阻止したり応戦したりもできる。

要するに、GEの集約における強み（技術、ブランド、人材育成など）が、ローカル化の能力を支えている。もしGEに現地の競合他社に対する優位性がなければ、国境と隔たりの影響を克服して、競合を彼らの本拠地で打ち負かすための足場がないことになる。GEは世界中の市場で、現地の競合他社と生き写しの会社にはならないだろう。むしろ同社のローカル化戦略は、集約の核となる強みを維持しながら、従来のアービトラージ重視をトーンダウンし、適応において立ち位置を向上させるもの、と理解するのが最も正しい。

他の、特に先進国の大手多国籍企業も、集約を最大の基盤として海外で競争する傾向が高い。彼らの強い無形資産が国境や隔たりを乗り越える推進力となっている。たとえば、大手製薬企業は研究開発資産にほぼ完全に頼ったグローバル戦略の例といえる。

また、比較的新しい集約戦略企業として、インターネット企業は拡張性のあるプラットフォームを利用して急速に海外進出している。リンクトイン(二〇〇二年創業)は二〇〇カ国、エアビーアンドビー(二〇〇八年創業)は一九一カ国、ウーバー(二〇〇九年創業)は八一カ国で事業展開しているという。これほど広範囲に事業展開している従来型の多国籍企業は少なく、ここまでのプレゼンスを構築するのに通常数十年かけているのときわめて対照的だ。

しかし、集約にはグローバル化の法則によって制約がかかる。国境と隔たりの制約力ゆえに、純粋なグローバル集約が実行可能であったり、望ましかったりすることはまずない。集約は通常、類似した国グループに限定した場合に、最も効果が高い。

これに関しては、CAGEフレームワークが指針として役に立つ。すなわち、文化的な類似性(たとえばイベロアメリカ［スペインとポルトガルの植民地だった中南米諸国］)、行政上のつながり(たとえば自由貿易協定を介して)、地理的な近接性(たとえば同じ地域内)、あるいは経済的な類似性(たとえば先進国と新興国という区分)のある国々が対象であれば、集約を強化できる。

ウーバーのような新しいプラットフォーム企業でさえ、無制限に規模を拡大することはできない。同社は中国事業を結局、現地の競合他社である滴滴出行（ディディチューシン）にディディの株式の二〇%およびウーバーの中国以外の事業に対する一〇億ドルの投資と引き換えに売却した。[14]

地域を基盤とした集約戦略が現在のところ最も一般的であり、そのため、私はこれを二〇〇五年に『ハーバード・ビジネス・レビュー』誌に寄稿した論文「グローバル競争とリージョナル戦略」で詳しく検証した。[15]

しかし、第3章で説明した新興国市場へのビッグシフトにより、経済的な類似性を基盤とした集約への関心が高まっている。このテーマは後続の章で再び取り上げ、第5章で企業の地理的範囲を設定する際の、第6章で企業の組織編成に関する意思決定を行う際の、CAGEフレームワークの適用法を論じる。

アービトラージ

集約戦略は国同士の類似点を利用して規模の経済と範囲の経済を実現するのに対して、アービトラージ戦略は差異を利用して絶対的な経済性を達成する。アービトラージは国による差異を制約ではなく機会として扱う。二〇一七年一月に『エコノミスト』誌は「裁定取引（アービトラージ）の終焉」

と不思議な見出しをつけた考察をしているが、アービトラージは終焉に近づいてはいない[16]。

アービトラージが国際戦略の元祖であることに気づけば、アービトラージ戦略の息の長さがますます実感されてくる。歴史上の貿易大国の多くは、絶対的コストと入手可能性の極端な差異を前提とした贅沢品の交易から出発した。ヨーロッパでインドとの香辛料貿易が栄えたのは、香辛料が当初、インドで調達するコストの数百倍の価格でヨーロッパで売れたからである。北米にだけ豊富にあった毛皮と魚がきっかけとなって大西洋貿易が生まれ、付随的にアメリカ大陸の植民地化をもたらした。

今日のアービトラージの典型例では、企業は賃金が低い場所で生産し、価格の高い場所で販売する。人件費のアービトラージが中国製造業の奇跡やインドのオフショアサービスブームの火付け役となった。

このようなアービトラージの機会がなくならない根本的な理由は、三大先進国と三大開発途上国の一人当たりGDPの動向(図4-1)が示すように、世界の経済発展のギャップが根強く残っていることである。二〇一六年の一人当たり生産高が新興国(特に中国)で大きく伸びたにもかかわらず、米国と日本とドイツの一人当たり生産高は、依然として中国とインドとブラジルの平均七倍あった。

労働市場のアービトラージの威力を示すのが、インドのオフショアITセクターの台頭である。一九八〇年代と最近になるまで、このセクターはほぼ存在せず、一九九八年にはインドの

図4-1

現在の米ドルでの1人当たりGDP(1980～2016年)

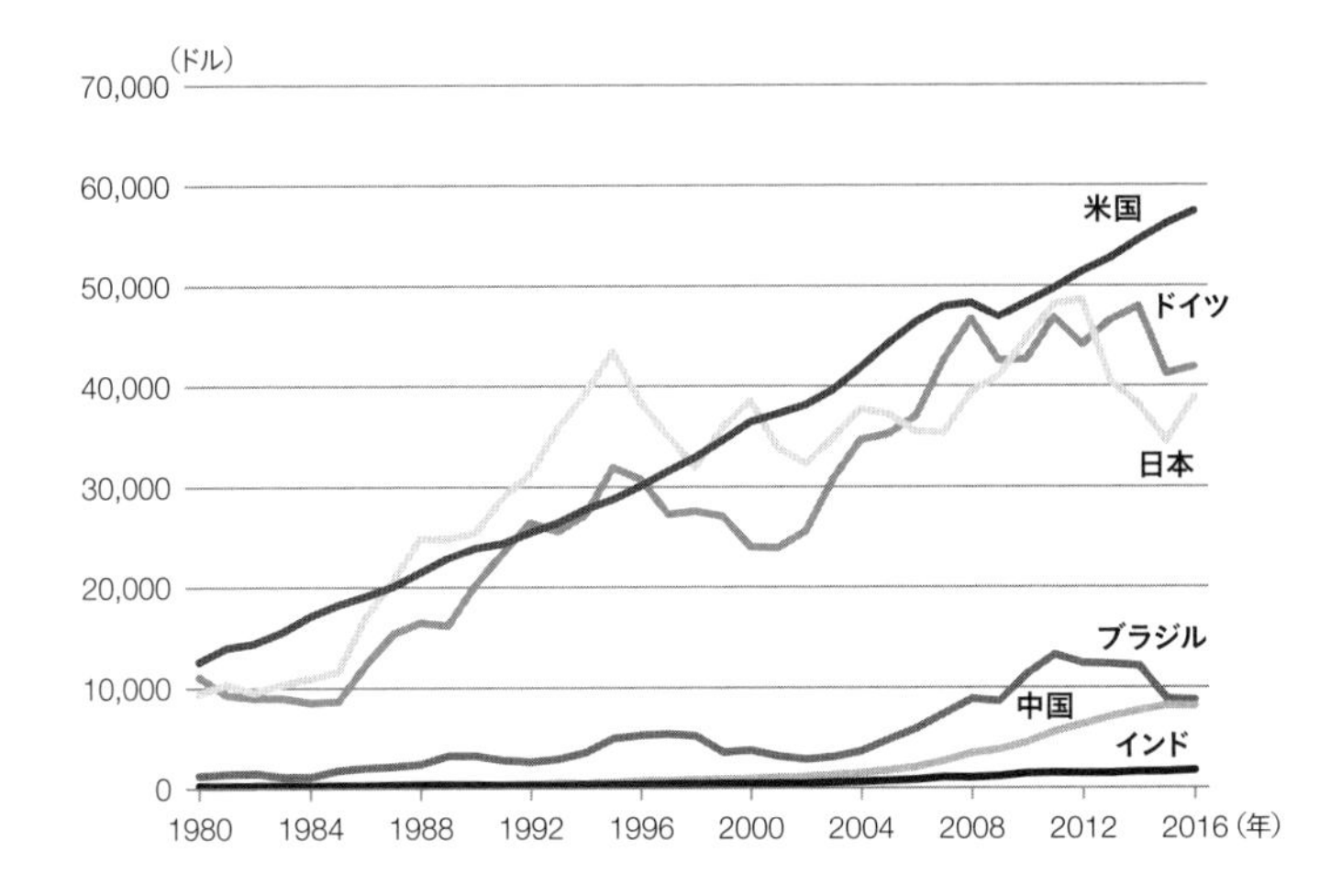

データ出所：International Monetary Fund, *World Economic Outlook Database*, April 2017.

GDPのわずか一・二%を占めるにすぎなかった。

しかし、今日ではインドのGDPの八%弱とサービス貿易の四九%を占め、三九〇万人の直接雇用と一〇〇〇万人の間接雇用を生み出している。[17] 企業レベルでは、オフショアリングの波がタタ・コンサルタンシー・サービシズ(TCS)などのベンダーを、売上で世界上位一〇社のITサービス企業の仲間入りさせる原動力となった。彼らは利益率と成長率で他を大きく引き離しているため、インドを拠点とするITサービス企業の上位四社の時価総額は、二〇〇九年以降、彼らに迫る欧米の競合他社四社の時価総額を常に上回っている。

インドへのＩＴサービスのオフショアリングを支えているのはもちろん、高スキル労働者のコスト（および入手可能性）のアービトラージである。人事コンサルティング会社エーオンヒューイットのハイテク業界担当者によると、二〇一四年にインドの初級から中級レベルのＩＴプロフェッショナルの固定報酬は、米国の同等職種の給与の平均わずか一五～二五％だった。[18]二〇一六年の意識調査では、対象企業の約六〇％がコスト削減およびコアビジネスに集中するための手段としてアウトソーシングを行っていると述べ、そのおよそ半数がアウトソーシングが人員キャパシティの問題を解決する一助になったと報告している。[19]

インドのＩＴの例からは、アービトラージが大きな事業機会を創出する力がわかるだけでなく、アービトラージについて大きな視野からの教訓を三つ引き出すことができる。

第一の、現在の環境において特に重要な教訓は、政治と社会に対するアービトラージの感応度である。二〇一六年一〇月にピュー・リサーチ・センターが行った意識調査で、米国人の八〇％が「外国への仕事のアウトソーシングの増加」は米国人労働者を苦しめていると回答し、七七％が「米国内で販売されている外国製品の増加」についても同様に感じていた。[20]

こうしたセンチメントに応えて、トランプ大統領はインドのベンダーが社員を米国に派遣するために利用しているＨ－１Ｂビザ制度の変更を公約した（インドのＩＴ企業は、米国の労働ビザを取得しなくてすむよう米国の国民や永住者の雇用に完全に切り替えることが、容易にはできないだろう。米国の給与相場は、こうした企業の従業員一人当たりの売上を上回ることが珍しくないからだ)。

さらに、大きな社会的反動を誘発する可能性があるのは、経済的なアービトラージにとどまらない。企業が国同士の行政上あるいは法律上の差異を利用している場合、反動は一層強くなりかねない。以下のコラムに、企業がこのような問題に対処するうえで役立つ提案を掲載した。

GEのローカル化への転換とは、少なくとも言い回しから見る限り、アービトラージに置いていた重心を相対的に軽くすることである。イメルトはジャック・ウェルチからCEOを引き継ぐ前、一九九七年から二〇〇〇年までGEのヘルスケア事業を統括していた。イメルトは(GEが最も注力していた集約戦略に合わせて)ヘルスケア事業部の規模の経済を拡大するために買収と研究開発投資を推進したほか、同事業部の国際戦略の主軸としてアービトラージを重視した。

彼は「ピッチャー・キャッチャー・コンセプト」を提唱した。すなわち、コストの高い既存工場のピッチングチームをコストの安い土地に建てた新工場のキャッチングチームと協力させ、新工場が既存工場の業績に追いつくか、追い越すところまで持っていくというものだ。

しかし、二〇一七年のインタビューでイメルトは、このような施策を軽視するようになっていた。「賃金アービトラージなどは一九八〇年代的だと思う。GEが一九八〇年代にやっていたことだ。グローバル化した今は、販売拡大に力を入れる」[21]

GEは本当にアービトラージ戦略を縮小(あるいは拡大を抑制)するだろうか。判断するのは時期尚早だが、イメルトの発言がアービトラージへの抵抗に対処するための私の提言のいくつか、すなわち一般社会の声に敏感であれ、成長に注力せよ、政治的環境の変化に強くなれ、と一致するのは確かだ。そして、イメルトの後継者がGEインドの社長兼CEOを務めていたジョン・フラナリーであることから、GEがアービトラージ重視を完全にやめる可能性は高くないだろうと思われる。

コラム　アービトラージの感応度に対処する一〇のアドバイス

マクロ・アプローチ

① アービトラージとアービトラージに関する社会的懸念の総コストを認識せよ。
② アービトラージに関する自分の公的発言に神経を使え。
③ 経済全体が受ける便益について抽象的にではなく具体的に語るよう心がけよ。
④ 職業再訓練プログラム、さらに広げて、社会のセーフティネットを支援せよ。
⑤ 経済力向上を国内経済政策の要として重視せよ。

ミクロ・アプローチ

⑥ コスト削減について（だけ）語るのではなく、生存と成長が目的であり、人材不足がその実現の制約要因であることを強調せよ。
⑦ 本国よりも緩い海外市場の衛生、安全、環境基準を利用することには慎重であれ。
⑧ 自社の活動の自由への（他の）暗黙の制約要因を認識せよ。そうしないと、それらは顕在化してくる可能性が高い。
⑨ ロビー活動、自然な同盟相手（この場合は、製品市場の競合他社も含まれるかもしれない）との連携、雇用創出への投資など、さまざまなメカニズムを、自社の活動の自由を守り拡大する手段として考え抜け。
⑩ 政治情勢の変化に強い戦略を重視せよ。

アービトラージ戦略についての広い視野から見た第二の教訓は、持続可能性に関するものである。社会感情による制約は、アービトラージ戦略の持続可能性の唯一の潜在的な限界といえる。金融市場では、投機家がアービトラージの機会を利用しようと市場に飛び込むたびに、ほぼ瞬時に機会の窓が開いたり閉じたりすると思われがちだ。

しかし、現実世界のアービトラージはもっと複雑であり、はるかに高い持続可能性を秘めている。インドのＩＴブームが勢いづいたとき、急速な賃金上昇で（インドでは一年で給与が二桁増するのが当たり前だった）、同産業の成長はたちまち減速するだろうという懐疑的な見方があった。

しかし、各社はコストを抑えるために戦略を変更した。規模が小さくコストの安い「第二層、第三層」のインドの都市に仕事のシェアを移していき、従来の労働者以外に雇用の対象を広げ、オンサイト（常駐勤務）よりオフショア（外部委託）の仕事の分量を増やし、初級レベルの給与の伸びを抑え、従業員の階層ピラミッドをフラット化した。

また、外国の多国籍企業がインドでアービトラージを行うようになれば、インドに本社を置く企業に多国籍企業と競争する力はないだろうという見方も多かったが、これも間違いだ。

彼らが見落としていたのは、インドでは、グローバル化の二つの法則に従い、地元企業に外国企業が対抗しにくい優位性があることである。外国のＩＴ企業はインドで一〇年間、大規模なサービスセンターを運営してきたが、それでもまだ地元企業より運営コストが高い。ある調査によれば、米国に本社のある多国籍企業はインドにいる自社の技術者に、インド企業が同等レベルの社員に支払うより五〇〜七〇％高い給与を支払っていた。[22]

第三の教訓は、アービトラージ戦略は国による差異を動機として実施されるが、通常はその差異によって制約も受けることである。集約が自国と自国以外の全世界というレベル（多くは地域内）で最も成功する傾向が高いように、アービトラージ戦略も完全にグローバル化する前に壁にぶつかりがちだ。

図4-2では、ITおよびビジネスプロセス・アウトソーシング(BPO)サービス市場の世界的な構成と、インドが同産業で売上を上げている国を比較している。

対比すると、違いは明らかだ。インドのITとBPOの輸出先の八〇%近くを米国と英国だけが占め(下の地図)、これは世界市場で米英を合わせたシェア四四%(上の地図)のほぼ二倍にあたる。インドは英語圏以外では非常に苦戦しており、大陸側のヨーロッパでは何年も投資してきてようやく軌道に乗ったばかりであり、世界第二の大きな市場である日本では、わずかな実績しかない。企業がアービトラージ戦略の対象地域(リーチ)を拡大しようとする場合は、一般的に適応――AAA戦略の第三の要素で、この後に論じる――が必要になる。

アービトラージについての議論を終える前に、労働市場の差異以外にも目を向けておくべきだろう。アービトラージの機会は、CAGEフレームワークの四つの次元すべてに存在する。

文化的な次元では、原産国または原産地に関連した好ましい影響が、昔からアービトラージの基盤となっている。たとえば、フランス文化(厳密に言えば、海外でのフランス文化のイメージ)がフランスのオートクチュール、香水、ワイン、食品の国際的な成功を長らく支えてきた。

行政的な次元では、国家間の法律、制度、政治の差異によって、また別の戦略的なアービトラージの機会が発生するが、企業はこのような機会を検討する際に倫理的な問題と社会的な問題には特に注意を払わなければならない。

図4-2

世界のITおよびBPOサービス市場とインド企業の売上の比較(2016年)

ITサービスおよびBPO市場の大きさに国の大きさを比例させた地図

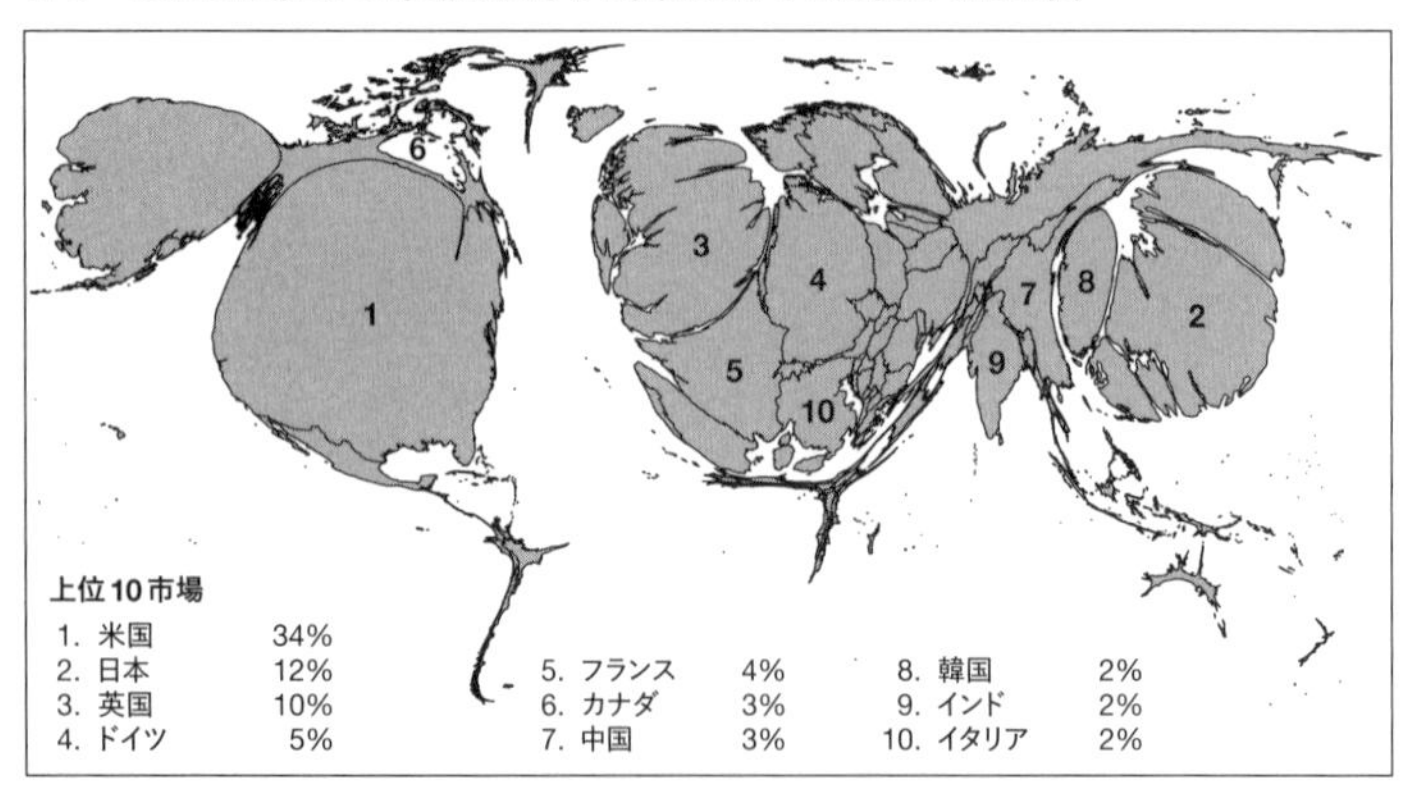

データ出所:Marketline global and regional IT services industry profile reports, March 2017.

インドのITサービスおよびBPOの輸出額に応じて国の大きさを調整した「ルーテッドマップ」

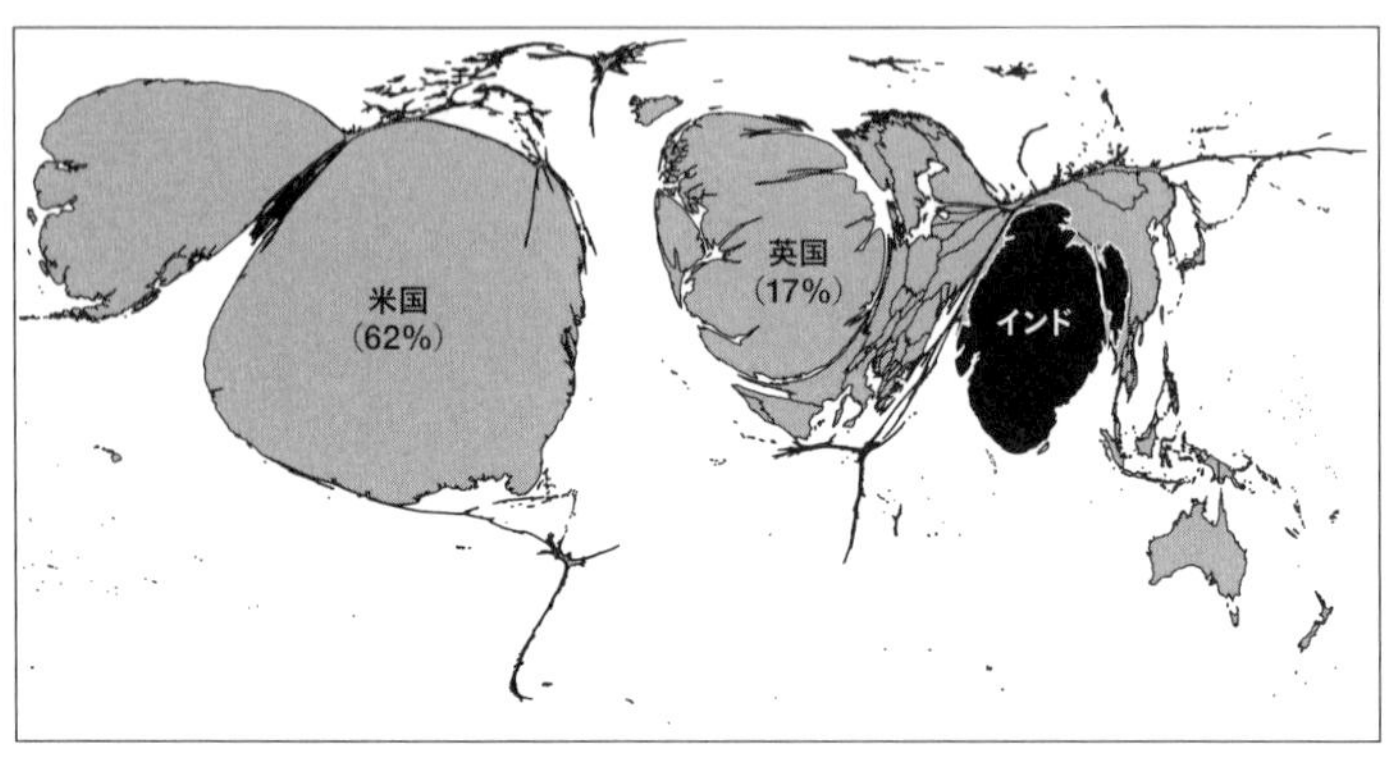

注:インドの大きさは,国内でのITサービスおよびBPOの売上に基づいて調整.
データ出所:Nasscom, "The IT-BPM Sector in India: Strategic Review 2017."

地理的な次元では、気候帯をまたいだアービトラージが農産物貿易と観光業を行う動機となる。

そして経済的な次元では、労働市場のアービトラージ以外にも豊富な機会がある。資本コストの格差からは、一見すると労働コストの格差より得るものが少ないように見えるかもしれない。しかし、ほとんどの企業（少なくとも米国企業）の利益率は、資本コストの二〜三パーセンテージポイントの範囲であるため、資本コストをわずかでも節減できれば、大きな違いとなりうる。

まとめると、国による差異の利用はまだ大いに有効である。CAGEフレームワークの四つの次元すべてにアービトラージの機会が存在し、アービトラージの経済的価値は、きわめて大きいものとなりうる。

ただし、アービトラージには大きな反動を誘発する可能性もある。ここでは社会的な制約要因への対処法について簡単に触れたが、このトピックは第7章でもう一度取り上げる。しかし本章では、差異と隔たりが集約とアービトラージに課す制約を認識したところで、次に、前述した二つの戦略が効果を上げられる範囲を拡大する戦略として、適応を論じる。

適応

国による差異と隔たりが集約戦略とアービトラージ戦略に限界を課すことを考慮すると、国際的に事業展開しているほぼすべての企業は、差異に対して少なくともある程度の適応ないし調整を行う必要がある。

最もわかりやすい形の適応は、私が**多様化**と呼ぶもので、要するに格言の「郷に入っては郷に従え」である。しかし、多様化はコストが高く、極端な場合は国ごとの事業に差異が出すぎて、一企業でそれらを維持しても何の価値も得られなくなる。

そこで、適応を行うには、多様化の量を適切に判断するだけでなく、その効果を高めるための一つないし複数の補足的ツール――絞り込み、外部化、設計、イノベーション――を利用するのが賢明である（表4－1）。適応のツールと補助ツールの多彩さだけを見ても、集権化と分権化をめぐる本社と現地のよくある綱引き以外にも、戦略上の議論を広げる余地があることがわかる。これらのツールは、第2章で述べたように、時間の推移だけでなく空間の移動に伴う変化に、より効果的に対処するためにも適用できる。

多様化は、製品だけでなく方針、事業のポジショニング、さらには数値指標（たとえば目標収益率）の変更まで含む。製品の多様化は、適応の最も目に見えやすい側面である。

表4-1

適応のツールと補助ツール

多様化	絞り込み：多様化の必要性を縮小	外部化：多様化の負荷を縮小	設計：多様化のコストを縮小	イノベーション：多様化の効果を向上
• 製品	• 製品	• 戦略的提携	• 柔軟性	• 移転
• 方針	• 地理的領域	• フランチャイジング	• 領域分割	• ローカル化
• リポジショニング	• 産業垂直市場	• ユーザー側の適応	• プラットフォーム	• 再結合
• 数値指標	• セグメント	• ネットワーキング	• モジュール化	• 変革

出所：Pankaj Ghemawat, *Redefining Global Strategy* (Boston: Harvard Business School Press, 2007), table 4-2より修正を加えた.

たとえば、日本のパナソニックは二〇一七年にインドで洗濯機の新製品を発売したが、この製品にはインド特有の日常汚れであるカレーやヘアオイルの汚れを落とす目的に特化した洗浄サイクルがついていた。ユニリーバはグローバルな石鹸ブランド「ラックス」として一〇〇種類以上のバリアントを提供している。また、アップルのｉＰｈｏｎｅとｉＰａｄの外観は世界共通だが、端末のユーザーインターフェースはローカル化されている。

市場ごとに製品を変化させるだけでなく、マーケティングの他のさまざまな側面および社内オペレーションを国ごとに適合させることにも利点が多い。世界最大のマーケティングサービス会社、ＷＰＰのマーティン・ソレルＣＥＯは二〇一三年に「ＷＰＰの事業で真にグローバルなのは一五％以下である。世界中で同じマーケティング手法を使っていることをグローバルと言うならばだが」と推定している。[23]

高級品セクターでは、製品の多様化はごく限定的であることが多いが、製品の販売方法の多様化は大きい。同じブランドでも店舗の造りにまで変化がつけられており、たとえば、ティファニーのニューヨーク旗艦店は洗練された控えめなイメージを演出しているが、中国の店舗ははるかに大胆なデザインを採用している。

ただし、多様化のコストは莫大になりうる。パナソニックはインド各地のカレー料理の成分を二年間かけて分析し、日本とインドの共同チームにその食品汚れを最も効果的に落とすための洗濯機の調整方法を研究させた[24]。しかも、先行投資だけでなく、インドに特化した洗濯機はおそらく他の市場では売れないため、規模の経済も制約される。したがって、この多様化はパナソニックの生産、サプライチェーン、マーケティング、その他のオペレーション領域を複雑化する。

補足的手段である**絞り込み**は、多様化のコストと複雑性を抑制するのに役立つ。自社の管理能力に見合うように事業の範囲を意図的に狭めれば、多様化をそれほど要さない。たとえば、多様化があまり求められない製品やサービスに絞り込む方法がある。たとえば、インドのＩＴサービス企業はアプリケーションの開発とメンテナンスに絞り込んできた（このサービスで世界市場の四分の一近くを獲得している）。しかし、もしコンサルティングに絞り込んでいたら、クライアントごとの事業状況の差異にもっと配慮が求められ、多様化の要件が増していただろう（ＩＴコンサルティング業のうち、海外からインドに業務委託されているのは三％にすぎない[25]）。

外部化は絞り込みと関連するが、範囲を狭めるのではなく、適応による社内の負荷を軽減するため、意図的に業務を切り分けて組織の外に出す。たとえば、適応という課題に顧客をはじめ表向きは独立した第三者を巻き込む方法がある。

エアビーアンドビーのようなプラットフォーム上では、宿泊先を提供しているホストは部屋の見せ方について大きな裁量を持たされている。各宿泊市場に在住しているホストのほうが同社の社員より地元の知識が豊富なはずなので、彼らがカスタマイゼーションできるようにしたほうが、結局は消費者にとって魅力的になり、会社にメリットをもたらす。

設計に関する意思決定によって多様化のコストは意図的に下げられる。一つの手法は、領域分割である。領域分割の最も単純な形態は、国によって変えられる要素と、複雑なシステムに統合されているため部分的に改変してはいけない要素を、明確に分けるというものだ。

プラットフォームがあれば、共通の基盤から多種多様な製品やサービスを作るというさらに踏み込んだ手法が可能になる。なかでも自動車メーカーや家電メーカーは、プラットフォーム戦略に力を入れ、自社のプラットフォームの柔軟性を高めてきた。たとえば、フォードは二〇〇七年には二七種類あった自動車とトラックのプラットフォームを二〇一六年には九種類にまで減らしている[26]。

イノベーションは、概念上は非常に広範な手段であるが、国による差異を考慮すると、イノベーションの範囲はもう少し狭く考えてもよい。たとえば、自社が事業展開している地域の環境に合わせる能力を高めようとするのではなく、ローカル環境のほうに影響を与えたり変えたりすることを試みて、適応の必要性を減らす方法がある。

たとえば、シアトルに本社があるコーヒーチェーンのスターバックスは、米国の文化帝国主義の手先とよく言われるが、ハワード・シュルツCEOは自伝の中で、米国にイタリアのエスプレッソバー体験を、店内に流れるオペラ音楽から蝶ネクタイのウエイターに至るまで再現しようとした、と当初の試みを魅力的に物語っている。[27] オペラ音楽と蝶ネクタイはすぐに姿を消したが、スターバックスは米国のコーヒー愛好家を間違いなく変えた。今では、彼らはコーヒーを飲むという体験を高めるものとして、ゆったりしたソファ、スタイリッシュな音楽、タバコの煙のない環境を期待するようになった。

低価格の家具を販売するスウェーデンのイケアも、「フラットパック」〔販売時は平らな状態で梱包されており、後で組み立てる〕設計のイノベーションで輸送コストを削減した。そしてセメックスは、配送時間保証によって、コモディティビジネスにおいてさえマーケティングのイノベーションが威力を発揮することを示した。

国による差異に対処するための適応法として企業が追求した創意工夫については、無数に事例を挙げることができる——二〇〇七年に刊行した*Redefining Global Strategy*（邦題『コークの味は国ごとに違うべきか』）にさらに多くの事例を紹介している——が、基本的な考え方はもうおわかりだろう。国による差異と隔たりが大きく立ちはだかるため、広範な事業展開地域においては、ある程度の適応なしに集約とアービトラージを実行することは、およそ不可能である。

当たり前だと思われるかもしれないが、企業に成長を加速し利益率を伸ばすプレッシャーがかかっているときには、あまりにも忘れやすい教訓だ。二〇一七年に私がマネジャーを対象に実施した意識調査では、「どこでも同じ方法で競争することがグローバル戦略の最高形態である」という文言に七九％が同意した。

国際ビジネスにおける最大の失敗の多くは、重要な差異への適応不足が原因である。そしてこの過失の代償は損益にとどまらない可能性がある。企業が事業展開先の国の独自性、あまつさえ主権を尊重しなかった場合、市場帝国主義のそしりを受けるリスクに身をさらし、外国企業全般にとって事業環境を悪化させ、保護主義を求める政治圧力に加担してしまうことになる。だから、適応は国際戦略に必ずといってよいほど不可欠な要素なのである。

反グローバル化感情の中での適応

ＡＡＡ戦略を個別に紹介したところで、ようやく本章の冒頭で立てた問いに戻ろう。すなわち、企業は反グローバル化感情への対応としてローカル化（ＡＡＡの用語でいえば、適応を強化)すべきか。

この問いに答えるにあたっては、適応の限界を思い出す必要がある。集約戦略とアービトラージ戦略は国境と隔たりを越えた価値を直接生み出し、適応戦略はその対象地域を拡大する。したがって、逆に適応だけに集中して集約ないしアービトラージの余地を残さない戦略は、ほとんど価値を生み出さない。だから、AAA戦略への全体的なアプローチの中で、(行うとして)どれだけ適応の比重を大きくするかの判断が鍵である。

三つの戦略を三角形のレーダーチャートで視覚化し、戦略の相対的な魅力に対して業種の特性が持つインプリケーションを意識しておくのが有益だろう。種類別の支出の強度に関するデータを、AAAの各戦略によって得られる余力を大まかに表す尺度として使うことができる。広告費の対売上比は、適応の重要度を示す。研究開発費の対売上比は、集約の重要度を表す。人件費の対売上比は、人件費のアービトラージの潜在力を示唆する。

図4-3は、米国のデータに基づいたこれらの数値指標の比較測定値である。ある業種のスコアが特定の強度の次元の中央値——図の中の実線の小さな三角形で表されている——より上であれば、それと対応する戦略は少なくともある程度は考慮するに値する。もしスコアが九〇パーセンタイル値を表す点線の大きな三角形に近いか超えていれば、その戦略は無視できないほど重要かもしれない。

AAAトライアングルは、時間の推移に従って企業戦略を視覚化するためにも使える。図

図4-3

AAA戦略と業種の支出強度のベンチマーク

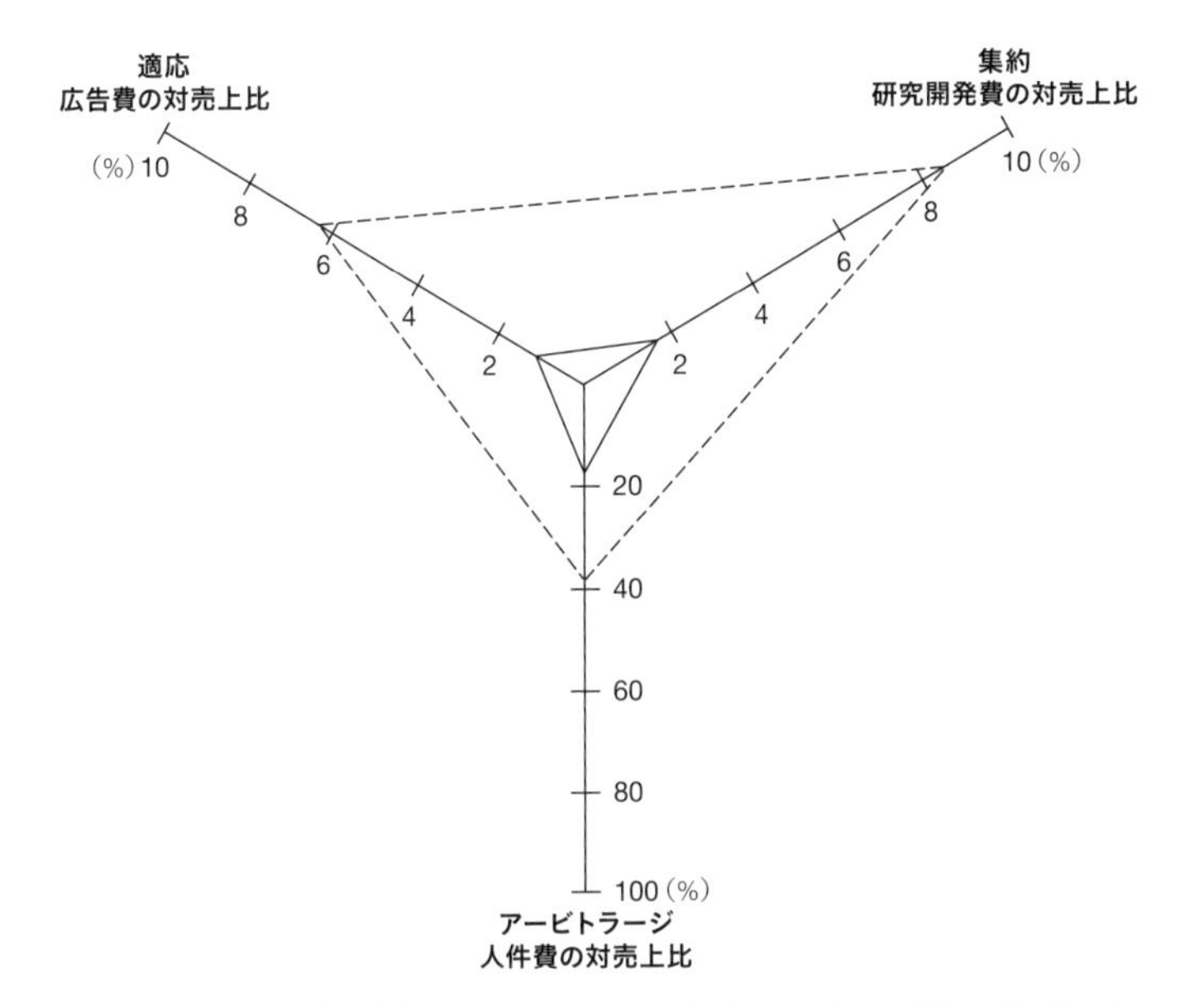

出所：研究開発と広告の支出強度は，2017年のSchonfeld & Associates（https://saibooks.com/），人件費の支出強度は，2012年のUS Census Bureau（https://www.census.gov/econ/snapshots/index.php）のデータによる．

4-4は、そのようなAAAトライアングルを使ってGEのローカル化転換に対する私の解釈を描いたものである。現在も、GEがどこに移ろうとしているかの私の見立てても、三角形は集約の軸に沿って最も長く伸びており、集約が依然としてGEの価値創出の主要な源泉である様子が表れている。

適応とアービトラージは二次的な戦略であり、適応は今後重視していくねらいだが、アービトラージは縮小するか、少

図4-4

AAAトライアングルによるGEのローカル化転換の解釈

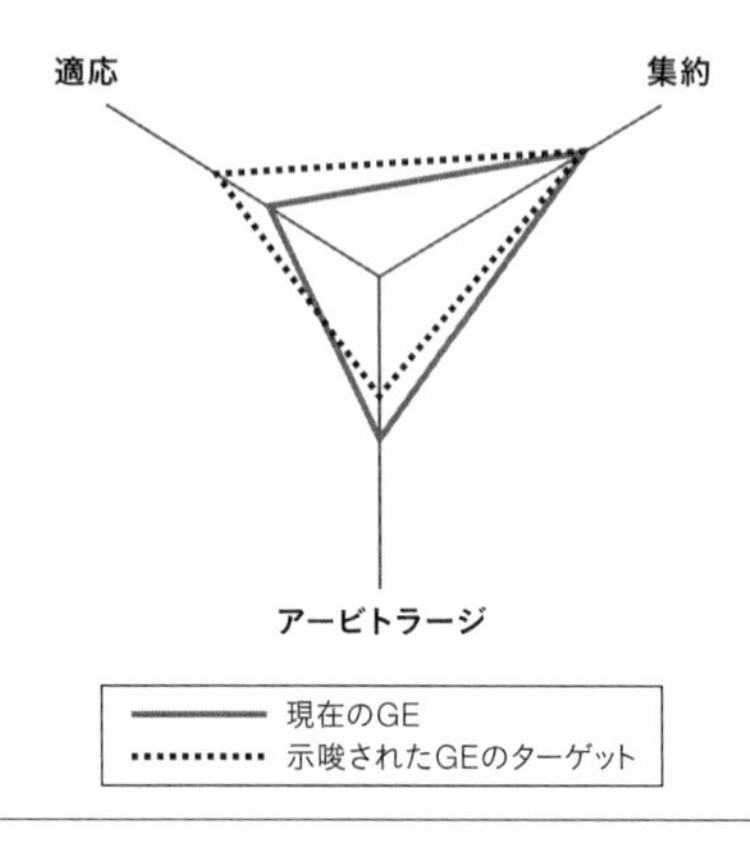

なくとも、もっと慎重に追求していくものとなる。AAAトライアングルは、自社の戦略をプロットして、現在のポジショニングと時間の推移に従った変化の両方を見ながら、主要な競合他社の戦略と比較するために使うことができる。

AAAトライアングルを使って自社の戦略を熟考すると、否応なくトレードオフに直面する。表4-2は、AAA戦略間に緊張状態を生む差異をいくつか取り上げている。

たとえば、戦略によって適した組織構造は異なる傾向がある。集約戦略はグローバルな事業単位、リージョナル組織、グローバル顧客担当チームなどへの権限の集中を伴う。アービトラージ戦略は、組織内で製品や業務フローを追跡しやすい垂直型ないし機能別の組織構造によって促進されることが多い。そして、適応戦略には現地の意思決定者への権限委譲が必要である。

表4-2

AAA戦略間の違い

特徴	集約	アービトラージ	適応
競争優位性 そもそもなぜ グローバル化するのか?	国際的な標準化により規模と範囲の経済を実現するため	国際的な専門化により，絶対的（規模ではなく）経済を実現する	（規模の経済をある程度利用しつつも）国に集中することにより，現地に違和感なく溶け込む
配置 海外のどこに拠点を置くか?	文化的，行政的，地理的，経済的な差異の影響を制限するため，本国と類似した外国に集中する	多様な国で事業展開することにより，（選択した）差異を利用する	文化的，行政的，地理的，経済的な差異の影響を制限するため，本国と類似した外国に集中する
調整 国際的な事業活動を どのように組織すべきか?	事業別組織――国境を越えた規模の経済を実現するため，水平の関係を重視する	機能別組織――組織的な境界も横断した，垂直の関係を重視する	国別組織――各国内で現地向けの顔（ローカルフェース）を実現するため，修正を重視する
阻害要因 戦略上，何に注意すべきか?	過度の標準化	差異の縮小	過度の多様化や複雑化
企業外交 一般社会との問題で 対応すべきは何か?	（特に米国企業による）画一化や覇権化が起きていると見られることと，それに対する反動	供給業者，流通業者，中間業者の搾取や排除――おそらく最も政治的混乱につながりやすい	ローカルフェースづくりを重視することから，慎重で融通が利かなくなる可能性がある

出所：Pankaj Ghemawat, *Redefining Global Strategy* (Boston: Harvard Business School Press, 2007), table 7-1より修正を加えた.

このような緊張関係を考慮し、企業は自社に関連のあるトレードオフを理解して、それらをどう管理するかについて、社内で合意を取る必要がある。また、組織構造の変更も伴うため、戦略の変更は時間のかかるプロセスとなり成功の保証もないことを認識しておくべきである。

一九五〇年代にユニリーバは、EUの地域統合に応じてヨーロッパ全域の統合を推進した。しかし、五〇年後の今も、同社はヨーロッパにある自社の生産拠点とマーケティング拠点の統合に苦労している。[28] ユニリーバの体験からは、戦略間のトレードオフの指針となる厳密なプロセスを採用する重要性が一層よくわかる。

このような知見をふまえると、単純に経済情勢や公共政策環境や産業動向の短期的な変化だけをもとに戦略の採用や廃止をすべきではない。企業は自社が事業を行っている市場の変化を予期できなかったという批判をよく受けるが、小さな修正で足りるかもしれない変化に対応しようとして、長期戦略の転換を拙速に行ってしまう場合もある。

小さな戦術的手段を臨時に用い、特に言葉と行動を効果的に併用すれば、高い効果を上げられることは多い。それによって、社内外に対して、自社は手をこまぬいておらず、かといって、まだ相当な価値のある戦略の根本的な見直しを図っているわけでもないというメッセージを発信できる。

もちろん、長期的な動向によっては、AAA戦略間の大きな転換が必要になる企業もある。そのような長期的な変化を引き起こす一つの要因を第3章で検証した。すなわち、新興国へのビッグシフトである。これを題材として、本章の最終節では先進国の既存の多国籍企業と新興国の参入企業それぞれのＡＡＡ戦略へのアプローチを論じる。

既存企業と参入企業の戦いにおけるＡＡＡ戦略

二〇〇〇年代初め以降、新興諸国は先進国を上回る早さで成長し――第３章で述べたように、成長は今後も続くと予想される――、世界の大企業の格付けには、すでに入れ替わりが起きている。二〇〇四年以前には売上の上位五〇〇社（「フォーチュン・グローバル５００」）のうち、本社が新興国にある企業は五％未満だった。二〇一六年には四分の一が新興国市場の企業となり、研究者らは二〇二五年ないし二〇三〇年までにこの比率が約半数に増えると予測している。[29]

そのインプリケーションは、多数の業種において新興国の参入企業が既存の多国籍企業から業界リーダーの座を奪おうとするようになるということだ。グローバルな業界リーダーの地位をめぐる巨大な一騎打ちで、双方の企業がそれぞれ使える戦略を見ていこう。

世界的大企業に新興国に本社のある企業が占める割合が増えてきたからといって、この対決が当然、参入企業の勝利に終わるわけではない。規模はリーダーシップとは別物である。「フォーチュン・グローバル５００」入りした新興国企業は、同じくランキング入りした先進国企業と比べると、グローバル化が大きく立ち遅れている。

二〇一四年時点で、ランキング入りした参入企業のうち、世界を大きく三地域に分けた北米、ヨーロッパ、アジア太平洋それぞれで、自社の売上の二〇%以上を上げているという基準に照らして、グローバル企業と分類できるものは一社もない[30]。海外売上のデータを報告している企業すら、半数に満たない。自国市場だけに特化しているのが主な理由だ。

しかも、二〇一五年に時価総額で世界の上位五〇〇社のうち、新興国企業はわずか一六%であり、外国資産を基盤としている［会社の資産のうち海外資産の占める割合が圧倒的に大きい］非金融企業の上位一〇〇社のうち六%にすぎなかった。

しかし、先進国の既存の多国籍企業の勝ちと早合点するのも、また間違いであろう。これらの企業は現在、新興国市場のさまざまなセクターで支配的な地位を獲得していない。

ある調査によれば、BRIC諸国（ブラジル、ロシア、インド、中国）の数業種において、多国籍企業の上位二社は地元の上位企業二社より市場シェアが小さい[31]。一九九九年から二〇〇八年までのトレンド分析を見ると、新興国企業の成長率は自国では先進国企業を一〇パーセンテージポイント上回るにすぎない（一八%対八%）が、先進国でも同じ優位を保ち（二二%対一二%）[32]、他の（自国にとっての外国である）新興国では、その差はさらに広がっている（三一%対一三%）。

そして、ボストン コンサルティング グループ（BCG）による意識調査では、多国籍企業の七八％が新興国での市場シェア獲得を期待しているが、地元の競合他社に対して自社に優位性があると回答しているのは一三％しかない。また、新興国における大きな脅威は、先進国や新興国の多国籍企業ではなく、地元の競合他社であると言及した回答者が多かった。[33]

◆既存企業のAAA戦略

既存企業が参入企業に対して典型的に持っている最大の優位性は、AAAトライアングルの集約の軸にある。元BCGのトーマス・ハウトと私は、どの企業が中国のどの業種で勝っているかを調査するうち、既存企業には集約に競争上のメリットがあるという顕著なエビデンスを発見した。

図4－5が示すように、研究開発と広告への支出強度が大きい業種ほど、外国の多国籍企業がリーダーになる傾向が高い。[34] 前出のGEの例が示すように、技術（研究開発に支えられている）とブランディング（広告に支えられている）の無形資産は、集約戦略の基盤としてよく使われる。

中国ではこのパターンが特に威力を発揮する。なぜなら、中国は他のほとんどの新興国市場とは違って非常に大きいため、地元企業が国内だけを対象にしても、十分に相当な規模に達することができるからである。加えて、中国の公共政策は国内企業の強化に力を入れている。しかし、この競争結果の基本的なパターンは、長期にわたってきわめて安定している。[35]

業界リーダーシップのパターン
● 多国籍企業
○ 中国企業
◍ セグメントに依存

パーソナルケア・美容製品
●

16（%）

既存企業が、中国の研究開発と広告の支出強度が大きな業種でリーダーの地位を維持できているということは、そうした企業のほとんどにとって集約戦略を放棄するのは重大な誤りであろうことを示唆している。むしろ、このような優位性を守りながら、AAAトライアングルの適応とアービトラージの軸への関心を高めていかなければならない。

まず適応については、参入企業のほうが通常は自国市場により適応しているのに対して、既存企業はもっと全般的な、複数の場所をまたいだ適応の管理に優位性があるものだ。たとえば、P&Gやユニリーバのような消費財のグローバルリーダーが、世界中で製品ごとのマーケティングミックスの変更の度合いをいかに巧みに管理しているかを考えてみればよい。広告の支出強度が大きな業種では概して大幅な適応が求められるため、既存企業が中国において広告支出強度の大きさでリードしているのは、既存企業がこの分野でのリードを守る努力をすべきであることも示唆している。既存企業にとって適応の具体的な課題は、全般的な適応を強化するのではなく、主要な新興国市場ないしセグメントへの適応を進めるこ

図4-5

業界リーダーシップ――中国企業vs外国多国籍企業（2012～13年）

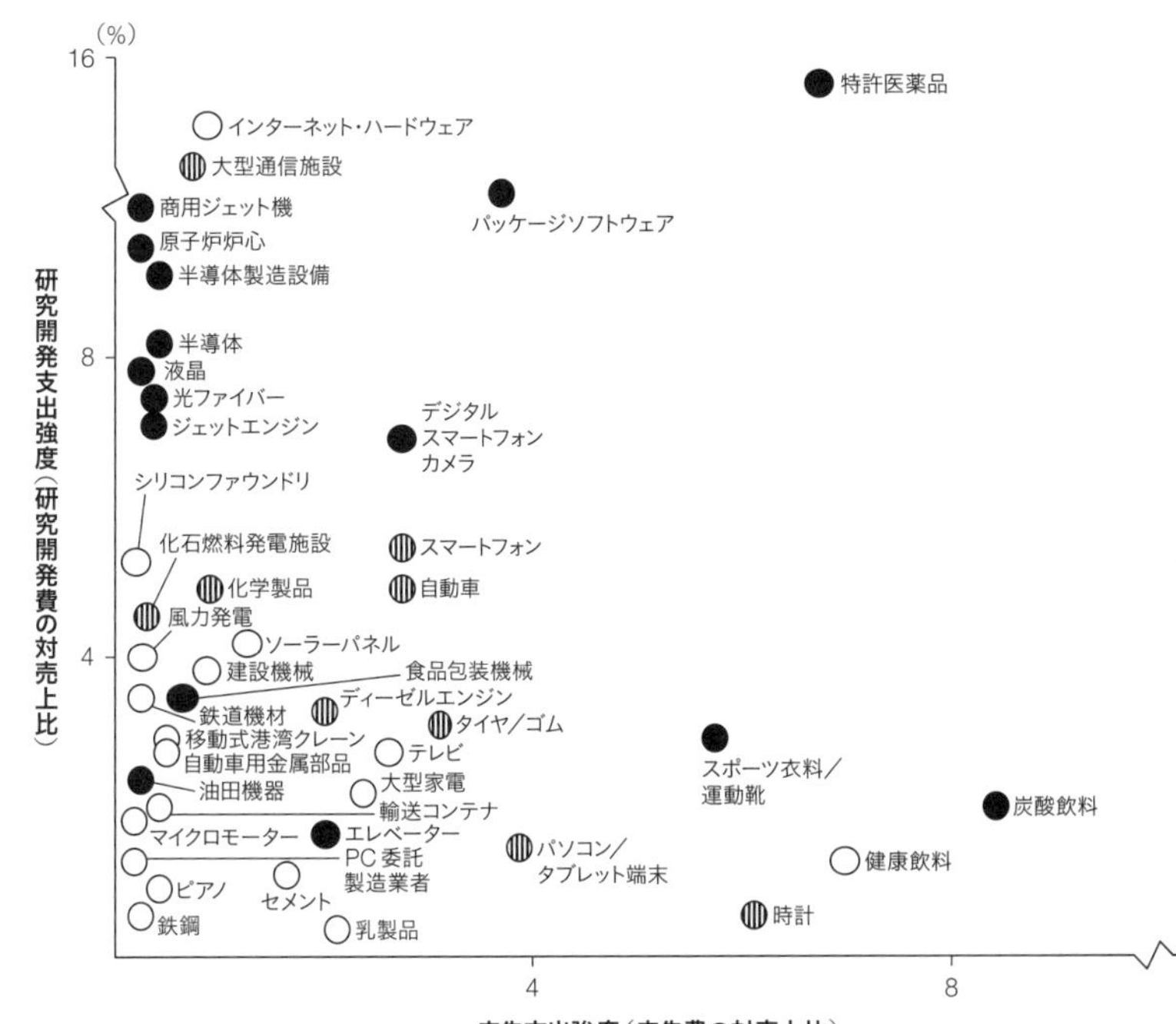

注：セグメントに依存する業種とは，同じ業種内でもセグメントによってリーダーが変わるものをいう．外国の多国籍企業がハイエンド・セグメントをリードし，中国企業がローエンド・セグメントをリードすることが多い．

出所：Pankaj Ghemawat and Thomas Hout, “Globalization, Capabilities, and Distance: Theory and a Case Study (of China),” in *Oxford Handbook of Dynamic Capabilities*, ed. David J. Teece (Oxford: Oxford University Press, 2015), figure 4.

とである。

それに対して、アービトラージは既存企業が典型的に参入企業に比べて明らかに不利な分野である。参入企業は、拠点を置いている自国からのアービトラージに秀でる傾向があり、時には他の新興国にその優位性を拡張（ストレッチ）することができる。

したがって、参入企業からの脅威に直面した既存企業にとって最大の課題は、自社のアービトラージ能力の強化であることが多い。既存企業にとっては幸いにも、自社のアービトラージ能力の強化に成功した企業の例は数多い。そして、その方法は往々にして、同時に適応においても自社の立場を強化するものとなった。

たとえばGEヘルスケアは、インドを低コスト医療機器のハブにした。[36] IBMとアクセンチュアは、インドのITサービス企業からの脅威に対抗して、インドに大規模なオペレーションを構築した。インド拠点はこれら企業のグローバル市場でのポジションを支え、インドで支払う給料を競り上げてインドの競合他社にコスト増をもたらし、同国内の販売機会まで開拓した。IBMはインドの顧客にとって、最大のITサービスベンダーとなった。[37]

適応を徹底的に追求し、やがては新興国市場からのアービトラージも果たした既存企業の一例が、日本の自動車メーカーのスズキである。スズキのインド子会社（マルチ・スズキ・インディア）は同社最大の事業単位になった。インドのトップ乗用車メーカーになるために必要な適応を極めた後、スズキはアービトラージに転じ、インドをスズキの世界生産台数の四分の一を担う小型車のグローバルハブにした。マルチ・スズキは、(日本を含む)一〇〇カ国以上にエントリーモデルの自動車を輸出している[38]。

二〇一三年にマルチ・スズキのR・C・バルガバ会長は、スズキの今後の海外組立工場への投資はすべてマルチ・スズキが行うと発言した[39]。日本企業として、というより、ほぼあらゆる既存企業にとって、なかなかの快挙といえるだろう。

まとめよう。既存企業は、おおむね豊富な市場経験など中核となる集約の優位性からスタートし、それから有能なアービトラージ企業になる(もしくは、むしろこちらのほうが多いが、アービトラージの不利を相殺する)ことと、大きな新興国市場への適応を進めることをめざす。

適応とアービトラージの比重を高くしたい場合も、引き続き集約に力を入れたほうが通常は有利だろう。新規市場で自社が他に優る無形資産の活用に工夫を凝らすのが、低コストの地元参入企業への最も有効な対抗策であることが多いからだ。

つまり別の言い方をすれば、既存の優位性を起点としたイノベーションが、低コスト企業が必ずしも勝つわけではない主な理由なのである。優れた多国籍企業は、新興国市場でプレミアム価格をつけることをめったに放棄しない。その代わり、自社が他に優る事業範囲、ノウハウ、経験を活かす。

◆参入企業のAAA戦略

インドのIT企業の例ですでに見たように、新興国の競合企業は、おおむねアービトラージにおける優位性(および自国、そして、時として他の新興国市場での適応)から出発する。

現在のトレンドを考慮すると、アービトラージの感応度対策には多大な努力を要するだろうが、参入企業がグローバルな業界リーダーシップをめざすにあたって第一の課題は、集約で優位性を築くことである。

第二に、自社のアービトラージ戦略と集約戦略の対象地域を拡大するために適応能力を強化しなければならない。このような企業が先進国市場と新興国市場の両方で競争することをめざすべきか、それともどちらかに専念すべきか、あるいは自国にとどまるべきかという問題は、次章で再び取り上げる。ここでは、国際的に広く事業展開しようとしているものとする。

市場をリードする既存企業――競争の条件を設定する力がより強い――と他の参入企業の両方を相手に有効に競争を続けながら、アービトラージからアップグレードするという難題をやり遂げなければならない。このような場合、少なくともいずれは避けられない戦いに挑戦できるほど能力が成熟するまでは、既存企業と真っ向対決せずに、自社の立場を強化する方法を探すのが妥当であることが多い。

その方法は、いろいろ考えられるが、大きく二つのアプローチに分かれる。既存企業をうまく迂回するか、既存企業と取引をするかだ。いずれのケースでも、目的はAAAの用語で言えば、集約の優位性の基盤となる無形資産を構築しながら、差異にうまく適応するための情報源として貴重な国際市場経験を積むことである。

ほとんどの参入企業は、市場リーダーをうまく迂回する方法で先進国市場に最初の足掛かりをつかむ。彼らはリーダーの戦略にとって重要ではない市場セグメントに注力し、その後そこを起点に自社の能力と市場ポジションを広げていく。

インドのＩＴ企業が米国と英国に進出するきっかけとなった定型的なコーディングとデバッグ業務は、グローバルな市場リーダーにとっては優先順位の最下位だった。中国の家電大手ハイアールは、寮生活をしている大学生に人気の小型冷蔵庫の販売で米国進出の足掛かりをつかんだが、ワールプールをはじめとする既存企業の主要な流通チャネルだった家電小売店ではなく大型量販店で販売した。

同じ方法で一定の成功を収めたのが、ＳＵＶ（スポーツ用多目的車）とトラクターでインド市場をリードするマヒンドラ＆マヒンドラだ。マヒンドラは先進国のＳＵＶ市場では（まだ）勢いに乗っていないが、ジョンディアなどの既存企業をうまく迂回して、米国で小型トラクターの販売大手となった。価格だけで競争しないために、マヒンドラは業界トップレベルの保証と購入ローンを提供し、耕作面積の小さな米国の「趣味農家」に訴求するべく、マーケティングを巧みに適応させた。

側面攻撃戦略は時間がかかり、市場のローエンドで築いた足場をリーダーシップポジションに発展させられる保証もない。たとえばハイアールは、マンハッタンのランドマークビルを購入したり、サウスカロライナ州の工場で大型冷蔵庫を製造したりまでしたが、米国のフルサイズ冷蔵庫市場で二〇年近く苦戦し続けている。

二〇一六年にハイアールは取引アプローチに転じ、GEの家電事業を五四億ドルで買収した。この買収でハイアールは、米国にある九つの製造工場、最高水準の販売チャネルと流通チャネル、自社製品に四〇年間GEブランドを使用する権利を手に入れた。買収後の統合と管理がうまくいけば、ハイアールはGEが数十年かけて育てた無形資産を譲り受けたことによって、集約と適応の能力向上を大幅に加速するだろう。

しかし、海外で買収を行うには、単純に契約書にサインして買収金額を相手の口座に送金するだけでは済まない能力が必要となる。二〇〇〇年から二〇一〇年にかけてドイツの機械メーカーの株式の過半数を取得した中国企業を研究したある調査では、二〇一〇年末時点で、まだ買収先の事業が明らかにうまく運営されていたのは三〇%しかないという。約三五%はすでに解散し、残りの三五%は製品構成の縮小や人員削減から、「あまり成功していない」と見られた。[40]

どうすれば買収による海外からの能力獲得を成功させる可能性が高まるだろうか。まず、自社が買収しようとしている能力の価値を正確に評価できるだけの専門知識を持たなければならない。

中国による初の大型買収の一つ――TCL集団が二〇〇三年に世界最大のテレビメーカー、トムソン（現テクニカラー）の株式の過半数を取得した取引――が失敗に終わった大きな要因がそれであった。TCL集団の李東生（リ・トンシャン）会長は、「トムソンの事業救済に伴う課題を過小評価していたと認めた」[41]。最大の問題は、トムソンが（TCLと同様に）、消費者からの需要が高まり始めていた薄型テレビではなく、従来型のブラウン管テレビに注力していたことだった。

しかし、中国の自動車メーカー、吉利（ジーリー）汽車がボルボを買収したときのように、適切な能力を持つターゲットを見つけ、しかも交渉で適正な買収金額を獲得できたとしよう。買収した企業は、ターゲット企業をうまく吸収できるだろうか。

企業の吸収能力に関する研究は、接点ないし橋渡し役を務める人材の重要性を強調している[42]。二〇〇四年のレノボによるIBMのPC事業部買収が有力な事例だ。レノボのトップだった楊（ヤン）・元慶（ユアンチン）は、一時的に米国に移って英語を習得した。さらには、買収先企業の幹部をCEOに据えた。その後レノボは、最高ダイバーシティ責任者という役職を創設し、米国人のヨランダ・コニャーズを就任させた。その職務は「すべての人の違いを尊重しながら、共通の目標に向けて会社を一致団結させる方法を考え出す」ことだった。コニャーズは橋渡し役を担ううえで必要な中国文化の知識を万全なものとするため、二〇〇九年から二〇一二年まで中国に駐在した[43]。

大型買収はリスクが大きいため、取引アプローチの変種として参入企業に効果のあった他の方法を検討してもよい。

ブラジルのエンブラエルは、カナダのライバル、ボンバルディアを抜き、世界最大のリージョナルジェット機の供給会社になった。そこに至るために、エンブラエルはコックピットとインテグレーションに集中しながら、自社のノウハウが不足している(あるいは資本集約度が高い)分野を積極的にアウトソーシングすることによって、自社の能力ギャップを軽減した。

また、台湾の鴻海(ホンハイ)精密工業(フォックスコン)は、基本的にエンブラエルのアウトソーシング戦略を逆の立場で生かしてグローバルリーダーとなった例である。同社にアップルをはじめ多数のコンシューマー・エレクトロニクス企業が労働集約的な製造と組立てをアウトソーシングしたため、鴻海は中国最大の輸出企業となり、売上高で世界二七位になった。マイクロソフト(六九位)、IBM(八一位)、ソニー(一〇五位)など錚々たるブランドを有する他のテクノロジー企業をはるかにしのいでいる。(44)

まとめよう。アービトラージが参入企業の主要な戦略である。前出のインドのIT企業の話からわかるように、アービトラージ戦略は多くの人が推察するよりも持続可能性が高い。しかし、参入企業がグローバル市場リーダーを本格的にねらうためには、優れた無形資産を形成し――つまり、集約の優位性を構築し――、その優れた能力を世界中にうまく展開するために必要な適応力を獲得しなければならない。

既存企業と参入企業の状況をまとめた図4-6は、両者が中央をめざしていることを示唆しているが、どちらも当初の優位性を完全に手放す可能性は低い。

図4-6

既存企業と参入企業のAAA戦略の比較

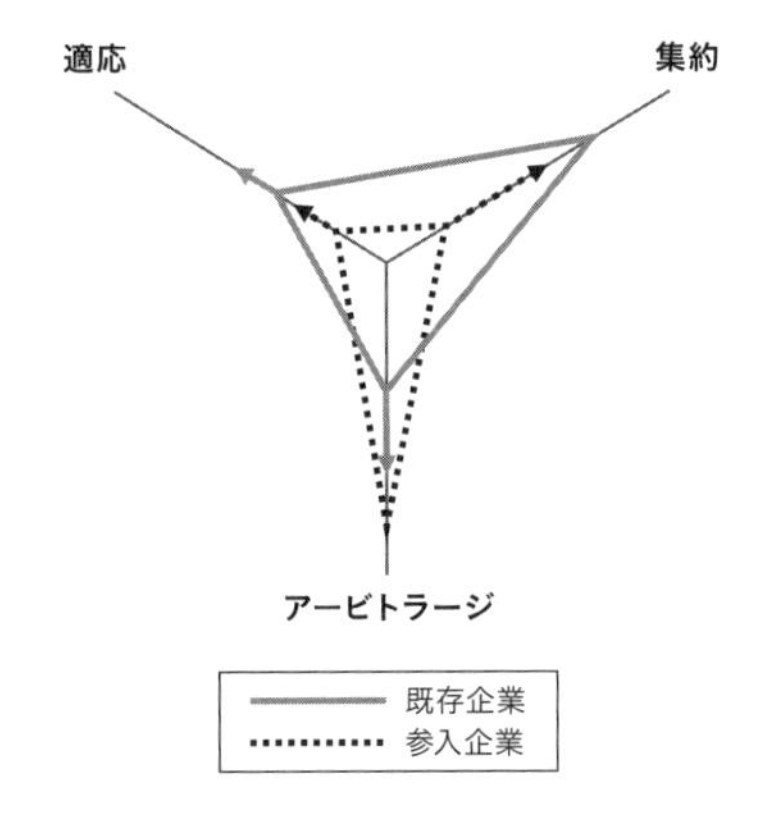

注：ここに示す既存企業は，幅広い文脈において適応を管理する能力が一般的に高いため，適応に関して参入企業より強い．しかし，参入企業は自国市場への適応が既存企業より優れていると予想される．

既存企業は新興国からの効果的なアービトラージを試み、新興国市場にうまく適応しようとしている。一方、参入企業はアービトラージの優位性を利用し続けながら集約と適応の能力を強化している。AAA戦略間に緊張関係が内在することをふまえると、既存企業と参入企業いずれも、成功するためには、どこで競争するか(第5章のトピック)と、どのように組織編成し、社内を結合して緊張関係を管理するか(第6章のトピック)に関して、慎重な選択を行う必要もある。

本章のまとめ

経営実務へのヒント

❶ グローバル化への圧力が高まったため、ビジネスリーダーたちは環境変化への対応として国際戦略をどう修正するかを熟慮している。

❷ 企業は集約、アービトラージ、適応という三種類の基本戦略(AAA戦略)を利用して、国境と国際的な隔たりを越える価値を創造できる。

❸ 集約戦略は、国同士の類似点を利用し、規模の経済と範囲の経済によって価値を創造する。これは先進国企業の大半を占める既存の多国籍企業が取るべき第一の国際戦略である。

❹ アービトラージ戦略は、供給が豊富な土地で調達し、希少な土地で販売するなど、差異を利用する。これは新興国の大半を占める新規参入の多国籍企業が取るべき第一の国際戦略である。

❺ 適応戦略は差異に合わせて修正を行い、集約戦略とアービトラージ戦略をうまく展開できる範囲を拡大する。一般的に既存企業のほうが、多くの国にまたがる適応の管理に関して参入企業より高い能力を有している。

❻ 適応を強化すると、グローバル化に伴う逆風に対処しやすくなる。しかし国境を越

えた価値創造の主要な基盤は集約とアービトラージである――適応はこの二つの対象地域を拡大する――ため、集約とアービトラージを放棄するのは誤りである。

❼ 新興国の台頭をより長期的に見ると、ＡＡＡ戦略へのアプローチは、既存企業と参入企業それぞれで異なることがわかる。

❽ 既存企業は、集約の優位性を保持しながら、アービトラージの弱点を補強し、主要な新興国市場への適応を進める必要がある。

❾ 参入企業は、アービトラージの活用を続けながら、まず集約の優位性を築き、次に適応の能力を強化することに注力すべきである。

❿ ＡＡＡ戦略間には緊張関係が内在することを考慮し、企業は時代の趨勢から往々にして求められるさらに複雑な戦略を追求する際に、どこで競争するか、そして、どのように組織編成するかに細心の注意を払わなければならない。

第5章 プレゼンス——どこで競争するか

Presence: Where to Compete

第4章では、どのように競争するかに焦点を当てた。本章では、どこで競争するかに注目する。この二つの問いには明らかに関連がある。たとえば、純粋なローカル化戦略であれば、どこで競争するかの選択は国単位で行ってもよいだろう。しかし、第4章で説明したように、純粋なローカル化戦略は最近の情勢に対処するのに適した戦略ではないため、どこで競争するかの問いも、もっと複雑になる。

グローバル化を取り巻く暗雲は概して、国境の重要性が低下するのではなく再び高まるきざしとともに、自社製品の販売を貿易に依存している多国籍企業にグローバルなプレゼンスの縮小——極端な場合は、海外から本国に事業を引き揚げることすら求める声を生んだ。

二〇一七年一月の『エコノミスト』誌の特集記事「グローバル企業の退却」は、ほとんどそれに近いことを主張している。プレゼンスの縮小を求める声は、海外での販売に特化した水平展開型の多国籍企業と、調達と生産に海外のサプライチェーンを使っている垂直展開型の多国籍企業の両方に及んでいる。

国際市場からの撤退の呼びかけは、多岐にわたる業種の企業によって試みられた、あるいは、現在試みられているその手の再編の多さを見ると現実味を帯びる。銀行業ではシティバンクとHSBCが、二〇一二年以降に一〇カ国以上の市場のリテールバンキングから撤退し、ロイヤルバンク・オブ・スコットランドとバークレイズも大々的な撤退を発表した。[1] 金融サービスの再編は、世界金融危機後の規制強化のせいかもしれないが、さらにグローバルな、あるいはグローバル化しつつある業種でも同様の動きが起きている理由を同じ要因に求めることはできない。

たとえば、自動車産業を考えてみよう。二〇一七年春、GMはオペルとボクスホールの二ブランドをプジョー(グループPSA)に売却し、ヨーロッパからほぼ撤退した。範囲を縮小しているのは「古い」業種だけではない。通信サービスでは、ボーダフォンがそれよりも早く、一連の撤退の動きの仕上げとして米国最大の携帯電話会社、ベライゾン・ワイヤレスに所有していた四五%の株式を一三〇〇億ドルで売却して合弁事業と提携を解消し、規模を半分に縮小している。[2]

しかし、このような動きに同調して海外展開の範囲を狭める前に、このような再編の多くが、実はブランプ以前の業績問題への対応だったことを認識すべきである。たとえばオペルは、ヨーロッパ市場での第四位という地位とブランドイメージの弱さから生産能力過剰に陥ったため、一九九九年からの累積損失が二〇〇億ドルを超えていた![3] オペルのケースからは、近年の動向への機敏な対応というより、むしろ遅すぎる動きとの印象を受ける。

このような事例をいくら重ねても、企業に対する地理的範囲縮小の一般的な処方箋は導き出せない。そのため、さらに掘り下げて、ブランプをはじめとする国際政治情勢の変化が、どこで競争するかに関する企業の選択にどのような意味を持つのかを解明しなければならない。

本章ではまず、企業の国外でのプレゼンスにまつわる事実、業績、関連する経営上の直観を検討することによってそれを行う。これらの要素はすべて、拡大と縮小がともに現在進行形の問題である理由を説明するのに役立つからだ。

次に、第1章で紹介した隔たりの法則とCAGEフレームワークに基づき、どこで競争するかを選択する指針として国レベル、業種レベル、企業レベルで順次ふるいにかけていくスクリーニング基準——覚えやすいよう、Country(国)、Industry(業種)、Firm(企業)の頭文字を取って「CIFスクリーン」と呼ぶ——を提案する。[4]

そして最後に、こうしたアイディアをふまえ、企業の海外でのプレゼンスを再編する方法として、従来とは異なる提案を行い、章を閉じる。

グローバルなプレゼンスと業績

多国籍企業が、たとえ大企業であっても、一般に思われているより事業展開の地理的範囲が狭い傾向があるのは、隔たりの法則のとおりである。

手始めに米国企業のデータをお見せするのがよいだろう。米国企業は、米国商務省から海外直接投資（ＦＤＩ）に関する詳細な報告を義務づけられている。二〇一二年に、米国の多国籍企業が事業展開している外国の数は、一カ国が統計上最も多く、中央値が三カ国だった。それに対して、私が複数国を対象に実施した意識調査で、米国の回答者が推定した多国籍企業の進出先の数の中央値は、実態の一〇倍も多かった[5]！

実際は、二〇カ国以上で事業展開している米国の多国籍企業は一〇％しかない。この割合は、世界金融危機以前から変わっていない。さらに、米国企業でＦＤＩを行っているのは〇・〇一％しかないため、その中で二〇カ国以上に事業展開している一〇％とは、米国企業全体の〇・〇〇一％でしかないのだ。

輸出を行っている米国企業の割合は、〇・〇一と比べれば大幅に高い一％弱である。しかし、輸出を行っている米国企業のうち五八％は、一カ国にしか輸出していない[6]。ＦＤＩのデータと同様、輸出のデータは、海外のどこに進出するかが米国の多くの企業にとって依然として重要な課題項目であることを示している。世界の他の地域、特にEUでは、多国籍化と輸出に従事する度合いがいくぶん高いが、国際活動が限られているというパターンは、世界中に当てはまる。

もちろん、最大規模の企業に注目すれば、一〇〇カ国、多ければ二〇〇カ国近くに事業展開する企業もある。たとえば、IBMの前会長兼CEOのサム・パルミサーノは、かつて「当社の問題は、もう進出する国がないことだ」と冗談交じりにこぼしたことがある。IBMは一七〇カ国で事業展開しているが、同社が抱える問題はおそらく依然として、リソースの配分先をどこで減らすかではなく、どこで増やすかだろう。

そして、IBMは国レベルの収益を報告していないが、広く事業展開している他の多国籍企業は、そのデータを公開している。たとえばオラクルは、一九五カ国に顧客がいる。しかし、二〇一六年の収益の六一%を、米国(自国市場)と外国市場の上位三カ国で上げていた。[7]

オラクルの収益分布は、国外に大半の資産を置いている上位一〇〇社の典型である。これらの企業は数十カ国に事業展開している傾向が高いが、多少断片的なデータに基づけば、上位四市場(自国市場を含む)が収益の約六〇%を占め(図5-1)、さらに断片的なデータによれば、利益に占める上位四市場の割合はさらに高い。

そして第1章で述べたように、「フォーチュン・グローバル500」に選出された五〇〇社(世界の総収益上位企業)のうち、北米、ヨーロッパ、アジア太平洋に大きく分けた三地域そ

図5-1

海外資産で世界上位100社入りした企業の平均収益分布(2015～16年)

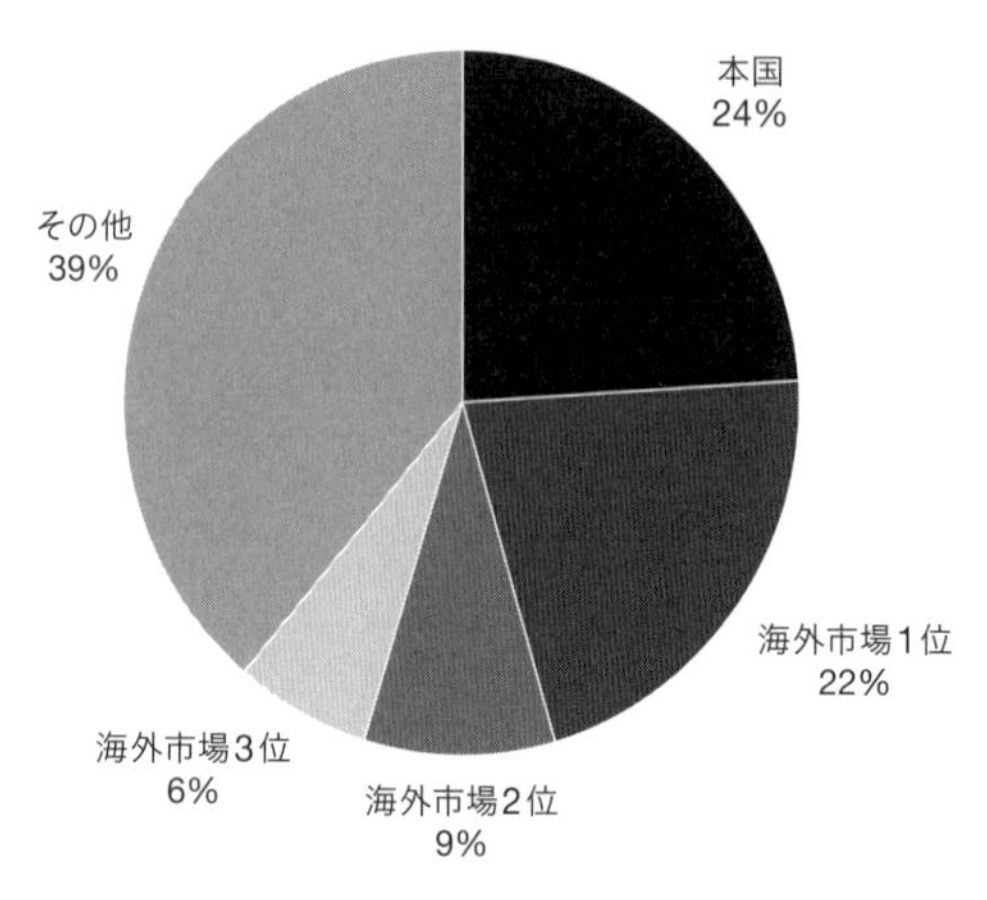

注：国連貿易開発会議（UNCTAD）の多国籍企業上位100社リストからデータが入手可能な33社に基づく．
出所：S&P Global *Capital IQ*および各社のアニュアルレポート．

れぞれから収益の二〇％以上を上げている企業は、一桁台のパーセンテージしかない。(8)

地域をまたいだプレゼンスもまた、一般に思われているより、はるかに小さいのである。私が実施した複数国のマネジャーの意識調査では、「フォーチュン・グローバル500」企業のうち、先の条件をクリアしていると回答者が推定した平均値は四四％だった！

世界の隅々まで展開していると標榜するインターネット企業にも、これとおおよそ似た特性評価が当てはまる。株式公開している最大手規模のインターネット企業を分析すると、アルファベットとイーベイとフェイスブック以外は、収益の大半を国内で上げているのがわかる。

そして、例外となった三社も、収益の国内外比は半々に近かった。インターネット企業が国際的なプレゼンスに関して、どこに拡大するかはともかく、どこで深化させるかにまだ課題があるのは明らかだ。

特に広範なプレゼンスを有する企業は、どこで縮小すべきかについても大きな課題を抱え、すでに長らく取り組んできている。たとえば、世界金融危機前の多国籍企業一六社の社内財務データを分析すると、うち八社の大規模な地域別事業部——企業収益の実に四分の一をもたらす事業部——は、その資本コストを考慮すると、会社の価値にとってはマイナスの存在だった。図5-2に、ある動きの速い消費財企業の経済的利益の国別分布を示す。

多くの多国籍企業が進出先の国々で幅広く抱える根強い業績の問題については、少なくとも数十年にわたってエビデンスがある。私は二〇〇三年に『ハーバード・ビジネス・レビュー』誌に寄稿した論文「アービトラージ戦略——比較優位の再発見」で、一九九〇年から二〇〇一年にかけて、「フォーチュン・グローバル500」企業の海外事業が国内事業を平均営業利益率で常に下回っていたことを示したが、二〇一六年のデータに基づいて更新したところ、同じパターンが裏づけられた。(9)

進出した海外市場が多すぎるのに手放せないこのような多国籍企業のパターンは、利益の最大化と必ずしも矛盾するわけではないが、グローバロニーに通じる昔からのバイアスが、この

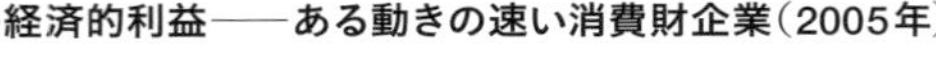

図5-2

国別の経済的利益——ある動きの速い消費財企業（2005年）

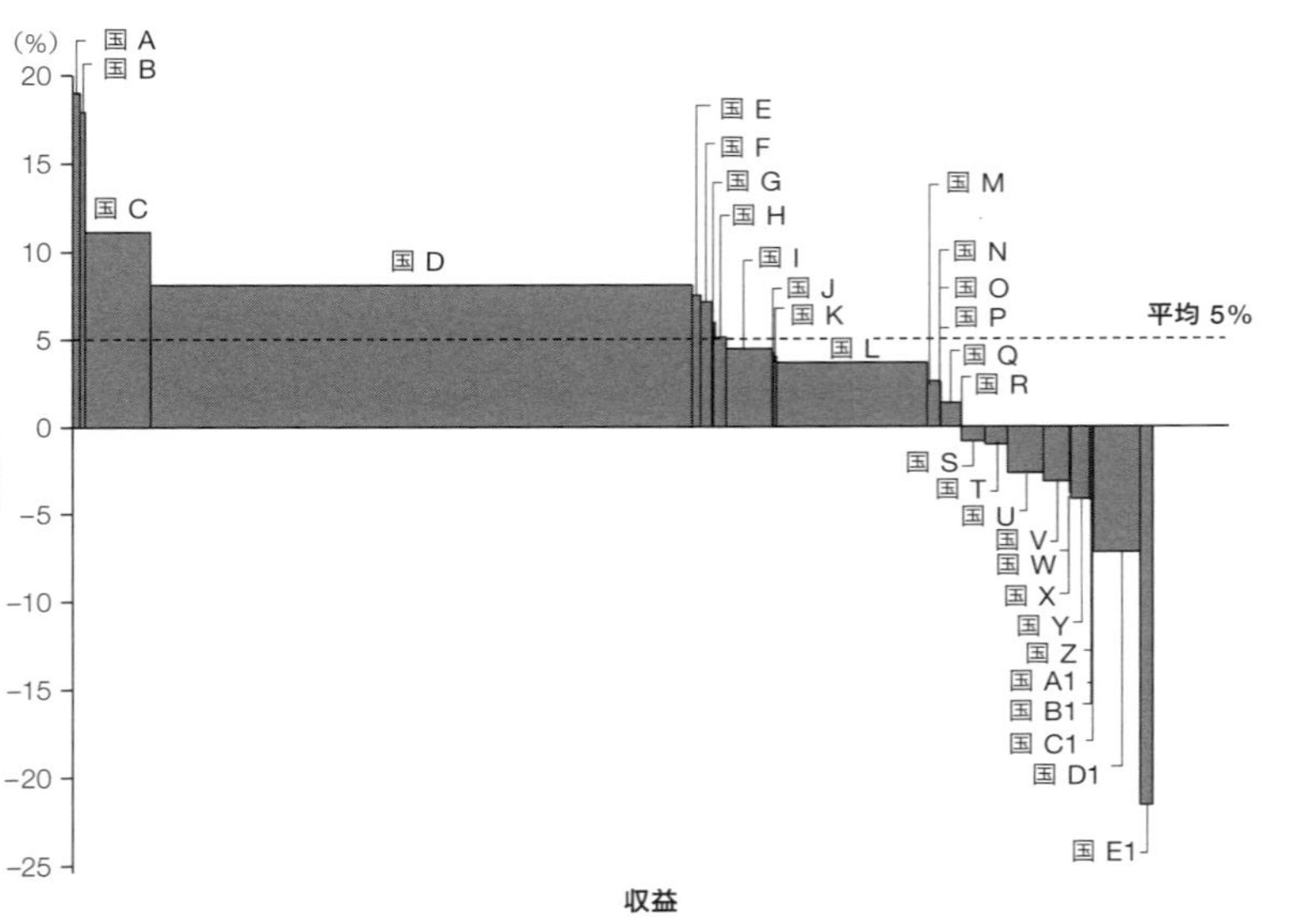

出所：Pankaj Ghemawat, *Redefining Global Strategy* (Boston: Harvard Business School Press, 2007), figure 8-2.

状況を生み出すのに重要な役割を演じているかもしれない。

たとえば、私が二〇〇七年に実施した意識調査では、回答者の六四%が、真のグローバル企業はすべての主要市場で競争することをめざすべきだという根拠の怪しい設問文に同意している。

一〇年後の二〇一七年に複数国を対象に実施した意識調査では、この割合がなんと八八%に上昇した！ そして、駄目押しするように、回答者の八五%が「グローバル進出は、勘案すべき選択肢ではなく必須要件である」および「グローバル化は、ほぼ無限の成長機会を提供する」という設問文に同意していた。

多国籍化は、昔から常に慎重に検討すべき選択肢であり、経済理論と過去のデータが何らかの指針になるにせよ、能力の高い少数の企業だけが追求すべき道である。私の意識調査の回答者や、多国籍企業は海外事業を畳むべきだと論じた先述の『エコノミスト』誌の記事に欠けていたのは、コンティンジェンシー（条件適応）の概念だ。

続く何節かにわたって、どこで競争すべきかの意思決定を国レベル、業種レベル、企業レベルと段階を追った考慮事項、すなわちＣＩＦスクリーンによって、条件適応をさせる方法を具体的に述べていく。

国レベルのスクリーン

どこで競争するかの判断に複数レベルのふるい(スクリーン)を使うという話で「ふるい」という言葉を使ったのは、ゴールドラッシュ時代のカリフォルニアで金の採掘に一獲千金をねらった者たちが、砂金をふるいにかけているイメージを呼び起こすためだ。彼らは網目の粗さが異なる複数のふるいを使い分け、川床の砂をふるってまず金塊を、そして金の粒、さらに砂金を探した。

それに倣って、私はこの話を最も目の粗い国レベルのスクリーンから始める。どの国で競争するかの判断に国レベルの分析が欠かせないのは当然である。しかし企業は長い間、国を評価するにあたって規模、あるいは規模の拡大にしか目を向けてこなかった。

一五〇年前にマンチェスターの工場主は、こんな計算をしてバラ色の夢を描いたのではないだろうか。「中国人男性のシャツの裾を一インチ長く伸ばすだけで、マンチェスターの綿産業は永久に安泰だ」。「インチ」と「シャツの裾」と「マンチェスター」を現代のそれぞれに相当するものに置き換え、性別を特定する表現をなくせば、多くの多国籍企業の最新版ビジョン・ステートメントとしていい線をいくだろう。

企業が国の規模だけに目を向けがちな傾向を示すもっと体系的なエビデンスは、私が最近実施した複数国を対象とした意識調査へ回答だ。「米国企業が海外の一カ国だけに事業展開する

図5-3

海外1カ国のみで事業展開する米国企業の現地法人所在地を基準に国の大きさを調整したルーテッドマップ(2012年)

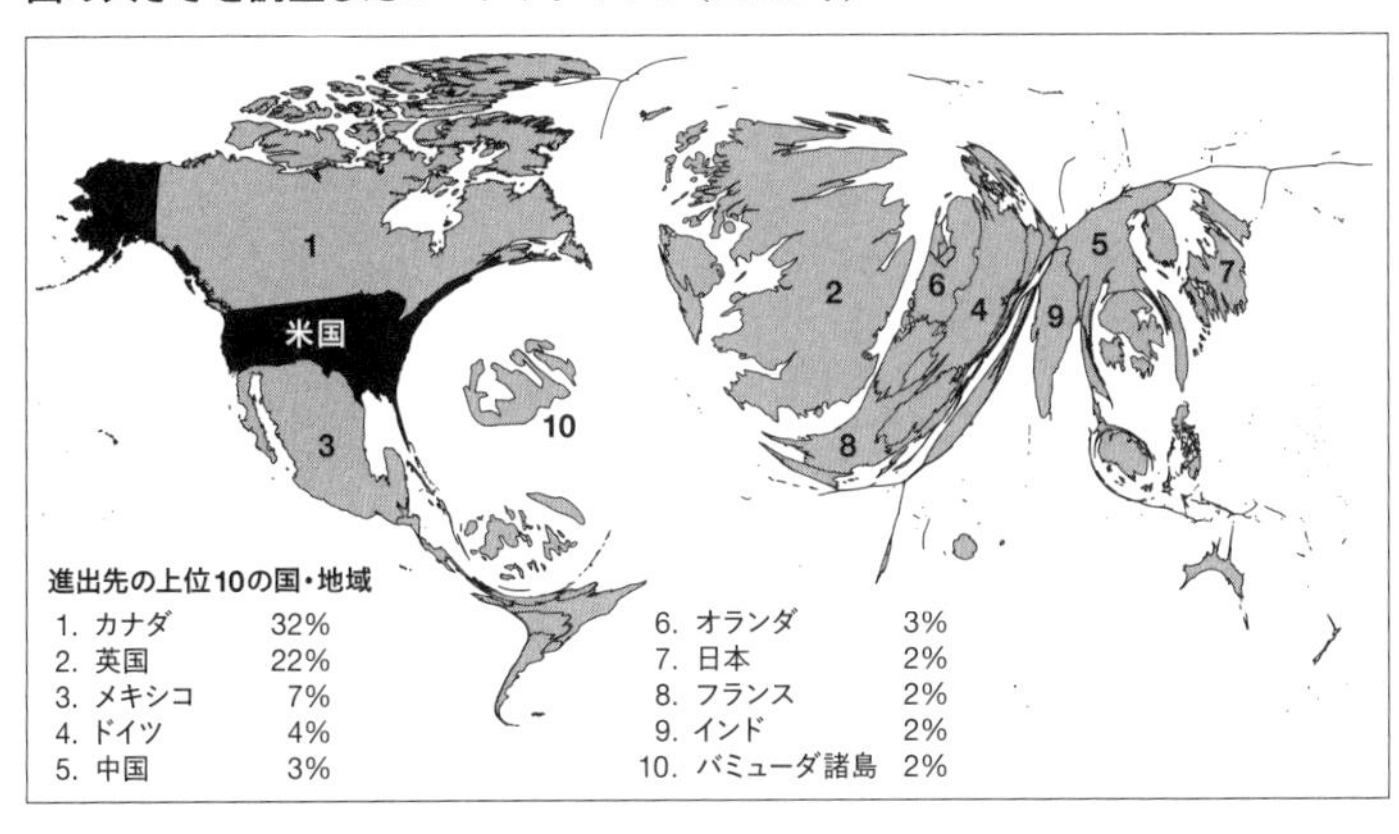

出所：米国商務省のジム・フェッツァーから著者に送られたメールのデータによる.

場合、最も多い進出先はどこか?」という問いに対する米国のマネジャーたちの回答を考えてみよう。第一位は、マネジャーの二二%が答えた中国だった。しかし、実際は中国は五位で、最初の海外進出先に中国を選ぶ米国企業は三%にすぎない(図5-3)。

直観的に中国を過大評価した根拠は、中国が米国に次ぐ世界第二位の経済大国であることだろう。幸い、回答者には隔たりの法則を多少理解しているところも見られた。次に挙がったのは英国、カナダ、メキシコで、いずれもこのとおりの順番ではないが、実際の上位三カ国に入っている。[10] 三カ国とも明らかに、近さの意味合いは異なるが、米国に近い国々だ。これらの国が上位三カ国に入った理由は、国の規模だけではない。

英国は経済力で世界第五位、カナダは一〇位、メキシコは一五位である。

　この問いに限らず、多くのマネジャーは隔たりの重要性を直観的に理解している。第1章で紹介したCAGEフレームワークには、隔たりに関するこのような思考を明確化し、隔たりの概念の対象を広げ、その影響を検証するねらいがあった。第1章の表1－1は、海外進出する企業に影響を及ぼす隔たりの種類を特定し、共通言語の有無など二国間に存在する要素と、経済規模など一国だけに付随する要素を考慮する重要性を強調した。

　また第1章では、貿易とFDIの重力モデルを評価し、CAGEフレームワークで国際活動のパターンを説明できることも示した。図5－3の地図は、多国籍化への第一歩を踏み出した米国企業だけを対象にしているが、第1章のCAGEに基づいたモデルは、ほぼ全世界の貿易とFDIを網羅している。国際間フローのバリエーションのうち、三分の二以上は次のわずかな変数で説明できた。

- 隔たりの変数……共通の公用語、旧植民地つながり、貿易協定ないし地域ブロック、物理的距離、国境を接していること、一人当たり所得比
- 規模を捕捉するための個々の国のGDP
- GDP以外の一国だけに付随する要素を捕捉するための国固定効果

ＣＡＧＥモデルをさらに具体的にテストするために、米国の輸出先と対外ＦＤＩストックの投資先となる国の順位が、ＣＡＧＥモデルでいかに正確に予想できるかを考えてみよう。予想順位と実際の順位の相関はきわめて高く、商品輸出で〇・九三、ＦＤＩストックで〇・八五である。この分析から、もっと幅広く第1章で取り上げたような国際比較分析にも表れてくるパターンが二つ説明できる。

第一に、ＣＡＧＥに基づいたモデルは貿易とＦＤＩの予想に有効だが、ＦＤＩよりも貿易のほうが確度が高い。ＦＤＩ特有の複雑化要因の一つは、オフショア金融センターがかかわっている割合の高さである（たとえば、バミューダ諸島は米国のＦＤＩストックの受入れ先の第七位だ）。

第二に、ＧＤＰと物理的距離のみ考慮したモデルを適用したとしても、この簡易化モデルでさえ、きわめて正確な予想ができる。こうした結果は、（ＣＡＧＥの次元すべてではなく）物理的距離を考慮するだけでも、規模だけを判断の根拠にするより、はるかに有効であることを示唆している。

ＣＡＧＥフレームワークはもちろん、隔たりの法則と密接に整合している。企業レベルでは、複数の隔たりの次元で近い関係にある国のほうが、遠い国よりも進出しやすい。さらに、国レベルの貿易とＦＤＩのパターンは企業の集団的行動をおおむね反映しているため、同じ分析は大半の企業が妥当な理由からまず進出しやすい市場に注力し、その後、もっと進出しづらい市場に移行していることも示唆している。

中国の家電大手、ハイアールは海外進出の初期段階で、「まず難しい市場へ、それから簡単な市場へ」と称する逆の戦略を取り、米国に集中した。[11] しかし、それでも同社の市場ポジションは、ベトナムのような近隣国でのほうがいまだに強い。

近接性ないし類似性が海外進出を容易にする、という法則の一つの重要な例外が、経済的アービトラージを動機とした貿易である。新興国は比較的大きな隔たりを超えて先進国に販売することが少なくない。

ただし、この例外も部分的にすぎない。特定の製品カテゴリーで経済的な隔たりの最小化ではなく最大化をめざすことはあっても、同時にＣＡＧＥの他の次元の隔たりを最大化するのは、およそ良策とはいえない。

たとえば、第４章で述べたように、インドのＩＴセクターは、新興国ではなく先進国を主要なターゲットとしている。しかし、先進国グループの中で、インドは米国と英国に注力している。この二国は市場規模が大きいという利点があるだけでなく、日本やドイツやフランスと比べて、インドと文化面・行政面の親和性も高いからだ。

インドの例は国レベルのスクリーンに関し、背景を汲むべきいくつかの重要なポイントを説明している。

インドとパキスタンとの間にわずかしか交易がなく、ＦＤＩはほぼ存在しないことは、政治上の関係が事業活動にいかに影響を与えるか——このような関係は測定が難しく、そのため、ほとんどの重力モデルでは除外されてしまうが——を示す。

第二に、インドは一国だけに付随する要素として規模と成長以外の要素も考慮する重要性も例証している。インドへの投資を考えている外国企業にとって、最近の対内FDI政策の自由化は、とりわけ重要だ。

第三に、インド(ひいては国レベル)だけを有意義な分析レベルと想定してしまうと、インドを完全に統合された市場として扱ううえで障害となるさまざまな問題にぶつかる。すなわち、インドの文化的多様性(たとえば、公式に認められた言語が二二もある)、国内の行政上の障壁(特に二九の州と七つの連邦直轄領の間にある)、地理的な大きさと貧弱なインフラ、一人当たり所得で測定した場合に多くの先進国に比べて大きな経済格差などだ。

国内の差異を考慮しなければならないのは、インドのような新興の大国だけではない。たとえばスペイン、あるいはベルギーでさえそうである。[12] 国内に多様性を内包する国々では、国レベルの分析をサブ国家レベルの分析ないし国内分析で補うのが有益であることが多い。

国を分析する際のCAGEフレームワークの使い方について、さらに二つ挙げておく。前述したように、CAGEフレームワークは企業がブレグジットや世界貿易戦争のような衝撃の影響を分析するのに使える。第7章で取り上げるが、政策の不確実性が高まっているため、このフレームワークは、かつてよりも明らかに重要性が増している。

さらに、どこで競争するかの分析から得た洞察をマッピングして、選択した市場でいかに競争するかの戦略を導き出すのにもＣＡＧＥフレームワークは役に立つことが多い。特定の国で隔たりのどの要素が課題となりそうかを見極めれば、その課題に対処する戦略の設計が可能になる。最も顕著な差異に注意が向くだけでも、大きな価値があるだろう。

数年前、中国の成都で開催された『フォーチュン』誌主催のグローバルＣＥＯフォーラムで、私は米国と中国の差異のＣＡＧＥ分析を発表した。登壇したパネリストの中に、元米国商務長官で、その前はケロッグのＣＥＯだったカルロス・グティエレスがいた。彼は自分がケロッグ時代にもしＣＡＧＥフレームワークを知っていたら、中国人の朝食習慣を変えようとして多大な時間と資金を無駄にせずに済んだかもしれないとコメントした。

国レベルの隔たりの分析は不可欠であり、定性的にも定量的にも行えるが、実行可能な結論を導き出すためには、一般的に業種と企業に特化した考慮(目の細かいふるい)も必要である。次節では、業種レベルのスクリーンに注目する。

業種レベルのスクリーン

金融投資家でもない限り、どの国を選ぶかを決めるにあたって経済全体、つまり国レベルの隔たりだけに注目するのでは不十分だろう。さらに目の細かい業種レベルのスクリーンが必要になる。なぜなら、隔たりの中で最も重要な次元はどれか、重要度がどれくらいかは業種によって大きく異なるためだ。

たとえば映画は、言語の差異への感応度が高いが、地理的な差異への感応度は、冷蔵庫のような大型家電ほど高くない。大型家電は容積に対して価値が小さいため、通常は大陸間の出荷対象になりにくいのである。隔たりの次元ごとに特に感応度の高い業種を表5－1にまとめた。

表の特性評価は、ケーススタディと、国レベルではなく業種レベルで重力モデルを使って推定した統計分析に基づいている。前著で私は、商品貿易では九七の製品カテゴリー、FDIではサービスを含む三九のセクターに、業種レベルの重力モデルを適用した結果を報告した[13]。ここでは、その貿易とFDIの分析結果のごく一部を取り上げる[14]。

図5－4に製品カテゴリー別の商品貿易に対する物理的な隔たりの影響を示し、図5－5ではセクター別に公表されているグリーンフィールドFDIへの共通言語と、旧植民地つながりの相乗効果をまとめた[15]。

第1章で説明したように、一人当たり所得差は総貿易量モデルにおいて重要ではないが、経済格差が貿易を行う動機となる(アービトラージ)業種もあれば、同じ差異が貿易の障害となる業種もある。地理的隔たりに目を転じると、貿易分析に見られるもう一つの定着したパターンは、価値の対重量比および対容積比が高いと、物理的隔たりへの感応度が低くなる傾向であ

表5-1

業種レベルのCAGEフレームワーク

文化的隔たり	行政的隔たり	地理的隔たり	経済的隔たり
次の場合は文化的な差異が最も重要である： • 言語依存性の高いコンテンツを含む製品（テレビ番組） • 文化ないし国のアイデンティティにとって重要な製品（食品） • 特徴が大きさ（自動車）や規格（電子機器）の面で異なる製品 • 国独自の品質協会がある製品（ワイン）	以下の業種は政府の関与が強い： • 必需品の生産者（電力） • その他「認可製品」の生産者（医薬品） • 大規模雇用者（農業） • 政府への大規模供給者（大量輸送機関） • 国策企業（航空宇宙） • 国家安全に不可欠（通信） • 天然資源開発業者（石油，鉱業） • 回収不能額が高い（インフラ）	以下の場合は地理が重要な要素になる： • 重量ないし容積に対する価値の比率が低い製品（セメント） • 破損しやすい，または傷みやすい製品（ガラス，果物） • 現地での監督や運用要件が高度に求められる（多くのサービス）	以下の場合は経済的差異の影響が最も大きい： • 所得水準によって需要の性質が異なる（自動車） • 標準化ないし規模の経済効果が限定的である（セメント） • 人件費その他の要素のコスト差が顕著である（衣料） • 流通や事業の制度が異なる（保険） • 企業の即応性と俊敏性が求められる（家電）

出所：Pankaj Ghemawat, *Redefining Global Strategy* (Boston: Harvard Business School Press, 2007), 50, table 2-3.

図5-4

製品別の物理的隔たりと商品貿易

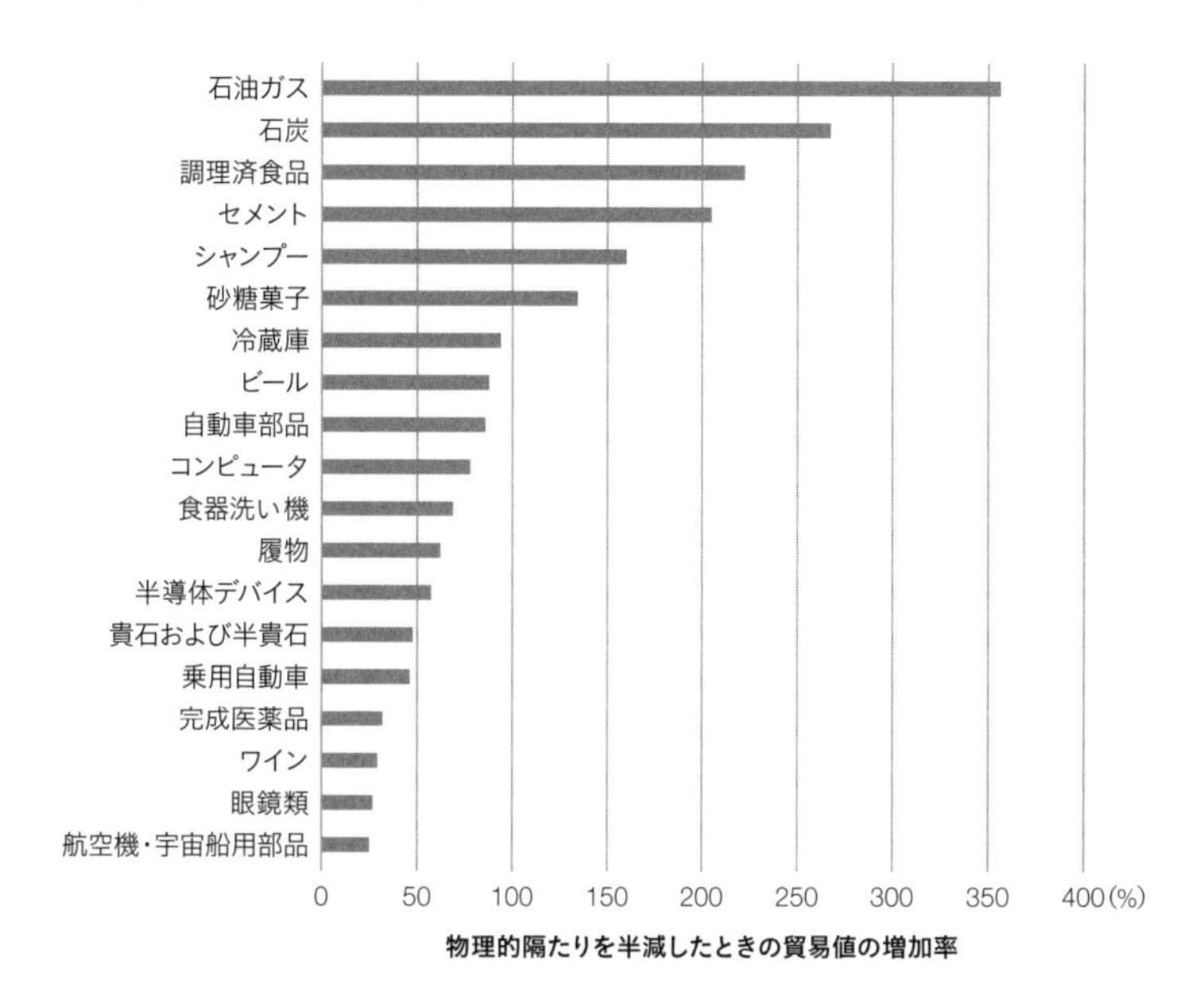

出所：以下の文献からのデータを使った重力モデルにより推定した．United Nations, *Comtrade*; CEPII, *GeoDist*; International Monetary Fund, *World Economic Outlook*, and World Trade Organization, *Statistics Database*.

る。

図5-4に示した業種のうち、商品貿易が物理的隔たりに対して最も感応度が高いのは石油ガスで、これは長距離輸送が困難で高コストになるためだ。物理的隔たりが半減すると、この業種の国際貿易は三五〇%以上も増加する。そして、物理的隔たりに対する感応度が最も低いのは航空機・宇宙船用部品であるが、これはおそらく専門性の高いこれらの

図5-5

セクター別の文化的・行政的隔たりと公表されているグリーンフィールドFDI

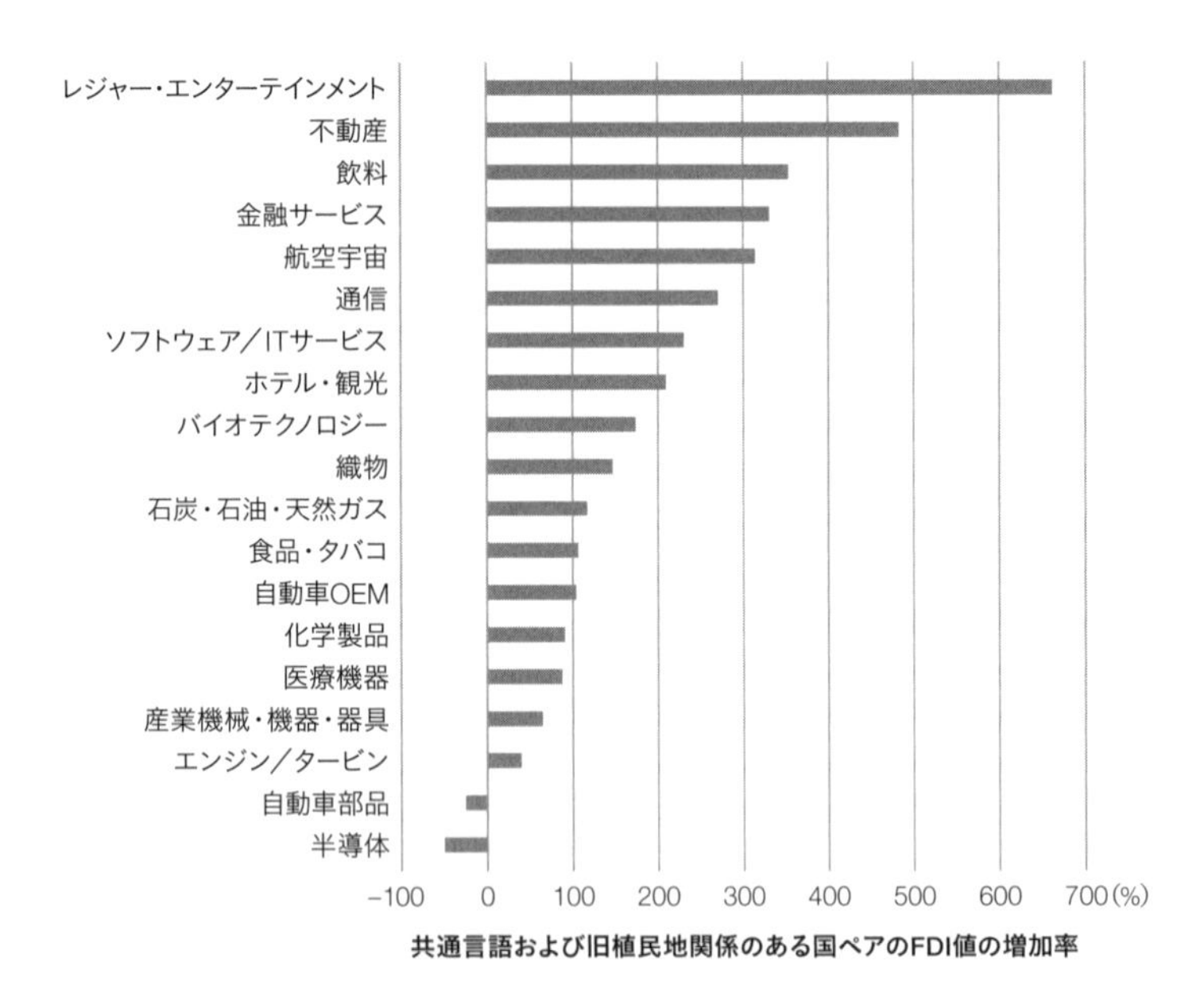

出所：以下の文献からのデータを使った重力モデルにより推定した. Financial Times, *fDi Markets*; CEPII, *GeoDist*; International Monetary Fund, *World Economic Outlook*, and World Trade Organization, *Statistics Database*.

製品自体が、長距離輸送機器の部品だからだろう(16)。

CAGEフレームワークの文化的次元と行政的次元については、図5-5のFDI分析から業種によって隔たりの感応度に大きな違いがあることもわかる。公表されているグリーンフィールドFDIに対して共通の公用語と旧植民地つながりが最も重要な業種は、レジャー・エンターテインメントだった（共通言語と旧植民地関係があると、ＦＤＩが六〇〇％以上増加している）。このような業種で文化が特に重要であることを考えれば、共通言語と旧植民地関係に強い影響があるのは意外ではない。

影響が最も低いのは半導体で、この業種は互いに旧植民地つながりのほとんどない数カ国が君臨している。そして、サービス（いわゆる「第三次産業」）へのＦＤＩは平均して、ほとんどの第一次産業（資源開発）や第二次産業（製造）への投資に比べると、文化的・行政的要因に影響を受けやすいようだ。[17]

どこで競争するかに関して、隔たりの影響の比較測定値はもちろん、業種レベルのスクリーニングの基準となりうる。私のチームが、このような分析の実施を支援するＣＡＧＥコンパレータ・ツールを開発した（コラム参照）。

しかし私の経験では、もっと簡易な形の業種別ＣＡＧＥ分析でもメリットは大きい。ＣＡＧＥのカテゴリーごとに自社独自の要素を選び、比較測定すると有益であることが多い。たとえば、四〇〇年の歴史があるオランダのビール会社グロールシュが、一部ＣＡＧＥの隔たりを用いて、力を入れるべき市場の選択を試みた。同社は言語（文化的）、ＥＵ加盟か否か（オランダはＥＵの創立メンバー［行政的］）、輸送コスト（地理的）、一人当たりＧＤＰの差（経済的）を分析した。

コラム 隔たり分析のオンラインツール、CAGEコンパレータ

私のウェブサイト（www.ghemawat.com/cage）に掲載しているCAGEコンパレータを使うと、自社の本社がある国と競争の場としている業種を考慮に入れたうえで、国際的な市場機会の定量分析結果を出してカスタマイズできる。

まず、国際的なフローのうち関心のある種類（業種レベルの分析をしたいのであれば、「製品貿易」か「サービス貿易」の選択肢から一つを選ぶ）と自社の本国を選択しよう。するとCAGEコンパレータが自動的に、分析対象のフローに対して歴史的に観測されたCAGEの隔たりの影響に従い、最も近い国から最も遠い国までの順位を出す（分析に用いた重力モデルも報告されるが、分析結果を活用するために重力モデル［あるいは統計学］の知識は不要である）。

このコンパレータツールは、予測も出すことができる。予測を売上実績や投資パターンと比較すれば、未着手の海外進出機会について仮説を立てるのに役立つかもしれない。コンパレータによる予測は、グローバルレベルの歴史的パターンに基づいているため、実際の国際的なフローとは大きく乖離している場合が往々にしてある。特定の分析を行うために重要な要素がモデルから抜けている可能性があるのだ。

そのため、CAGEコンパレータではユーザーが隔たりの影響をカスタマイズして分析に組み入れ、主要な前提条件に関して自社なりの情報に基づいた判断を盛り込んで、感応度分析を行えるようになっている。

多くの場合、企業はCAGEのカテゴリー一つにつき複数の要素を考慮する。表5-2にインドの後発医薬品メーカー、ドクター・レディーズ・ラボラトリーズと英国の電子書籍出版社、トウィンクル・エデュケーショナル・パブリッシングが特定したCAGEの要素をまとめた。ドクター・レディーズは、国の属性として一国に付随する尺度と二国間の関係に付随する尺度(例:距離に関するもの)を含む、さまざまなCAGE要素を特定し、それぞれに比重をつけた。比重は、自社の後発薬戦略(次節で取り上げるが、企業特有の要素)をふまえ、行政のカテゴリーと経済のカテゴリーに注視すべきという同社の判断に基づいている(医薬品は私の業種レベルの重力モデルにおいて、一人当たり所得に最も貿易の感応度が高い業種であることに留意されたい)。

世界金融危機(およびそれに先立つ、失敗に終わった海外での大型買収)後に行った分析を経て、ドクター・レディーズは追加資源投入先となっていた二番手市場を三六カ国から五カ国に縮小した。

表5-2

ドクター・レディーズ・ラボラトリーズと
トウィンクル・エデュケーショナル・パブリッシングが用いたCAGE隔たり要素

	ドクター・レディーズ・ラボラトリーズの構成要素	比重	トウィンクル・エデュケーショナル・パブリッシングの構成要素
文化的	• 言語の違い	5%	• 言語の適応レベル
	• 宗教／価値観の違い	5%	• 宗教的／社会的差異
			• カリキュラム／教え方の差異
			• 民族の違い
行政的	• 規制の壁	5%	• 制度の隙間のレベル
	• 旧植民地つながり	2%	• 旧植民地つながり
	• 政治的敵意／保護主義	7%	• 政治協力のレベル
	• 地元の参入障壁	5%	• 共通通貨
	• 気候／環境の違い	5%	• トウィンクル・エデュケーショナル・パブリッシングが受け入れる通貨
	• 知的財産権の障壁	5%	
	• 医薬品に対する政府の影響	6%	
地理的	• 時差	2%	• 同じタイムゾーン
	• 物理的隔たり	2%	• 国境を接している
	• 人口規模	12%	• IDI指標の順位
経済的	• 1人当たり所得	3%	• 1人当たりGDP
	• 医薬品市場規模	15%	• GDPに占める教育支出の割合
	• 投資回収期間	9%	• 相対的支払能力レベル
	• 質の高い人材の獲得可能性	5%	• 教師の給与順位
	• ヘルスケアへの政府支援	7%	• 人口規模

残ったのはアルファベット順に、ジャマイカ、ミャンマー、スリランカ、アラブ首長国連邦、ベトナムである。CAGEの複数の次元でインドと近接性が高いことが、優先順位づけにある程度影響したのは明らかだ。

この表において、トウィンクルのCAGE関連の要素数は、ドクター・レディーズと同じである。ただし、出版社である同社の要素は当然ながら、文化的隔たりをより重視している。

トゥィンクルは地理的にイングランドが本拠地であり、カリキュラムもイングランドに基づいている(もともと英国人向けの教材を開発していた)。そのため、トゥィンクルのCAGE分析結果は、同社にスコットランド、ウェールズ、北アイルランド、アイルランド共和国、オーストラリア、ニュージーランド、アラブ首長国連邦の市場を優先することを推奨している。

この例から、デジタル事業であっても、どこで競争すべきかの選択には、さまざまな近接性の指標が影響を与えているのがよくわかる。また、トゥィンクルがより定性的なアプローチを用いたところにも留意されたい。すなわち、ほとんどのCAGEの要素にイングランドとの近接性によって、高・中・低の格付けを行った。

これら二つの例からは、どこで競争すべきかのCAGE分析には、分析対象の業種の特性や利用できるアプローチが反映されるようにカスタマイズすると有益であるとわかる。ただし、企業は業種レベルの視点にとどまるわけにはいかない。海外進出の機会と、機会をつかむために必要な隔たりおよび差異を埋める能力は、企業によっても異なるからだ。そこで、次節では企業レベルのスクリーンに着目する。

企業レベルのスクリーン

競争の場として最も適した国の選択は、業種や出身国が同じ企業の間でも変わる可能性がある。企業の戦略や能力(ケイパビリティ)の違いは、ターゲット市場を変える要因になりうるため、考慮に入れるべきだ。企業レベルのスクリーンではさらに、企業の多様性として他の要素も考慮する必要がある。

たとえば、そもそも海外進出している企業の数がごく少ない一方で、一部の多国籍企業は、すでにほぼ世界中の国に拠点を置いている。後者のような企業の場合は、社内に存在する隔たりのほうが、顧客、供給業者、パートナーなど社外と自社の隔たりよりも重要になるかもしれない。

このように増大した複雑性に対処するため、企業レベルのスクリーンを、海外進出(または撤退)の決断をする際に企業が自問すべき三つの大きな質問として提示する。

①自社の実力はどの程度か?

②自社の競争優位性はどこまで通用するか?

③自社は隔たりをどれだけ上手に管理できるか?

三つの質問の相対的な重要性は、企業の国際化の度合いによって異なることに留意されたい。国際化を始めたばかり、あるいは、これから始めようとしている企業にとっては、第一の質問が特に気になるだろう。それに対して、大手の既存企業の関心は、第二、第三の質問に向かいそうだ。

◆自社の実力はどの程度か？

国際化は当たり前ではなく、むしろ例外である。前述したように、輸出を行っている米国企業は一〇〇社に一社もなく、最低一カ国に直接投資を行っているのは、一万社にわずか一社である。

新興国では、国際化している企業はさらに少ないと想定できる。自国の成長のほうが早い、（前章で詳述したとおり）マーケティングと技術のノウハウの蓄積が遅れている、国際化を考えるよりも経営の基本（たとえばターゲット設定）をマスターしたほうが業績が上がりそうな非効率な企業が、左に（長く）裾を引いた分布になっている、といった理由からだ。

理論的なモデリングでは、効率性の高い企業だけが輸出で生存可能な閾値を超え、（水平的な）ＦＤＩのハードルはさらに高くなる傾向があるとしている（米国のデータを見れば歴然としている）。

だから、自社の実力がどの程度か、あるいはもっと野心的に、これからどれだけ実力を伸ばせるかを自問することが不可欠だ。トップに近い上位に位置づけられないのであれば、自国にとどまって国内事業の態勢を整えるほうが得策かもしれない。

◆自社の競争優位性はどこまで通用するか?

前段では、大きな競争優位性を有していない、あるいはめざしていない場合は、グローバル化戦略を追求すべきではないと示唆した。さらに、たとえ競争優位性を有していても、その競争上の強みがどこまで通用するかを自問する必要がある。この複雑な質問への答えを二つに分けよう。

自社の競争優位性の感応度が最も高いCAGEの次元(またはサブ次元)を特定する

優位性には国による差異にわりあい感応度が低いタイプのものと、敏感に左右されるタイプのものがある。後者の例として、溶接機と溶接機用の消耗品を製造しているリンカーンエレクトリックを挙げよう。

リンカーンエレクトリックは本拠地の米国で、GEのようにはるかに企業規模の大きな競争相手を含む競合他社をしのぐ業績を上げたことで、ハーバード・ビジネススクールのケースに最もよく取り上げられてきた企業の一つである。その主要な手段は、賞与に加え出来高給という強力なインセンティブと、それを支える他の人事政策だった。[18] 一九八〇年代後半に一気に海外進出を推し進めたリンカーンエレクトリックは、世界中で最大規模の市場にプレゼンスを確立することに力を入れ、破産寸前に陥った。出来高給を無制限に適用するなら、ＣＡＧＥフレームワークを用いて米国に似た市場を選んでいれば成功していたかもしれない。

リンカーンエレクトリックの例は決して珍しくない。マヒンドラ＆マヒンドラはインド市場向けに低コストで設計・製造したスポーツ用多目的車「スコーピオ」を、新興国の片隅から先進国市場に持ち込もうとした。しかし先進国市場では、排出ガス規制と安全基準が本国より厳しく（行政的な差異）、頑丈さはスピードほど重視されていない（地理的差異と経済的差異の複合）。

部外者には予想できたように、この無謀な試みは同社の期待を裏切る結果となったが、「スコーピオ」は現在、道路の状態がインドにより近い他の新興国に多少売れている。前述したように、マヒンドラ＆マヒンドラは米国のトラクター市場ではもっと成功した。同社のコストとサービス面の優位性は、トラクターセグメントには通用しやすかったのである（第４章参照）。

自社の競争優位性の隔たり感応度を理解する

ほとんどの競争優位性は、隔たりが大きくなるほど確実に減少する。第４章で紹介した、隔たりを原因とするＡＡＡ戦略の限界を思い出してほしい。「フォーチュン・グローバル５００」

企業を対象に、私がスティーブン・オルトマンと行った研究で、実証的な裏づけがさらに得られている[19]。

すでに論じたように、研究開発と広告の支出強度は企業の海外進出力の予測因子としてよく知られている。これらの数値指標の水準が高い「フォーチュン・グローバル500」企業は、広範囲に事業展開している傾向があることを、私たちの研究は示している。これらの「戦略的支出」カテゴリーは、大半の標準的なCAGEの隔たり変数への感応度が減少することと明らかに関連している。

このような隔たりの減少パターンのもっとシンプルな比較測定も参考になる。第2章で取り上げた急成長中の格安航空会社、ノルウェー・エアシャトルを考えてみよう。同社はヨーロッパ内の短距離便から主にヨーロッパ・北米間の長距離便に進出しようとしている。他の格安航空会社との激戦を回避するためにヨーロッパ短距離航路を選択したノルウェー・エアシャトルは、同じ地域を主戦場とし、大手航空会社の例に漏れず相対的にコストが高いスカンジナビア航空（SAS）だけを攻撃して成功した。

ヨーロッパ短距離便でしのぎを削る格安航空会社が増えてくると、ノルウェー・エアシャトルは大西洋を横断する長距離便への進出を検討した。問題は、同社の根本的な優位性の多くはヨーロッパに限られていたことだ。そのため、同社は新世代の航空機によって実現できる航路戦略と運航スケジュール戦略も加味した、独自の長距離便の優位性をめざしている。

そのような優位性がどれだけ持続可能か、従来の優位性の減少をうまく相殺できるかは、短距離航路から長距離航路への切り替えがうまくできるかとともに、現時点ではまだわからない。しかし、ヨーロッパ短距離便に特有の優位性と、それよりも汎用性が高そうな優位性を基本的に分けてみると、考え方はいくぶん明確になる。

最後に、多国籍企業は、たとえ地元の競合他社より有利なポジションにいる自信があっても、他国の多国籍企業——特定の国の市場に対して自社よりも隔たりが小さいかもしれない企業——との競争を考慮しなければならない(この課題は「X国において機会のナチュラル・オーナー［その機会の価値を最大限に利用できる企業］は誰か」と、思慮の浅い言い方をされることがある)。

ここでも、CAGEフレームワークを使えば、パターンの認識と分析がしやすくなる。たとえば、スペインの企業がラテンアメリカ諸国の多くの業種で強い理由、メキシコでは米国企業が成功率と成功の範囲でスペイン企業さえしのいでいる理由は、CAGEフレームワークによって説明がつく[20]。

◆自社は隔たりをどれだけ上手に管理できるか？

多国籍化している、しかも、広域にわたって事業展開している企業であっても、一定量のCAGEの隔たりへの対処能力には大きなばらつきがある。このばらつきは、前述の「フォーチュン・グローバル500」企業の隔たり分析に示した企業レベルの研究開発および広告の支出

図5-6

BMWの販売台数で国の大きさを調整したルーテッドマップ(2016年)

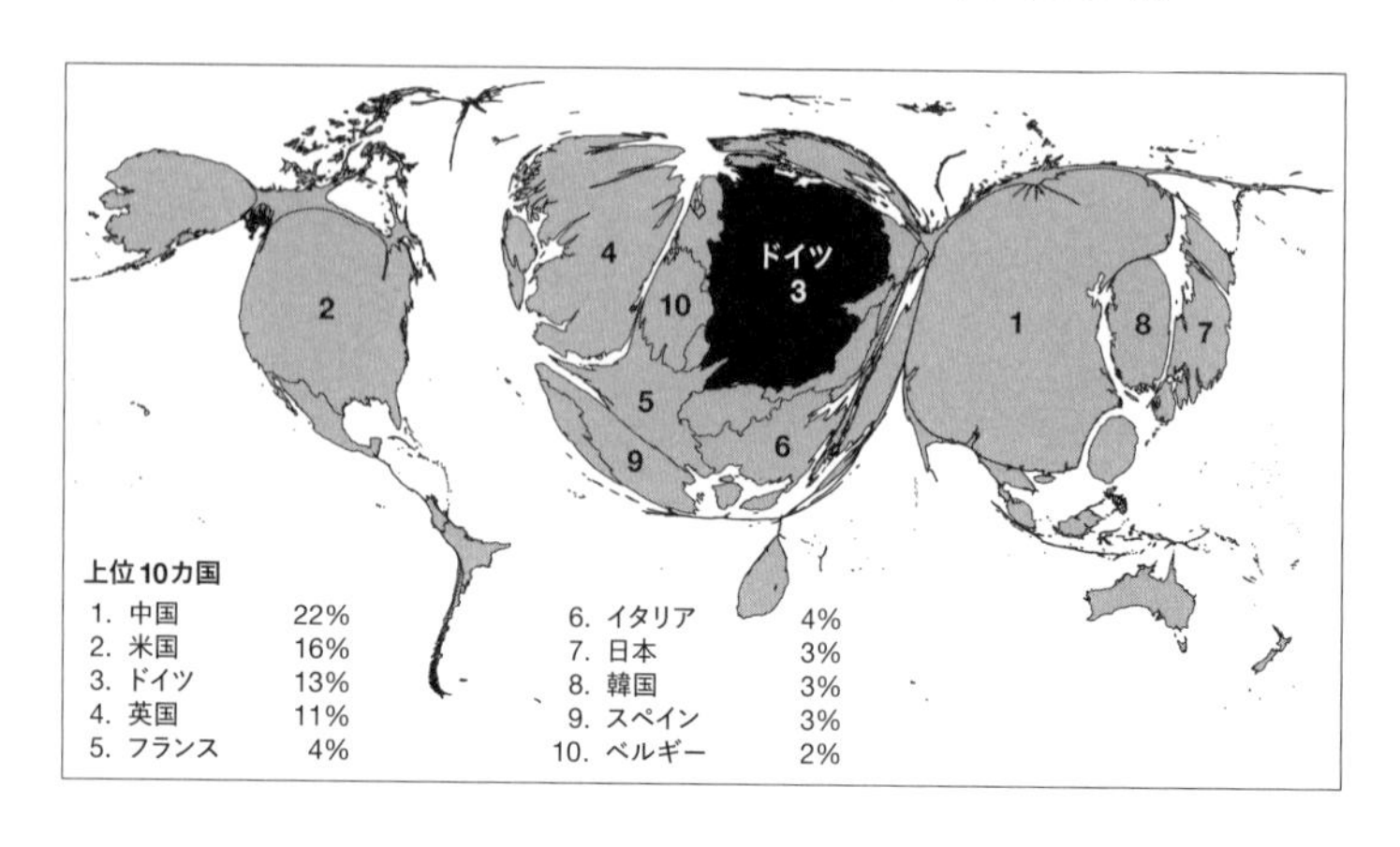

出所:BMWのアニュアルレポートとWardsAutoのデータ.

強度の数値指標に、経営陣の多様性(ダイバーシティ)を加えると見えてくる。

経営陣の多様性は、CAGEフレームワークのさまざまな次元における隔たりの大きさとも強い関連があることがわかる。第6章で企業が大きな隔たりを埋める方法について掘り下げ、経営陣の多様性が事業展開地域の拡大を可能にするか、また事業展開地域の広さによって経営陣の多様性が進むかどうかを論じる。しかしここでは、一企業の例のみ考察しよう。BMWである。

図5-6と図5-7では、BMWの売上と同社の経営陣の出身国を地図で対比している。この地図が快く思われないことは承知のうえで、私はこれをBMWの管理職育成プログラムで使用した。(現在の売上に対する)将来の市場成長の説明をしなくて

図5-7

BMWの役員構成で国の大きさを調整したルーテッドマップ(2017年春)

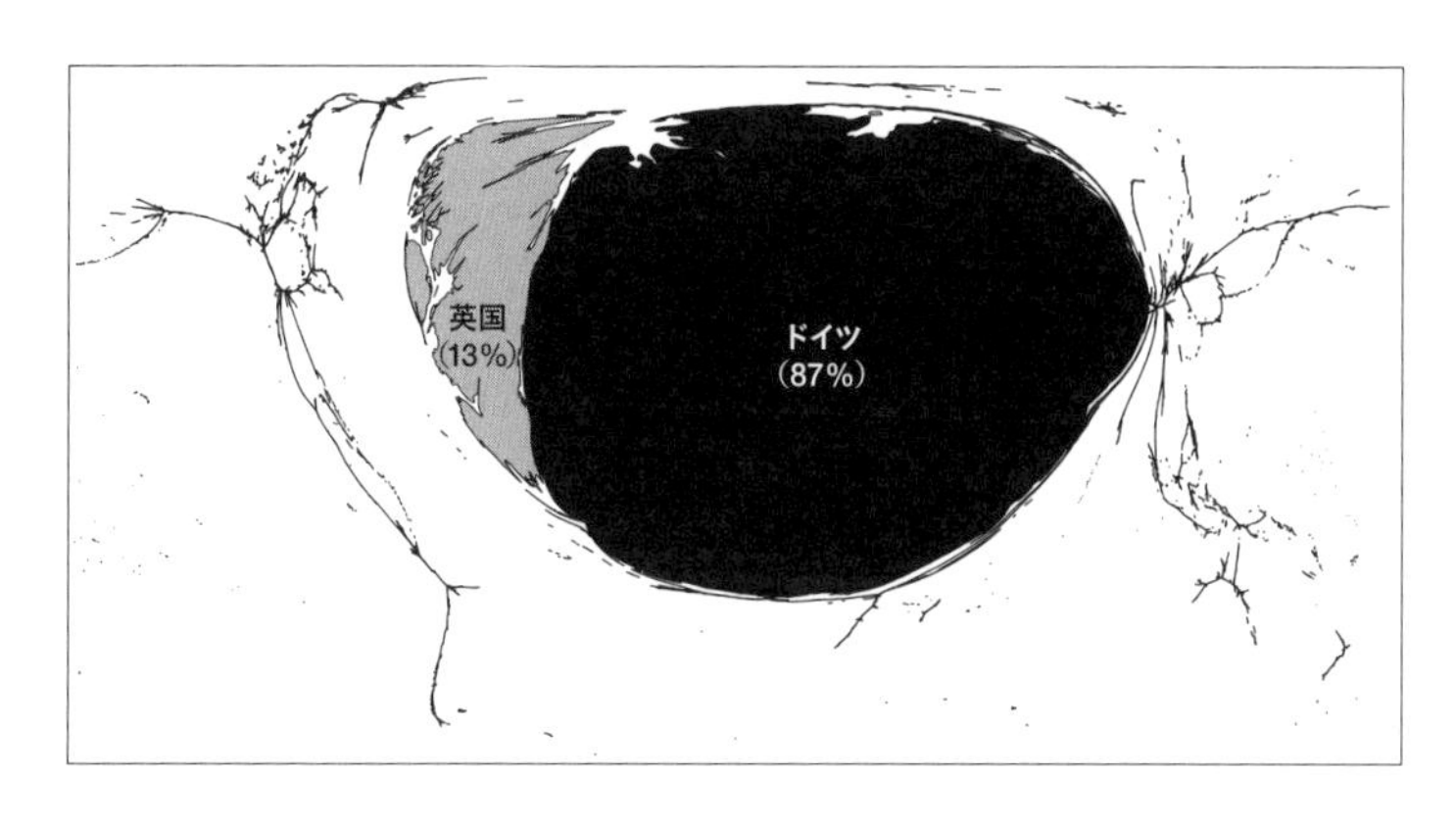

出所：BMWウェブサイト「BMW Group Profile」のデータ，2017年6月にアクセス．

も、二枚の地図だけでわかることはたくさんある。

これが重要かどうかについては、単純に同社の失策を指摘しておこう。たとえば、専属運転手を雇う習慣が普及しており、究極のドライビング体験よりも後部座席の広さが重視される中国市場に車内スペースを適応させるのが遅れている。あるいは、BMWの米国のオーナーの間で何年も前から要望があるのに、米国市場向けにカップホルダーを提供するのが遅れている。本社のある人物から実際に聞いた言葉を借りれば、究極のドライビングマシンは、こんな乗り方を意図して作られていなかったのである。

BMWが世界を的確に認識しているかどうかを経営陣の出身国だけに条件を限って描き出すのは、明らかに同社に対して不当ではある。同社にはヨーロッパ以外の大陸に事業展開して成功した経験も豊富にあるからだ。

しかし、経営陣の国籍の多様性を分析した結果をふまえ、私はほぼ必ず、会社のマインドセットのグローバル化が会社のプレゼンスのグローバル化に比べていかに進んでいないものかを示す地図を使うことにしている(地図の利用については、コラムを参照)。経営層の国際化というさらに広範な課題については次章で論じる。

コラム　ルーテッドマップを使って企業の国際的なプレゼンスを分析する

ルーテッドマップは、見る人の視点や目的に関係なく世界は同じように見えているという誤解を正してくれる。[21] それができるのは、見慣れた国の形や空間的な位置関係はそのままに、国や地域の大きさを自国または自社との関係に合わせて調整しているからで、地図を自分の既存のメンタルモデル［個人が頭の中に持っている世界の認識］と関係づけやすくなる。

本章では、米国の多国籍企業(図5-3)やBMW(図5-6、図5-7)とGM(図5-8)の数値指標にルーテッドマップを用いている。私のウェブサイト(www.ghemawat.com/maps)で、国レベル、業種レベル、企業レベルの活動を対象とした一〇万点以上のルーテッドマップをご覧いただける。

国ないし地域内の企業の市場シェアに従って色づけしたり濃淡をつけたりしたルーテッドマップからは、規模やシェアという視点と掛け合わせると興味深い洞察が得られることが多い。

さらに、地図の比較をすると、企業の内部にある隔たりも、よく見えるようになる。たとえば多くの多国籍企業では、トップ層の出身国に基づいた地図と標的とする成長市場の地図がかけ離れており、国籍の多様性を高める必要性が浮かび上がる。

特定の企業とその競合他社の視点から描いたルーテッドマップと業種レベルのレファレンスマップを比較するのも有益だ。たとえば、企業の売上のルーテッドマップと国別または地域別の特定製品の総売上に従って描いたレファレンスマップを比較するなどである(図5-9は自動車産業についてそれを行った地図である)。

国際的なプレゼンスの再編

どこで競争するかを考えるための一般的な土台ができたところで、ようやく本章の冒頭の問いに戻ろう。自社の国際的なプレゼンスの再編が必要となった場合、どうするか。国際的なポートフォリオの再構築を行うには、不要な事業の削減、有望な事業の選択と集中、要所への人員配置、地域の強化、ビッグシフトに乗じる、の五つの基本的な手法から、いずれかを選ぶことができる。[22]

組織に慢性的に損失を出している大規模な事業が（あるいは小規模でも多数）あるなら、当然まず手をつけるべきは**不要な事業の削減**である。

GMとオペルのケースは、企業がこのような事業を実際に手放す際の難しさを特によく示す好例だ。オペルの売却にあたって、GMは一〇〇年以上も競争の場としてきたヨーロッパから上手に撤退しなければならなかった。[23]

これと関連する**有望な事業の選択と集中**は、有望な一部の市場に優先的に経営力の集中と投資を行うが、他のすべての市場から完全撤退はしない。不要な事業の削減と有望な事業の選択と集中には良い面もあるが、これまでの項で論じてきた隔たりの検討をおろそかにして財務業績のみに基づくこの二つの手法を取ってはならない。

隔たりの法則から最も直接的に導き出される再編手法は、**要所への人員配置**である。この手法は、国単位で、自社の戦略にとって最も重要なCAGEの次元において近接した市場を優先する。

インドのIT企業が米国と英国に集中している例を思い出そう。**地域の強化**はそれより上位のレベルで、地域同士よりも同じ地域内の国同士のほうが類似性が高いことを利用し、国グループ単位で同様のねらいを達成する手法である。

DHL世界連結性指標のために私のチームが開発した七地域分類スキームでは、同じ地域内の国々は二九のCAGE隔たり変数のうち、二つを除き、すべてにおいて類似性が高い。しかも、その度合いが大きいことが多い[24]。

たとえば、同じ地域内の国々は、言語が共通である可能性が二倍以上、自由貿易協定を結んでいる可能性が五倍、地理的に近接している可能性が三倍、国連の人間開発指数のスコアが同程度である可能性が二倍も高い。このような地域内の類似性のパターンが、大陸規模の地域間よりも地域内のほうが国際的なフローが大きい理由である。

最近の政治情勢によって、少なくとも二つの重要な地域経済グループ(EUとNAFTA)にストレスがかかっているが、戦後の大半の期間を通じて記録的なレベルにまで高まった地域統合が突然なくなる可能性は低い。

新興国と先進国というグループ分けもできるが、地域別のグループ分けほどきれいにはまとまりにくい。新興国は一国単位で見れば、一人当たり所得の低さ以外にも共通点があるが(たとえば、階層性の強い文化や貧弱な公的機関)、二国間の隔たりに目を向けると、新興国は新興国同士よりも先進国と同じ言語、同じ宗教、旧植民地関係、そして、とりわけ貿易協定を共有していることが多い。

CAGE変数をすべて考慮すると、新興国の企業が外国で貿易や投資を行う場合、経済以外の隔たりによって、先進国よりも他の新興国からのほうが、実は大きな抵抗に遭うのである。[25]

そのため、新興国は多くの点でどちらかといえば異質なカテゴリーを形成する――ボストンコンサルティング グループのハル・サーキンとデビッド・マイケルが「新興経済国(emerging economies)」を「異質経済国(diverging economies)」と改称する提案をしたのにはそのような理由もある。[26] あるいは、第3章の一極化と多極化についてのくだりでも指摘したが、「新興国市場戦略」は一般的に言って、かつてならともかく、現在では大ざっぱすぎる。

ビッグシフトに乗じる企業は、国のグループ分けの手段としてではなく、成長のための進出先として新興国に注目する。GMがこの戦略で部分的に成功したのは、今は米国よりも中国での自動車販売台数が多いという事実に何よりも反映されている(図5－8)。

図5－8では市場シェアに従って国に濃淡がついているため、そのことが一層強調されて見える。新車登録台数に占めるGMのシェアは米国と中国で二桁を余裕で超えているが、それ以外はほとんど一桁だ。そして、GMが中国以外のアジアで成功していないことは、GMの地図を、国の大きさを新車登録台数に応じて調整したレファレンスマップ(図5－9)と比較するとよくわかる。

レファレンスマップ上で市場として三番目に大きい日本と五番目に大きいインドは、GMの地図ではほとんど姿が見えない。おそらくアジアを地域として強化することにあまり可能性を見出せなかったのだろう。GMは二〇一七年にオペル売却とともに、インドとインドネシアと

図5-8

GMの販売台数に従って国の大きさを調整し，新車登録台数に占めるGMのシェアに従って濃淡をつけたルーテッドマップ（2016年）

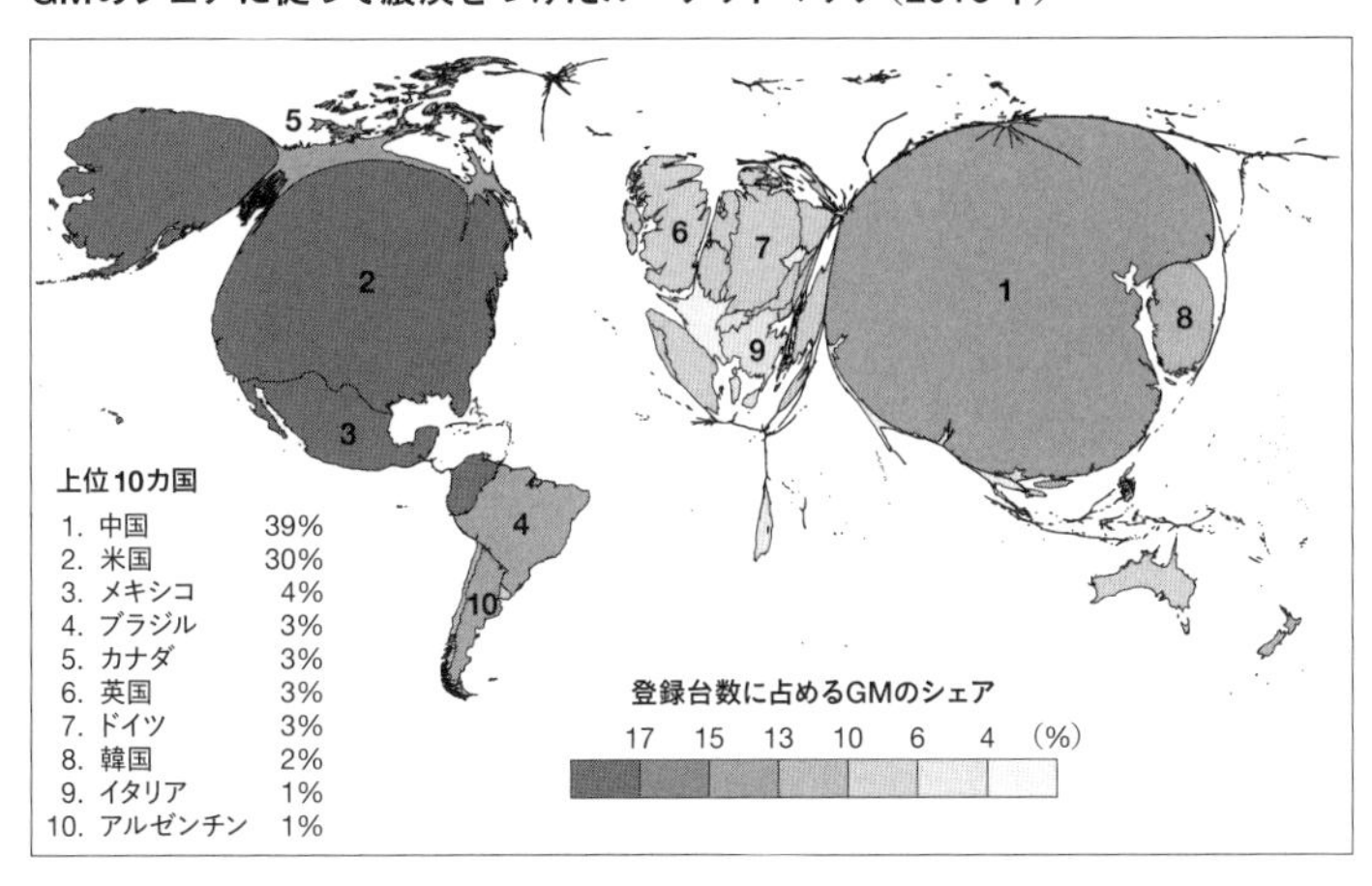

データ出所：GMのアニュアルレポート，Organisation Internationale des Constructeurs d'Automobiles (OICA); WardsAutoより提供された非公開のデータ（2016）.

タイ（および南アフリカ）からの撤退も発表した。ただし、インドの製造工場はラテンアメリカ向け自動車生産のために残す計画だ[27]。

GMは米国と中国における自社の強いポジションのポテンシャルを最大化することに注力してきた。ヨーロッパや中国以外のアジア諸国からの撤退など他の動きは、おそらくそのロジックに照らして見るべきだろう。

GMの例が示唆する重要なポイントは、さらに二つある。

第一に、GMが展開地域の再編を余儀なくされたのは、倒産して米国政府から救済された後、多額の投資を続けてきたにもかかわらず時価総額が上がらなかったためばかりではない。内燃

図5-9

新車登録台数に従って国の大きさを調整したレファレンスマップ(2016年)

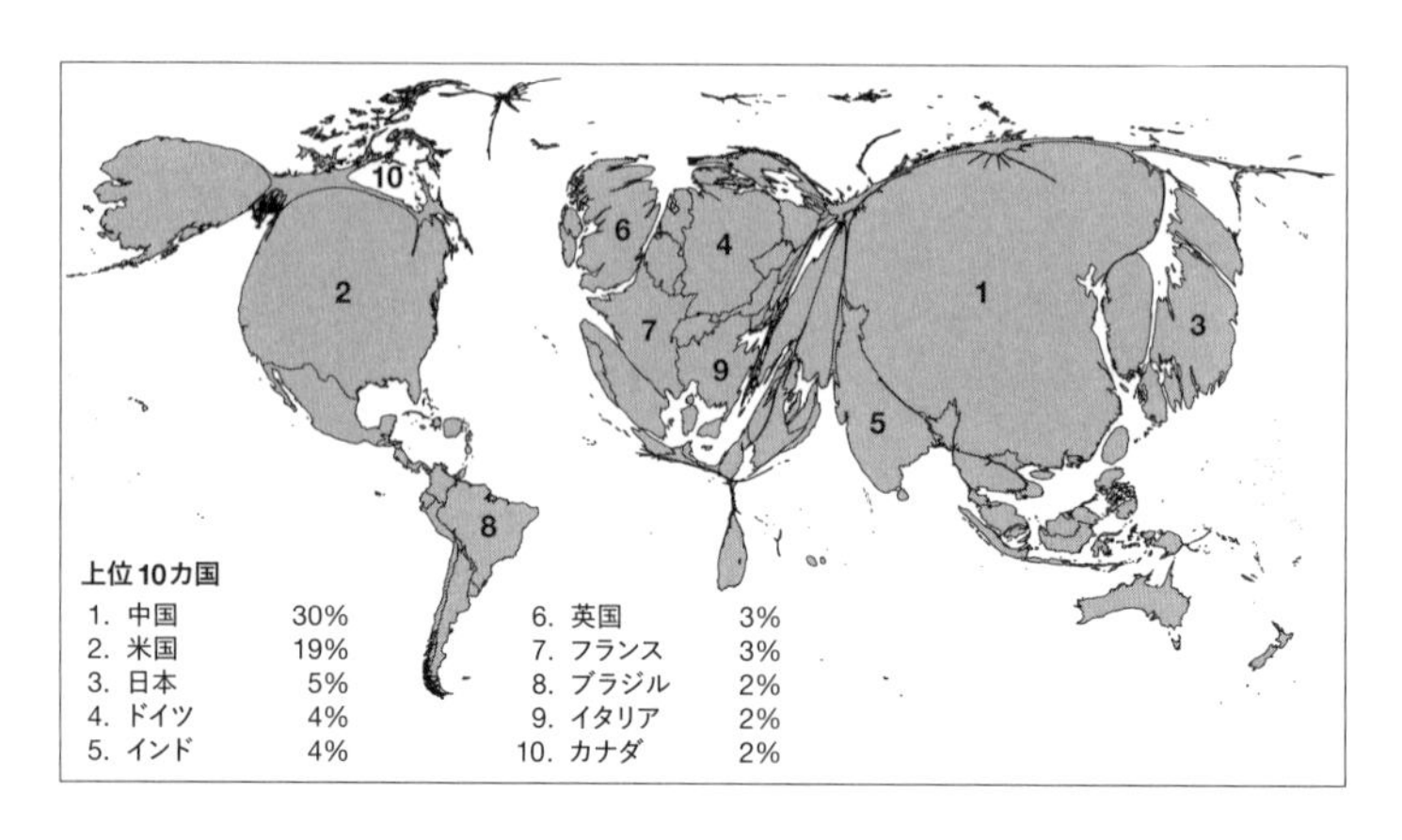

データ出所：Organisation Internationale des Constructeurs d'Automobiles (OICA).

機関に代わる駆動技術とスマートカー(無人運転車など)を実現するネット接続機能(コネクティビティ)という、大型投資を必要とする二つの新分野のためでもある。展開地域の再編は時として、表面には出ない事業の根本的な変化への対応として理解するのが最も当たっている。

第二に、GMは中国での自動車生産をすべて合弁事業を通じて行っており、その相手は多くがSAIC(中国での社名は、上海汽車集団)である。合弁事業はGMの意思ではなく、外国の自動車メーカーに対する中国の規制によるものだ。しかし、この事業形態は、企業が海外進出の機会に参加する方法が多種多様に存在する(完全子会社、合弁事業、フランチャイジング、その他の戦略的提携、ライセンス供与、独立当事者間取引）ことをよく表している。これらの選択肢から、企業がリソースの投入先を厳選しながらも、広い国際的なプレゼンスを維持できる方法も見えてくる。

さらに、広い視野からのポイントを挙げれば、海外進出する際、これだけある事業の所有形態の選択肢の中に、自社の現地法人を設立するよりも有望なものがないかと検討するのは必ず有益である。

今、紹介したさまざまな機会と、リソース投入（または引き揚げ）の規模、範囲、スピードのさまざまな想定の間に、進出か撤退かの二元論よりはるかに豊かな可能性がある。そして、幅広い選択肢を明確化し分析することによって、進出か撤退かだけで企業のプレゼンスを考えるよりも優れた選択肢を案出することができる。

どこで競争するかに関するこのような意思決定が複雑そうだと思われるなら、確かにそうかもしれない。大規模で複雑な多国籍企業にはなおさらだろう。しかし、目的は企業のプレゼンスのロジックを使ってパフォーマンスを向上させることであり、必ずしもパフォーマンスを最適化することではない。

また、特に少数の外国市場にしか事業展開していない大多数の多国籍企業――たとえば、米国の多国籍企業の三分の二は五カ国以下にしか進出していない――や、これから多国籍化をめざす多くの企業には、ごく単純な経験（ヒューリスティック）によって答えを得る方法がある。早いうちに自国から隔たりのある国に進出すべきアービトラージ上の正当な理由を持てばよい。

最後に、本章のテーマは主に、隔たりに関する考慮事項に基づいて多国籍企業のプレゼンスを決定することだった。しかし、それとは異なる（補足的ではあるが）手法がある。すなわち、隔たりの大きな国で効果的に事業を行うために企業の能力を上げるのである。次章では、そのためのアイディアを取り上げる。

本章のまとめ 経営実務へのヒント

❶ 大半の多国籍企業の地理的な事業展開の範囲は広くない。典型的な多国籍企業は、少数の外国でしか事業を行っていない。

❷ 広範囲に事業展開している最大規模の多国籍企業でさえ、そのほとんどは売上の高い割合（しばしば大部分）を一握りの国で上げており、慢性的に利益の出ない国でプレゼンスを維持している企業が多い。

❸ 国の分析では、一国の魅力要因（規模など）の検討を文化的、行政的、地理的、経済的（CAGE）次元に沿った二国間関係の要素（隔たり）の検討で補うべきである。

❹ アービトラージ戦略を追求する場合以外は、まず近隣の類似した市場に注力し、それから、もっと遠く差異のある市場に拡大するのが一般的な処方箋である。

❺　国の分析では、国内の多様性も考慮すべきである。中国、インド、さらにはスペインやベルギーも同質社会として扱ってはならない！

❻　CAGEの隔たりに対する業種の感応度は体系的に異なるため、国の分析は業種別に調整する必要がある。

❼　企業レベルのカスタマイゼーションも必須であり、企業の競争優位の強さ、その優位性が通用する範囲、隔たりを管理する企業の能力を考慮すべきである。

❽　まだ国際的なプレゼンスが大きくない企業にとって、自国にとどまるのも一つの選択肢である。また、国際的なプレゼンスを有する企業は、進出国のポートフォリオを再構築する必要があるかもしれない。

❾　国際的なプレゼンスの再編方法には、不要な事業の削減、有望な事業の選択と集中、要所への人員配置、地域の強化、ビッグシフトに乗じる、の五つがある。

❿　グローバロニーに起因する過ちを避けるためには、ルーテッドマップ（www.ghemawat.com/mapsを参照）を使って国際市場に関する自分の直観を裏づけ、CAGEコンパレータなどのツール（www.ghemawat.com/cageを参照）を利用して、定性的な隔たり分析を定量的な隔たり分析で補おう。

第6章 組織構造——いかに結合するか

Architecture: How to Connect

第4章と第5章では、グローバル化に関して変化している事象および不変の事象に照らして、いかに競争するかとどこで競争するかをテーマとした。この二つの章で取り上げた内容には、多国籍企業が事業展開する方法についての難しいインプリケーションが含まれている。

第4章では、カントリーマネジャーに強い権限を持たせて組織としての複雑性を軽減する純粋なローカル化ではなく、適応、集約、アービトラージを多彩に組み合わせた戦略を取るべき場合が多いと述べた。そして第5章では、企業の国際的なプレゼンスを拡大すべきか、それとも縮小すべきかについて——海外事業を畳んで撤退するだけの単純な選択肢は戒め——、さまざまな可能性を残しておいた。

本章では、多国籍企業の事業のやり方を広い視点で捉える。多国籍企業の組織構造、組織内の人員(特に経営層)、正式な組織構造にはないが事業単位同士をまとめている「結合組織」を順番に考察していく。

最初の二つのトピックはおなじみのものだが、本章ではそれらについて斬新な洞察を提示する。三つ目のトピックはあまりなじみのないものであるが、ここで取り上げたのはグローバルな企業やグローバル化をめざす企業にCAGEの隔たりが突きつける手ごわい課題のためである。

特に新興国へのビッグシフトをふまえると、グローバル企業は複数の隔たりの次元を埋める組織力の強化を考えなければならない。結合組織とは、企業がこのような隔たりをより効果的に埋めることができる数多くの方法を総称した表現である。その方法を本章でこれから説明していこう。

組織の構造——そして、拡張

序章ですでに、やってはいけないグローバル企業の組織づくりを論じた。すなわち、グローバル化に対する願望に従って、集権化と分権化の間を振り子のように揺れ動く(もしかすると永久に)やり方だ。論じたのはコカ・コーラについてだったが、この傾向はマンガ『ディルバート』のネタにもなっているほど一般的なものである。

企業が何をするか、あるいはしないかを決定する際は、組織設計の基本原理が出発点になる。

出世のための社内改革

この原理の歴史は、少なくとも半世紀以上前のアルフレッド・チャンドラーによる先駆的な研究にまでさかのぼる。チャンドラーは組織の構造を戦略と整合させる重要性に光を当てた(1)。

戦略が異なれば当然、組織構造も変えなければならない。組織構造には意思決定をどこでどのように行うか、どのようなパフォーマンスが測定とインセンティブの対象になるか、社内に情報がどのように流れるか、あるいは流れないかなどに影響を与える力があるからだ。組織図は、会社が何に価値を置き、経営上層部が会社をどう機能させたいかを伝えるための最も強力な装置の一つでもある。

第4章で取り上げたＡＡＡ戦略には、それぞれ明確な組織上のインプリケーションがある。適応――反グローバル化圧力への対応として一部の企業が強化を検討している戦略――は、地理別の組織構造を採用すると、最も追求しやすい。

意思決定の権限を国や地域に委譲することが適応戦略に利点となるのは、社内および自社と顧客、パートナー、政府など外部の関係者の交流を、隔たりが妨げるからである。その土地に深く根づいたマネジャーは、企業の戦略や事業を現地事情に適応させるのに適任だ。極端なケースとして、カントリーマネジャーがほぼ全権を握っていた、創業から一〇〇年近くまでのコカ・コーラのような組織を思い浮かべてほしい。

集約戦略に主軸を置く企業にとっての組織上のインプリケーションは、適応とは逆である。純粋な集約戦略では、規模の経済と範囲の経済を最大化するために、意思決定の権限を本社に集中し、各国の事業単位には、主として自社のグローバル戦略の忠実な実行を課すことが求められる。

カントリーマネジャーが自国市場の特性に対応するために、あまりに多くの変更を行おうとすると、複雑性が増して規模の経済が犠牲になるだろう。ここでも、極端な例としてコカ・コーラが挙げられる。今度は、ロベルト・ゴイズエタCEO指揮下の一九九〇年代のコカ・

コーラを思い浮かべてほしい。当時は、できるだけ顧客に接近すべきマーケティング機能である消費者調査でさえ本社が実施していた。

多角化企業、つまり複数の業種ないし製品カテゴリーで競争している企業が集約戦略を取るためには、グローバルな事業単位を中心とした組織編成を行わなければならない。このタイプの組織構造には、複数の「中心」が存在するが、それでも権限は集権化されており、その事業単位のグローバル戦略の実行が、海外にいるマネジャーたちの主な責務になる。

国による差異を利用することに注力するアービトラージ戦略は、第三のタイプの組織構造によって容易になる。アービトラージ戦略は、たとえばコストが安いところで生産し、価格が高いところで販売するように、企業のバリューチェーンの機能要素を場所をまたいで分割することであるため、機能別の組織構造によって実行しやすくなる。

多くのインドのIT企業がこのタイプの組織を採用し、「実行」機能はインド国内で運営しながら、マーケティングと販売活動の大半は米国などの主要市場で管理している。もう一つの例にウォルマートがあり、同社はもう長らくグローバル調達機能の大半を米国本社ではなく、中国の深圳で運営している。このような機能別の組織構造では、主要な機能を実行している場所の現地リーダーに意思決定の権限を割り当て、企業内や社外ネットワークにおける製品やサービスの流れを追跡しやすくしている。

第4章で着目したように、純粋な形のＡＡＡ戦略がそれぞれ示唆する組織構造の違いは、三つの戦略の間に内在する緊張関係を表している。第4章では、反グローバル化圧力に対応するために極端な適応戦略にシフトすることに警告した。なぜなら、集約とアービトラージは国をまたいだ価値を直接的に生み出す戦略だからだ。一方、適応はその対象地域（リーチ）を拡大する戦略である。

特にビッグシフトとそれに伴う隔たりの拡大を考慮すれば、グローバルな業界リーダーをめざす多国籍企業はＡＡＡの複合戦略を追求しなければならない場合が多い、というのが第4章の結論だった[2]。

先進国の既存企業は、集約面の優位性を強化しながらアービトラージ面の不利を改善し、主要な新興国への適応を高めていく必要があるだろう。他方、新興国の参入企業は、アービトラージ面の強みを引き続き活用しながら集約面の優位性を構築し、国際市場への適応を同様に高めていく必要があるだろう。

これらの処方箋は、前述した理想の組織構造が基本的に、大々的な組織再編よりも組織内の重心の移動を導くべきであることを示唆している。もう一つの示唆は、大半の多国籍企業が、ＡＡＡ戦略のうち一つだけを追求する場合に比べて、組織を複雑にしなければならないことである。

複雑化した組織を管理しやすくする一つの手法は、先の提言と密接にかかわるが、類似した、あるいは近接した国をグループ化することだ。実際に、以前からこの戦術により、地理的に広く事業展開している企業はリージョナル組織を採用してきた。

リージョナル組織は、前述したように地域間よりも同じ地域内の国同士のほうが類似性が高いことを利用するものだ。リージョナル組織は各国と本社間の情報の流れを良くし、グローバル事業の複雑性を管理しやすくする。そして現場では、事業開発を支援し、コミットメントを伝え、協力やリソースの共同利用を容易にすることができる。[3]

地理に着目したリージョナル組織だけでなく、企業はCAGEフレームワークの別の次元に合わせた組織編成も行ってきた。これに関しては、第5章で論じた、自社にとって隔たりのどの次元が特に重要かが選択の指針となりうる。

CAGEの各次元に従った国のグループ分けも可能であるし、実際に企業はそのようなグループ分けを行ってきたが、新興国へのビッグシフトをふまえ、経済的な隔たりをもっと効果的に埋める組織構造への関心が高まっている。たとえばIBMは、二〇〇八年に自社の市場を「成熟市場」と「成長市場」に分け、後者は上海在住の幹部が指揮している。GMも二〇〇九年に同様の組織再編を実施した。

しかし、このような組織変更は、まだ各社が実験中である表れだ。それはGMがやがて、二〇一三年に国際事業部門から中国を切り離した事実からもわかる。GMはこの変更を、中国の事業部を世界最大の自動車市場である中国に専念させるためと説明した。[4] さらに二〇一四年には、国際事業部のマネジャーのほとんどを上海からシンガポールに異動させた（その後、同社の国際的なプレゼンスの縮小に伴い、二〇一七年に事業部の人員を半分に削減している)。

GEも、時間の経過に従って自社の指揮命令構造に手を入れており、インドの成長を加速させるために、インド国内の全事業の損益責任を一時的にインドチームに持たせ、オペレーションが成熟すると、通常の組織構造の中に戻したりした。大きな視野からの教訓は、組織構造は国の規模と戦略的な重要度に従うべきだということだ。本社に直属させるのが妥当な国もあれば、地域その他のグループに組み入れるのがふさわしい国もある。

伝統的なリージョナル組織を採用するにせよ、CAGEフレームワークの別の次元に対応した国のグループ分けを行うにせよ、多くの大企業——特に幅広い製品ポートフォリオを有し、広範な地域に事業展開している企業——は、国グループを組織構造の主軸にすると窮屈すぎることに気づいている。このような企業は社内調整の要件が複雑なため、複数の次元(たとえば製品グループと地域)に対応して編成されたマトリックス組織が必要になる。

私が同僚とともに行ったある意識調査で、世界金融危機の前からすでに大手多国籍企業の間でマトリックス組織への大きな移行が起きていることが明らかになっている[5](図6-1)。マトリックス組織の割合が最小から、他の三つの組織構造の選択肢を抑えて最大になっているところに注目してほしい。私はこれを、多国籍企業が一つではなく複数のAAA戦略を追求しやすくするために、自社の組織構造を拡張(ストレッチ)させているエビデンスと解釈している。

マトリックスには何種類かあるが、「フロントバック組織」と呼ばれるタイプは、顧客との

図6-1

大手多国籍企業の組織構造の変化

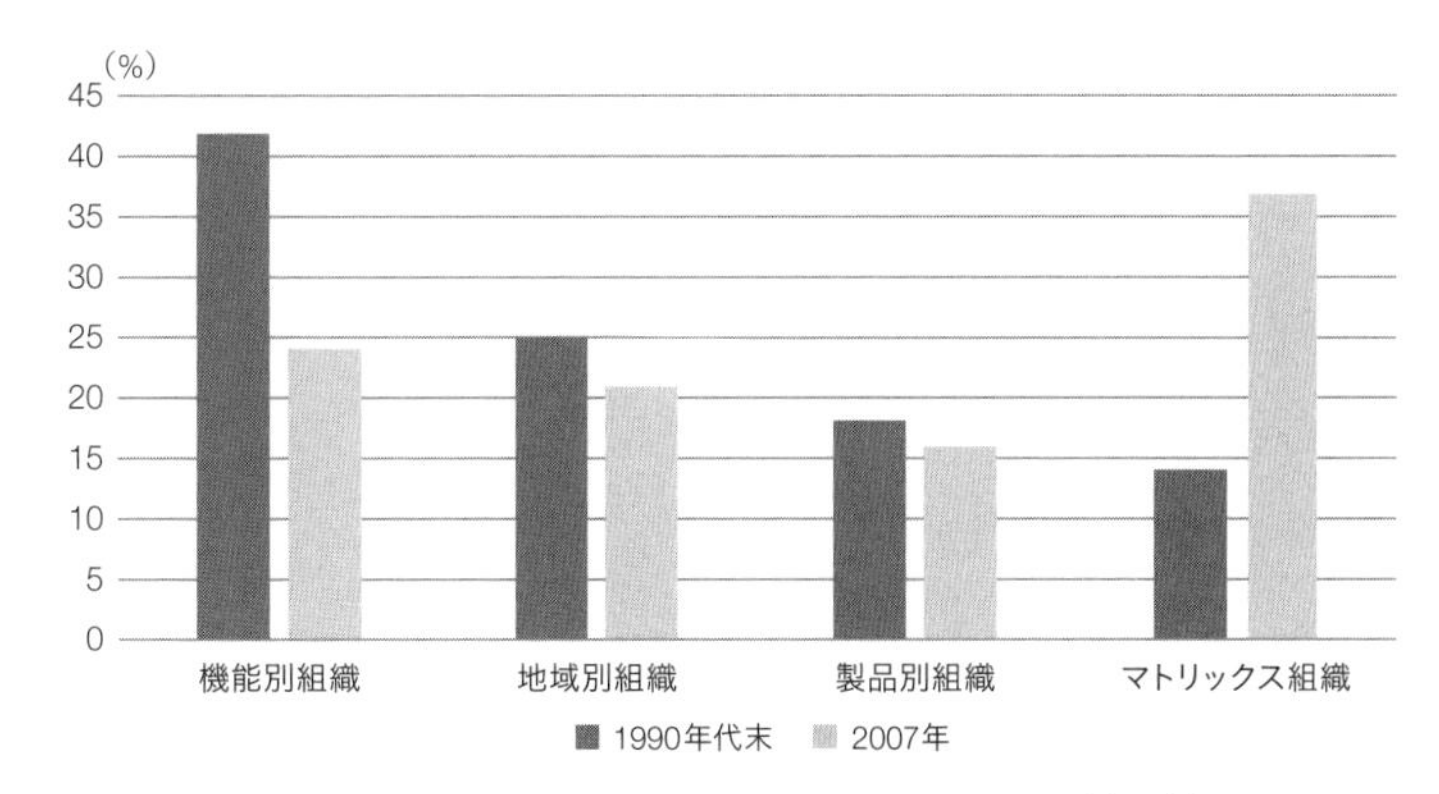

出所：Pankaj Ghemawat and David J. Collis, "Globalization Survey," 2007（未発表）.

接点で適応を強化しながら、見えない部分で集約またはアービトラージ、あるいは、両方を適用しようとしている企業にとって、特に有益かもしれない。[6]

フロントバック組織は、フロントエンド（顧客に近いところ）ではローカル化に注力する一方、研究開発、生産、その他の機能の統合を支援する集中管理型のバックエンド・プラットフォームを使っている。消費財のP&Gから通信機器のエリクソンまで、多種多様な企業がフロントバック組織を採用してきた。

しかしP&Gの最近の苦戦は、フロントとバックの境界線をどこに引くか、およびローカル化の限界を慎重に考える大切さを例示している。「オーガニゼーション2005」と称する六年越しの組織再編でマーケティング業務をバックエンドのグローバル事業単位とフロントエンドの市場開発組織に分割した後、P&Gのイノベーションと成長は足踏み状態になった。

二〇一四年に同社は、マーケティングの大半をグローバル事業単位に戻して再び集権化し、市場開発組織を販売およびマーケティング事業単位にして販売、価格設定、流通、マーチャンダイジング、媒体購買などに担当業務を絞った。[7]

フロントバック組織をはじめとするマトリックス構造では、事業単位の規模と相対的な権限が設計要素として加わる。チャールズ・ハンディは、共通の企業目標の下で小さな事業単位のエネルギーを統制するために、「君主制」ではなく「連邦型」の組織構造を提案した。[8]

シンガポールに本社がある貿易と製造の企業グループ、ジェブセン・アンド・ジェッセン(サウスイーストアジア)は、連邦主義の威力とともに、組織構造の選択にあたって旧来の経営管理体制を考慮する大切さを表している。同グループは(あえて)プレゼンスをASEAN地域に限定しているが、四一〇〇名の従業員は七三の拠点に散らばっており、事業範囲も食品原料から建設機械まで多岐にわたる。各国の事業単位の多くは人員数が二〇名未満だが、その小規模で高度に自律的な事業単位が地域と国レベルのバックオフィス機能につながって、人事、財務、法務などを共有している。意思決定は、フロントとバックが通常は見られない形で、同等の権限を与えられているマトリックス組織に従う。

このやり方では行き詰まると思われるだろうか。同社は、自社より大手の競合他社に勝てている理由の一つは意思決定の早さであり、その優位性はなんといっても、リージョンの外にある本社から承認を得る必要がないおかげだとしている。まさにその制約が、同社よりも規模が大きく事業展開地域を絞っていない多国籍企業を苦しめ、遅延と不満をもたらしている。そして、組織構造は過剰に複雑になりうることを私たちに思い出させてくれる。

まとめよう。多国籍企業が追求する戦略は次第に複雑化しており、また多くの場合、多国籍企業は広範囲な事業展開をめざすため、今後はできるだけ効率よく隔たりを埋める組織構造の採用が必要になる。組織構造の選択肢と戦略の重要度が変化する可能性を考慮する際は、AAA戦略のそれぞれにふさわしい相対的な重みづけを行うことが出発点となる。組織の複雑性を管理するには、最も重要な隔たりの次元に合わせて国をグループ分けし、必要に応じてフロントバック組織のようにマトリックスの層を重ねるアプローチを取るのが有益だろう。

しかし、組織再編にはコストと時間がかかり、旧来の経営管理体制が大きな制約として残る。次節では組織変更と並行して、あるいは組織変更の代わりに使える別のアプローチを取り上げる。すなわち、組織内の人、特にトップ層の人の変更である。

リーダーの多様性——アキレス腱？

組織構造を論じた後、組織内の人、特に組織がどう機能するかに圧倒的な影響力を持っているリーダーに目を向けるのは、自然な流れだろう。このトピックを取り上げる書き手は、多くがリーダーの影響力の大きさにだけ触れ、そのようなリーダーが備えているべきグローバルなリーダーシップ・コンピテンシー（行動特性）の話に移ってしまう。

しかし、これまでに提案されたコンピテンシーの数は一〇〇を優に超える。そして、最もよく語られるコンピテンシー、たとえば外向性、協調性、誠実性、情緒の安定性、経験への開放性のいわゆる「ビッグ・ファイブ」は、国内にも通じるように見える。

つまり、こうした特性はグローバル特有ではないのだ。後でグローバル・リーダーシップ育成プログラムの話に戻るが、本節では企業の経営幹部チームの国籍の多様性（ダイバーシティ）について取り上げる。

大手多国籍企業はおしなべて、標準的な次元（売上、資産、従業員など）に比べて経営陣のグローバル化が大幅に遅れている。そして、経営幹部の多様性の欠如が業績の足かせになっている可能性を示す兆候が複数ある。しかしまずは、データを見てみよう。

大企業の経営幹部の多様性のパターンを特定し分析するために、私はコンサルティング会社アコーディオンの社長、ヘルマン・バントラッペンと協力してあるプロジェクトを行った。私たちは経営層のデータが公開されている二〇一三年の「フォーチュン・グローバル５００」企業のＣＥＯと経営陣全員の経歴に目を通した。

結果は歴然としていた。図６－２に示すように、外国出身のＣＥＯによって経営されてい

図6-2

「フォーチュン・グローバル500」企業の本社がある場所に従って国の大きさを調整し，外国出身CEOの比率に従って濃淡をつけた地図

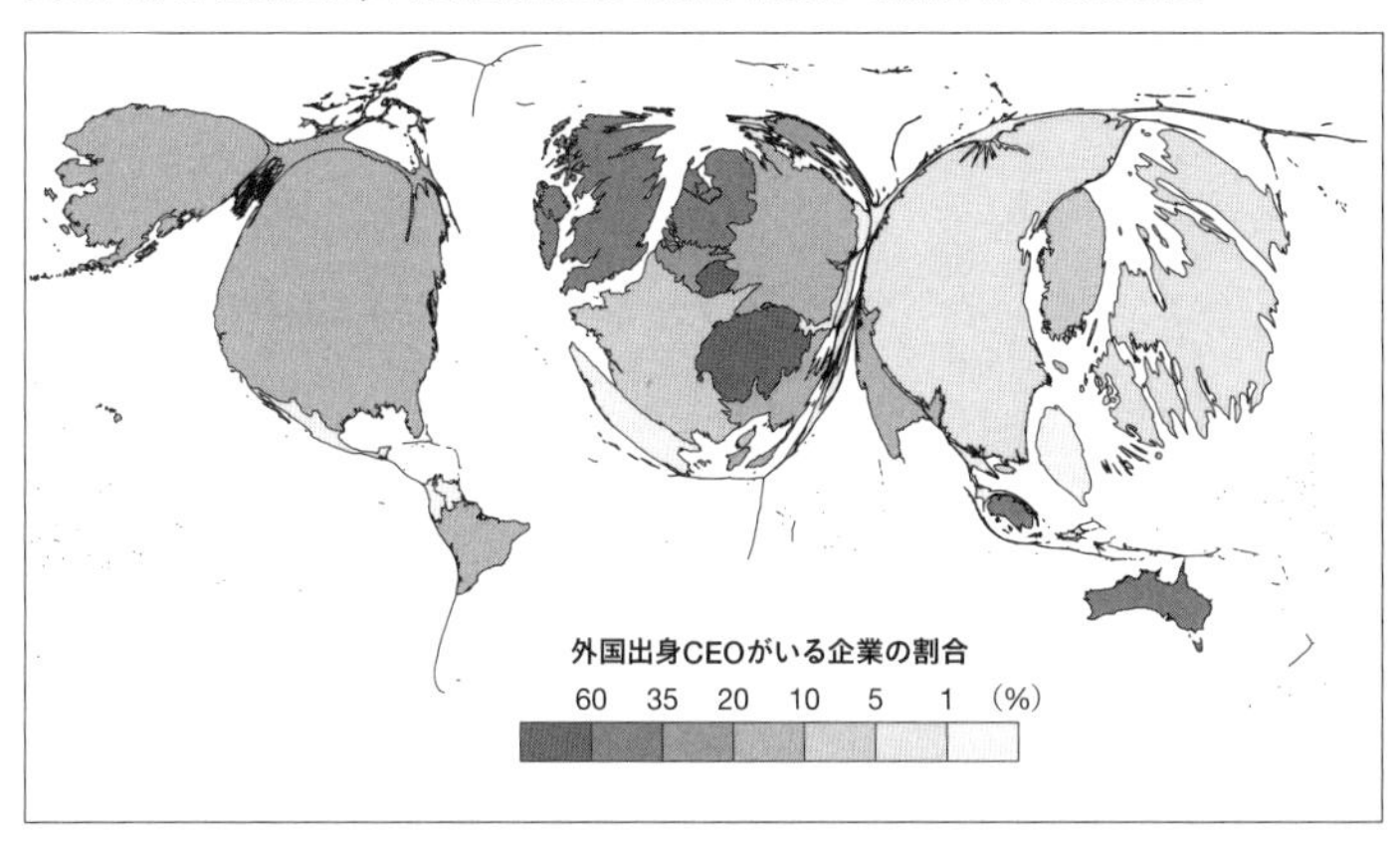

データ出所：Pankaj Ghemawat and Herman Vantrappen, "How Global Is Your C-Suite?" *MIT Sloan Management Review*, June 16, 2015.

る企業はわずか一三％しかなく、経営陣（CEO直属）の中で外国出身者は一五％だった（本社のある地域外の出身者はその半数）[9]。同じ企業群で比較すると、海外売上比率は四六％あった（第1章の図1－5参照）。

新興国に本社がある「フォーチュン・グローバル500」企業に絞ってみると、トップ層の外国人の人材不足は、さらに深刻だ。外国出身CEOが率いる「新興国成長企業」はわずか二％、経営陣に含まれる外国出身者は平均三％だった。実は、二〇〇八年に全体で一四％だった外国人CEOの割合が二〇一三年に一三％に下がっているのは、「フォーチュン・グローバル500」に新興国企業が占める割合が増えているためなのだ[10]。

外国出身CEOがいる企業は、経営陣も多様性に富んでいる傾向が高く、外国出身者の割合は国内出身CEOがいる企業のわずか一一%に対して平均四五%である。外国出身CEOがいる確率は、売上、資産、従業員の海外比率をもとに測定した大企業の全般的な国際化レベルとも強い相関性がある。[11]

DHL世界連結性指標から見てグローバル化が進んでいる国の企業ほど、外国出身CEOがいる確率が高い。さらに同じパターンは取締役にも敷衍される。[12] 国の多様性は、ここでも経営陣の外国出身率に制約を受けており、強い相関性があるのだ。

複数の意識調査から、経営陣のグローバル化が出身国と能力（ケイパビリティ）の両面で進んでいないことが多くの企業にとってアキレス腱になっている、という一つの兆候が浮かび上がる。

たとえば、二〇一四年の米国のある意識調査では、回答者の三九%が、自社は国際人材不足のために国際的な事業機会を利用しきれなかったと認めた。[13] 経営陣の国籍の多様性が重要であることは、第5章で取り上げた、私がスティーブン・オルトマンと行った分析でも裏づけられている。経営陣に外国出身者が多い企業ほど、複数のCAGE次元の隔たりを克服しており、しかもその隔たりが大きいことがわかった。

ここで因果関係が議論になるかもしれない。経営陣の多様性が事業展開地域を広げているのか、それとも逆なのか。私は、前者の説明にいくらか分があると考えている。国籍の多様性のメリットにはエビデンスがあるからだ。

たとえばある研究は、「経営陣の国籍の多様性は、企業業績の向上に寄与する数少ない多様性属性の一つ」であり、「国際経験と機能の多様性の影響は時間の経過に従って減少するが、国籍の多様性の影響は強まっていく」と結論づけた。[14]

しかし、分断を乗り越えて働く難しさを考慮すると、経営陣の国籍の多様性を高めるべきとする処方箋は、企業の国際化レベルがすでに高いか、国際化をめざしていることが条件になる。[15]

この研究は、多様性は集団の創造性を高めるため、業績を向上させることができるとも示唆している。ミシガン大学の教授、スコット・ペイジは、「バックグラウンドの異なる人々は問題の捉え方がそれぞれに異なる。これを私は『ツール』と呼ぶ。ツールが集まったときの力は、多様性のある組織のほうが、全員が同じ学校に行き、同じ型にはまるよう訓練され、ほぼ同じ考え方をする組織よりも大きい」と述べた。[16]

もう一つの推論は、企業が多様性のメリットを得るためには、多様性が意味のあるレベルに達しており、適切な組織構造とプロセスによってサポートされなければならないということだ。そうでなければ、経営陣ないし取締役に外国出身者が一人いたとしても、集団の審議に影響を与えるのは困難だろう。

国籍の多様性が業績に与える直接のメリットに加えて、シグナリングによっても、間接的ではあるが、おそらく多大な効果がある。グローバル企業で売上、資産、従業員いずれも本国以外が占める割合が大きいのに、ずっと本国出身のリーダーばかりを選出していれば、その選択は社内の外国人中間管理職や潜在的な採用候補者に対して、この会社に長くいてもキャリアは頭打ちになるとのシグナルを送ってしまう。

その結果、適切な人材を引きつけたり維持したりしづらくなる。逆に、外国出身者を選出することも非常に強力なシグナルになりうる。

たとえば、インド出身のサティア・ナデラがマイクロソフトのCEOに指名されたとき、その発表はマイクロソフトの三分の一以上を占めるとされるインド人従業員にとっては、ことのほか意味が大きかった[17]。同社では、出身国がキャリア発展の障壁にはならない、という明確なシグナルになったからだ[18]。

シグナリング効果の重要性は、欧米企業が新興国市場で有望な人材を採用するのが難しくなったことに表れている。二〇年前は、新興国の人材市場は欧米企業がほぼ独占していた。しかし現在は、急成長している現地企業と競争しなければならず、「私は自分の同胞が経営する企業で働くこともできるのに、あえて他国の人々が経営する会社で働くべき理由は何か」という問いを絶えず突きつけられている。

たとえば、中国では国際的な企業で働きたいという大学生の割合が、二〇一三年の四〇%弱から二〇一七年にはわずか一八%に落ちた[19]。自国企業のほうが出世しやすいという期待が、地元企業の魅力が高まっている大きな要因であることを事例証拠は示唆している。

第5章のコンティンジェンシー(条件適応)というテーマに戻ると、企業は国籍の多様性目標を会社の国際的なプレゼンスに関する意思決定と紐づけるだけでなく、自社の経営陣の人員構成をもっと全般的に、本書の第II部の軸としたSPAN要素（戦略、プレゼンス、組織構造、非市場戦略）の選択と関連づけることも考えるべきである。

戦略に関しては、集約に注力している企業が必要とする経営陣の能力は適応やアービトラージに注力している企業とは異なる。本章で取り上げた組織構造の選択ももちろん、経営陣の人員構成に関する意思決定につながってくる。そして、これから取り上げる非市場戦略（第7章）に目を向ければ、たとえば企業が、より地域に密着した企業市民になることを望むなら、主要市場の現地マネジャーを昇進させる必要がある。

このように複数あるコンティンジェンシーの次元に共通するテーマは、大半の多国籍企業にはよりコスモポリタンな経営陣が必要ということである。企業がコスモポリタニズムを醸成するために利用できるさまざまな手段については別の文献に書いているが、その手段は経営陣の人員構成の変更にとどまらない[20]。人材の採用や育成の優先順位の修正から、ジェスチャーやシンボルを介して発信するメッセージの変更まで幅広い。

ここでその手段をさらに紹介するよりも、次に経営層が、自身が結合役を担うだけでなく、主要な人員や組織単位の結束感を高めるために果たせる役割をいくつか述べたい。

結合組織——隔たりを超えて結束(UNITED)を維持するには

隔たりをより効果的に埋めるために、組織構造や経営陣の人員構成を変える以外では何ができるだろうか。有効なテクニックは、マネジャーの想像力が(残念ながら、時として予算が)許す限り、無限にある。

ここでは、六つの分野に注目する。すなわち、**求心力のある企業文化**(Unifying culture)、**ネットワーク化されたイノベーション**(Networked innovation)、**イニシアティブとタスクフォース**(Initiatives and task forces)、**テクノロジー・イネーブラー**(Technology enablers)、**海外派遣と人材移動**(Expatriation and mobility)、(その他の)**人材育成プログラム**(Development programs)、総称してUNITEDである。

◆求心力のある企業文化

共通のビジョンを確立する、世界中の従業員をエンゲージさせる、プロフェッショナルな水準を維持する、イノベーションを促進するといった分野で、多国籍企業は地元企業に後れを取りがちである。[21]

強い企業文化は、国同士の文化的差異の懸け橋となって、多国籍企業のこのような弱点を補強するのに役立つ。投資銀行や経営コンサルティング会社など、世界各地に展開するプロフェッショナルサービス企業は、主要な統合要素として企業文化に力を入れる傾向が高い。このような企業は、急な通達で複数の拠点からチームを集めて派遣し、高い自律性を持たせて仕事に当たらせなければならないことが多い。文化的価値観が揃っていれば、チームの立ち上がりが早く、サービスの一貫性についてクライアントにも安心してもらえる。

このように統合要素として企業文化を重視しているのは、プロフェッショナルサービス企業だけではない。ジョンソン・エンド・ジョンソンに六〇年以上前からある「我が信条」は、多岐にわたる市場と事業単位に散らばる従業員をまとめている。「我々の第一の責任は、我々の製品およびサービスを使用してくれる医師、看護師、患者、そして母親、父親をはじめとする、すべての顧客に対するものであると確信する……」[22]

グーグルの企業文化も明快だ。「私たちは頭脳明晰で意志の強い人々を採用し、経験より能力を優先します。(中略)私たちはスタートアップ企業のものとされることが多いオープンな企業文化、誰もがじかに会社に貢献し、気軽にアイディアや意見を出せるような企業文化を維持しようと努めています」[23]。この企業文化は易々と国境を越える。初めて顔を合わせる二人のグーグル社員がプロジェクトで協力する場合も、同社の企業文化――採用プロセスからオフィスの設計にまで貫かれた――によってやりやすくなる。たとえバックグラウンドが違っても、自分たちには多くの共通点があると社員たちはわかっているからだ。

社内共通語も、コミュニケーション（および文化的統合）を円滑にするのに役立つ。たとえば、メキシコのセメント会社であるセメックスは本社のある地域外に進出する意欲から、グローバルで仕事に使う言語を一つ（セメックスの場合は、本社のある国のスペイン語ではなく英語）に定めた。もちろん、共通語を採用する企業は、実施に細心の注意を払わなければならない。選択された言語がうまく使えない人々の貴重な視点を取りこぼすことがあってはならない。

社内公用語を義務化した企業を対象としたセダール・ニーリーの研究は、このような施策を成功させるために求められる多大な努力――積極的なリソース配分も含め――を指摘している。[24]自国語であっても聞きなれない外国語なまりだと、つい聞き漏らしてしまうネイティブスピーカー側にさえ、変化が求められるのだ。[25]

◆ネットワーク化されたイノベーション

多国籍企業の組織単位間の結合は、会社の現在の戦略を実行しやすくして企業文化を強化するだけでなく、新たな能力の創出も目的にすべきだ。無形資産の重要性が高まっていること、無形資産が集約戦略で中心的な役割を果たすことをふまえると、イノベーションをめざす組織づくりが特に重要なのは、国際化においてである。グローバル化自体が、新たな強みを構築し弱点を補強する企業力の重要性を増す要因となる。これまでよりも多様な相手との競争にさらされ、業種内で競争力を維持するために求められる能力の水準が上がるからだ。[26]

イノベーションをめざす組織づくりという点で、多国籍企業には特有の機会と課題がある。経営陣の国籍の多様性についての先の考察には、ここでも当てはまるものが多い。多様な市場に参加することによってイノベーションは活性化しうるが、そのメリットを享受するために企業はネットワーク化されたイノベーションを積極的に管理し、支援しなければならない。

経営学者のドナルド・レサード、デビッド・ティース、ソフビ・リアは組織内の複数の階層を関与させ、「パートナー同士が組織のサブ単位として共同発明」をするために使える多数の「接続口(ポート)」を開くことを提唱している。[27] このような開放性を最大限に活用するためには、イニシアティブないしタスクフォース(後で取り上げる)を立ち上げて、他の市場から能力を集め、ある場所に特有の課題と機会に取り組ませなければならないことが多い。

ネットワーク化されたイノベーションは、社内外の多種多様な関係者を関与させることによってメリットを得られる。たとえば、ある国の研究開発部門を別の国の顧客と接触させ、その結果生まれた新たな提供物を後日さらに別の市場に適応させることが考えられる。

さまざまな企業パートナーも、重要な役割を果たす。概算では、米国の上場企業の上位一〇〇〇社の売上に占める事業提携の割合は、一九八〇年の約一%から一九九〇年に六～七%、一九九五年に一五%、そして一九九八年には二〇%に増加した。[28]

ネットワーク化されたイノベーションを起こし、現地のイニシアティブをグローバルな技術ロードマップや製品ロードマップと整合させるには、優れた調整能力を要する。その解決法は、単純にイノベーションの責任を組織の周縁部に与えて何百何千の花を咲かせることではない。現地のイニシアティブへの本社による強力な支援が、ネットワーク中から適切な能力を見つけ出して関与させるメカニズムとセットになっていなければならない。会社全体にとって最大の利益となるプロジェクトへの厳密なリソース配分プロセスも必要である。

◆イニシアティブとタスクフォース

イニシアティブとタスクフォースは、複数の場所からの参加と視点が求められる優先課題の実現に有益であるだけでなく、その存在自体が組織内で縁のなかった部署同士を結束させるのに役立つ。このようなワークグループは、会社の正式な組織構造を補うものとして、部門間に一時的な、場合によっては永続的な結びつきを作り、これがなければ緊密に協力し合う可能性がなかったであろう人同士の人間関係を育てることができる。

常設委員会やプロジェクトのタスクフォースなどの人選は、なすべき仕事と、これによって得られる人材育成および関係構築の機会の両面から考慮すべきである。また、参加者の私生活に食い込む時間が必要最低限になるよう、部門間のチームワークをいかに組み立てるかにもマネジャーは心を砕くべきである。時にはグローバルな電話会議や会議が必要になるだろうが、時間や場所を持ち回りにすれば、特定の人たちばかりが毎回真夜中に起きていなければならなかったり、地球を半周する出張をしなければならなかったりする事態を避けられる。

とはいえ、ある程度の出張は、特にチームができたばかりの時期に入れると、非常に有益になりうる。グローバルチームを対象とした意識調査は、「チームメンバーがバーチャルなコミュニケーションに安易に頼りすぎ、バーチャルな接触と対面の接触の上手なバランスを欠く」可能性を示唆している。[29] 組織内の機密情報が行き来する関係を作ると、必然的にメンバー同士が実際に会う時間を設けやすい。こうしたことが必要になるのは、信頼がきわめて隔たり感応性が高い(第7章で詳述する)ことを考えれば何の不思議もない。チームが顔を合わせないまま数カ月過ぎると、チーム内で対立が起こりやすくなるというエビデンスもある。[30]

◆テクノロジー・イネーブラー

隔たりの影響を克服する新しい技術の力がしばしば誇張される一方で、多くの企業が遠く離れた組織単位間のつながりを向上させる既存のツールを活用しきれていない。本書を執筆している現在、従業員が社外で連絡を取り合うために使っているツール、たとえばフェイスブック、ツイッター、リンクトインなどから学び、いいとこ取りをしようとして、企業のソーシャルネットワークが急増している。企業のソーシャルネットワークは、縦横両方のコミュニケーションを円滑にし、従来のナレッジマネジメント・システムよりも動的なコンテンツを提供するように設計されているのが通例だ。

しかし、一般のソーシャルネットワーク上の交流に隔たり感応度があれば、企業のソーシャルネットワークにも同様の限界がありそうだ。前述したように、フェイスブック上の友達のうち、国外に住んでいるのはわずか一四％しかいない[31]。ツイッターのフォロワーの約二五％は外国に住んでいるが、主要言語が発信者と異なるフォロワーは、そのうちの一四％しかいない[32]。ＣＡＧＥフレームワークの次元のうち、ＩＴが支援しやすいのは地理的な隔たりである。ネット上の交流には、顔の表情などの微妙な手がかりがなかったり気づきにくかったりするという限界があり、そのために文化的差異に起因する誤解が悪化する場合もある。また、企業のＩＴシステムや個人のバーチャルネットワークは、どれほど優れていても、ネット上の共同作業の障害となりうる経済的な隔たりや、行政的な隔たりの影響を消し去ることはまずできない。

こうした限界から、情報技術の恩恵を最大限に受けるためには、次に紹介する人材移動プログラムや、ここで説明した組織内を結ぶ他のメカニズムと並行して利用する必要がしばしば生じることがわかる。

たとえば、ベルギーの化学メーカー、ソルベイのジャン＝ピエール・クラマデューＣＥＯは、技術を現場に出る代用として使うのとは逆の発想を語っている。「高品質ビデオ会議をはじめとする技術の恩恵を活用し、本社にいる時間を減らして世界中のさまざまな地域で過ごす時間を増やす必要がある、と私は最近考えるようになっている[33]」

◆**海外派遣と人材移動**

海外派遣によっても国境を越えた知識の移動と人間関係の構築ができる。しかし、費用削減とローカル化促進のために、企業の海外駐在員への依存度が下がりつつある兆候がある(駐在員は現地社員より通常二〜三倍コストがかかる)。

ある調査によれば、多国籍企業の上級幹部職で中国、インド、ブラジル、ロシア、中東に駐在する者の割合は、一九九〇年代後半の五六%から二〇〇〇年代後半には一二%に下がった[34]。全体では、少数のサンプルをもとにした大企業のデータは、大手グローバル企業の海外駐在員の割合が通常は全雇用者数の一%未満であり、〇・一〜〇・二%程度しかいないのも珍しくないことを示している[35]。

別の調査では、米国とヨーロッパの多国籍企業において、いまだに海外駐在員は本国で勤務し続けるマネジャーよりも全般的に昇進に時間がかかることも示唆している[36]。

こうした観察から、人材移動プログラムをキャリアパスや人材管理戦略に組み入れることに力を入れる必要性がわかる。トップクラスの多国籍企業は、国際的な一流ビジネススクールの卒業生でさえ、出身国で勤務させる目的で採用する傾向がいまだに高い——そもそも外国人を採用するならば、だが——という事実からは、人材移動をキャリアパスに組み入れることの立ち遅れが企業の採用方針にも及んでいるのがうかがえる。

ソルベイは、自社の上級幹部のキャリアパスにより戦略的なアプローチを試み、上位三〇〇名の幹部を特定の組織のサブ単位に所属するリソースではなく、「会社の資産」として扱っている。

企業はシニアレベルの従業員を「駐在員手当」をつけて海外に送り込むという従来モデルの枠を超えた、さまざまな人材移動イニシアティブに取り組むようにもなってきている。

一部の大企業は従来型の駐在員とインパトリエイト［海外子会社から本社への駐在員］、短期赴任者、海外出張者、本人希望による赴任者を区別し、それぞれのカテゴリー別のキャリアモデルを開発している。

短期の海外駐在は確かに有益だが、新しい場所になじんで現地でのビジネスのやり方がわかるようになるには、最低三カ月かかることが研究で示されている[37]。この順応期間の長さは、きわめて短い時間枠で何が達成できるかについて慎重に考えるべきであるとの示唆にもなっている。

一部には、新興国へのビッグシフトが動機となって、一時的あるいは恒久的に組織単位全体を移動させる企業も現れた。スターウッド・ホテルズは隔年で一カ月間、経営陣を丸ごと主要な新興国に移動させてきた。二〇一一年に上海、二〇一三年にドバイ、二〇一五年にムンバイとニューデリーに移している[38]。

恒久的な移転の例をいくつか挙げると、シュナイダーエレクトリックのCEOはパリから香港へ、ハリバートンのCEOはドバイへ移り、KPMGは新しいグローバルな会長を香港勤務とした。

さらに二〇〇六年から二〇一二年にかけて、ＡＢＢ、バイエル、デル、ＧＥ、Ｐ＆Ｇ、フィリップス、ロールス・ロイスなどさまざまな企業がこぞって特定の事業単位の本部をアジアに移している。[39]

しかし、このような移転は、まだきわめて珍しい。ボストン コンサルティング グループによる先進国の大手多国籍企業を対象とした意識調査によると、サンプル企業の売上の二八％を新興国が生み出しているにもかかわらず、これら企業の最高幹部二〇名のうち、新興国で勤務するのはわずか九％だった。[40]

◆人材育成プログラム

複数の国や文化に通用する経営層の指導能力の強化も、隔たりを超えて会社を結束させるのに役立つ。リーダーシップ研究者はかねてから、グローバルなリーダーシップについての学びの五割は経験であると唱えてきた。[41]

しかし、私自身が上級幹部のグローバル化についての意識を調査してわかったところでは、経験は必要ではあるものの、正しいグローバル・マインドセットの育成には不十分である。二〇一七年にマネジャーを対象とした意識調査を行ったところ、国や企業のグローバル化の度合いについて、ＣＥＯのほうが下級マネジャーよりも過大評価していた。また、二〇〇七年の意識調査では、さらに詳細なデータから、回答者の誤答は経験年数と肩書が上がるにつれて増えることがわかった。[42]

トレーニングと、もっと一般的な教育は、グローバルなリーダーシップについての経験的な学びを補うものとして有効である――むしろ、必須と言えるかもしれない。

では、その教育はどのような内容であるべきだろうか。第7章で教育についてさらに詳しく述べるが、かいつまんで言うと、学界の第一人者たちは国による差異の複数の次元を重視した概念的フレームワークが有益だと指摘している。[43]

本書で使用した、私が提唱するCAGEフレームワークは広く利用されている。このようなフレームワークは、大量の事実を整理し、外国について人々が持っている認識に細かい修正を加えていくことができる。

このような教育コンテンツの伝授に関しては、企業のほうが大学より有利であることも付け加えておく価値があるだろう。企業はフレームワークのトレーニングを、そのフレームワークを現実の場所や事業判断と関連づける機会に組み入れやすい。たとえば、海外赴任の直前に赴任地に特化した専用のトレーニングを受けるほうがおそらく、標準的なフレームワークを単独で学ぶよりも効果があるだろう。

新しいオンラインの学習ツールにも利用価値があるかもしれない。大規模公開オンライン講座(MOOCS)の欠点としてよく指摘されるのは、学生の大半が本気で取り組まないことである。講座を修了する受講者は五%にも満たないのが通例だ。[44] しかし、積極的に参加するインセンティブが強い会社という環境であれば、取り組む意欲の低さが問題になることは少ない。

これらの利点は並行して活用できる。集合研修とオンライン学習を併せて行うブレンド型学習とリーダーシップ育成を徹底調査したある研究は、遠隔学習は「リーダーシップ能力のような状況に即した実践力を伸ばしたい人にとって、大きな利点がある」と結論している。[45]要するにオンライン学習なら、理論をそのまま職場に応用できるということである。受講者は、学期中ほとんど(あるいは、すべて)の時間を職場で過ごすからだ。

最後に、本章では組織構造の拡張、経営陣の多様性の拡大、企業が隔たりと差異を超えて結束を保つことに寄与するその他さまざまな領域への投資を強く推奨してきた。この三領域に手を入れる最終目的は、私が「企業コスモポリタニズム」と呼ぶものの向上である。[46]

大企業に典型的に存在する惰性を考えると、コラムで紹介するサムスンの事例に見るように、この方向に大きく針を動かすには企業トップからの非常に大胆な働きかけが必要になりそうだ。

コラム サムスンにおける企業コスモポリタニズムの醸成

サムスンのグローバル化推進を支えたのは、きわめて韓国的な組織をよりコスモポリタンな組織に変革するための体系的な努力だった。

サムスン会長の李健熙（イ・ゴンヒ）は就任から六年後の一九九三年に、外部の目で自社を見ようと、世界一周の旅に出た。同社のグローバル化のスピードに不満を持った李は、フランクフルトの高級ホテルに一五〇名の上級幹部を招集した。

彼らを相手に李は夜八時から話し始め、「サムスンを真の世界一流企業に変える」必要性について七時間ぶっ続けで熱弁を振るった。出席者の一人によれば、李はその間一度もトイレに行かなかったという。李は「妻子以外はすべて変えろ」という呼びかけで演説を締めくくり、世界情勢を知るために一週間フランクフルトに残れと出席者に命じた。[47]

このフランクフルトでの演説は本社で文字に起こされ、二〇〇ページに及ぶその文書が全社員に配布された。演説が行われたホテルの会議室のレプリカまで韓国に建設された。[48]

さらに、人事部が大幅な方針変更を行ってフォローアップした。年功重視から能力重視に変わり、給料は成果と連動するようになったのである。これまでは学歴と性別で制限を設けていた採用も大きく門戸を開いた。

リージョナル・スペシャリスト・プログラムなる制度も始まった。参加者は三カ月間の語学と異文化研修を受けてから、ターゲット国に一二〜二一カ月間滞在し、現地にあるサムスンのオフィスとは一切連絡を取らずに現場でプロジェクトに取り組む。[49]

任務が終わると、ソウルで二カ月間かけて報告を行う。このプログラムは、新規市場での成長を支援する目的で発案されたもので、対象は次第に新興国に移っていった。[50]

外国人マネジャーを引きつけ、育成するために、サムスンは一九九七年にグローバル・ストラテジー・グループ（GSG）を設立した。GSGは主に米国とヨーロッパの一流ビジネススクールからMBA取得者を採用した。二年間の研修とコンサルティング期間の後、彼らはおおむね現場の管理職か、サムスン子会社CEOの戦略スタッフとして異動する。能力の高い候補者を引きつけるため、サムスンは国際的なコンサルティング会社と遜色のない待遇を用意した。

ソウル本社の役職に一流のグローバル人材を採用するという目的を掲げ、サムスンは本社の外国人社員の最低人数枠も設定した。ただし本社の経営陣は除外された。トップ層に外国出身者の最低人数を義務づけてしまうと、任にふさわしくない候補者を採用したり、在外韓国人を不当に優遇したりする懸念があったからである。

さらに、国外に配布する文書はすべて英語で作成すべしと定めた方針が二〇〇九年に制定された。いまだに本社の人員の九九・九％を占める韓国人社員からの抵抗もあり、現在までの進捗はあまりはかばかしくないが、サムスン人事部はほとんどの幹部が実際に英語の講座を受講していると強調した。

要するに、サムスンは本書で紹介した多くのテクニックを活用した。同社はリージョナル・スペシャリスト・プログラムやGSGのような構造的なメカニズムを作り、目標とする能力の育成拠点を組織内に用意した。目標を設定し、進捗を監視し、ビジネスニーズの変化に従って人員配置を変え、体系的に多様性や人材移動を向上させた。

こうした変化はすべて、直接的であれ間接的であれ、李のフランクフルトでの演説に端を発したものだ。思い切ったリーダーシップは、必要に応じた具体的な方針の修正が伴えば、大規模な事業グループの企業文化を変えることができるという心強い例である。

本章のまとめ

経営実務へのヒント

❶ AAA戦略には、明確な組織上のインプリケーションがある。適応戦略はその国の意思決定者に裁量を与えると強化され、集約戦略は本社ないし事業単位の本部に集権化することにメリットがあり、アービトラージ戦略は機能別の組織編成によってやりやすくなる。

❷ AAAを複雑に組み合わせた戦略を試みるようになると、そのために求められる組

織も複雑になる。類似した国同士をグループ化すると、その複雑性を管理しやすくなる。

❸ 最も伝統的なアプローチは、地理的に近接した国同士をグループ化する（リージョナル組織）ことであるが、新興国へのビッグシフトによって、経済発展度に基づいたグループ化（先進国と新興国）への関心が高まっている。

❹ マトリックス組織も広まってきた。マトリックス組織の一変種であるフロントバック組織は、バリューチェーンの上流の集約を支えながら顧客への適応を進めるのに役立つ。

❺ 世界最大級の企業でも、トップ層の国籍の多様性はきわめて乏しい。大半の企業は、本社がある国の出身者に率いられている。

❻ 経営陣の多様性不足は、新興国の大手多国籍企業でとりわけ深刻であり、グローバルな業界リーダーシップをめざす参入企業にとって、特にリスクとなっている。

❼ 経営陣の多様性を高めることは、企業がターゲット市場に近づき、外国出身の人材に門戸を開放しているというシグナルを発信するのに役立ち、一般的に隔たりの大きな国で事業展開している企業に適している。

❽ 多様性がポジティブな効果を発揮するには、チーム内で単なる飾り以上に多様性の度合いを高め、異なる視点が発言権を持てるようにする組織構造とプロセスで支援し

なければならない。

❾ 単位間を結ぶさまざまなメカニズム(UNITEDテクニック)——求心力のある企業文化、ネットワーク化されたイノベーション、イニシアティブとタスクフォース、テクノロジー・イネーブラー、海外派遣と人材移動、人材育成プログラム——を活用することもできる。

❿ 企業のコスモポリタニズムを大きく向上させるには、具体的な方針変更、目標、数値指標に支えられた、企業上層部による強力で持続的な取組みが求められる。

第7章

非市場戦略——怒りと怒りのマネジメント

Nonmarket Strategy: Anger and Its Management

いかに競争するか、どこで競争するか、国境を越えていかに結合するかの意思決定はすべて市場戦略に包摂できるか、市場戦略は従来、企業の競争ルールを当然の前提としている。まっとうな倫理基準を持った、少なくとも犯罪には手を染めたくないと思っているビジネスリーダーたちは、既存の法や規制を遵守するものとされている。そして、民主主義社会では、競争の場となる市場のフレームワークは、法律や規制を有権者がコントロールしているから、正当であると想定されている。

しかし現実には、ゲームのルールはおよそ単純明快ではない。ビジネスは政治的なプロセスにおいて強い影響要因であるし、社会がビジネスに期待するのも、単に法律を守ることだけではない。非市場戦略の領域は、企業の政府、非政府組織（NGO）、メディア、一般国民とのかかわりを広く包含しており、いずれも市場取引の範囲外に及ぶもので、しばしば市場活動を支配するルールに影響を与える。

ところが非市場戦略は、市場戦略の補足のように扱われることが多い。企業は市場戦略を決定してから、持ち上がった非市場問題に対応しようとする。しかし、このような後手に回ったアプローチでは、非市場戦略が奏功する範囲が狭まってしまう。

非市場戦略への関心が高まらない一つの理由は、市場戦略より複雑だからと考えられる。非市場問題は関係者の数が多く、それぞれが追求する目標は多岐にわたり、相反することさえある。また、特に米国では、ミルトン・フリードマンの「企業の本分は利潤追求である」という立場に与する人が多い[1]。

しかし最近の情勢から、企業にとっても社会全体にとっても、非市場戦略の重要性は増していると思われる。たとえば、ボストン コンサルティング グループのマーティン・リーブスは「ブレグジットに起因する為替レートの動き、政策発表後の株価の変動、貿易政策の転換を見越した投資計画の変更コスト、いずれを取っても、現在は企業にとって多くのケースで、競争上の考慮事項より政治的要因と経済的要因によるインパクトのほうが大きくなっている」と述べた[2]。

リーブスが述べたのは、ブレグジットのインプリケーションについてだったが、もっと一般的な文脈で、私はNGOの台頭、ソーシャルメディアの増殖、グローバル化がもてはやされなくなったことを加えたい。また、競争要因の重要性を長らく強調してきたコンサルティング会社のトップ思想家が、このような意見を表明すること自体がニュースである、とも注意喚起しておきたい。

企業が社会への適合力と貢献度を高めるためには、グローバル化と大企業への反感の裏にあるいくつかの問題を認識するところから始めなければならない。それを念頭に、本章ではまず、経済と関連するものも関連しないものも含め、今起きている問題について論じる。

続いて、経済政策と怒り（アンガー）のマネジメントの両面からなる解決策と、その実施に企業が果たす役割に移る。非市場戦略が対処すべき問題が企業の外にしかないのであれば、本章も本書も、そこで完結できるだろう。しかし現実には、企業とその中にいる人々もまた変わらなければならない。そこで、企業内部の問題および解決案を本章で最後に取り上げるトピックとする。

今起きている問題

一般国民の怒りを煽っている多くの問題は経済関連であり、経済政策の不確実性がそれに拍車をかけている。[3] 一八カ国のニュース報道に基づいた経済学者のスコット・ベイカー、ニック・ブルーム、スティーブン・デービスによるグローバル経済政策の不確実性指数は、二〇一六年一一月（米国大統領選が行われた）に史上最高値に達し、そのまま上がり続けている（図7－1）。経済政策の不確実性の高まりが投資と採用の足を引っ張り、非市場戦略の重要性が

図7-1

グローバル経済政策の不確実性指数（1997年1月〜2017年5月）

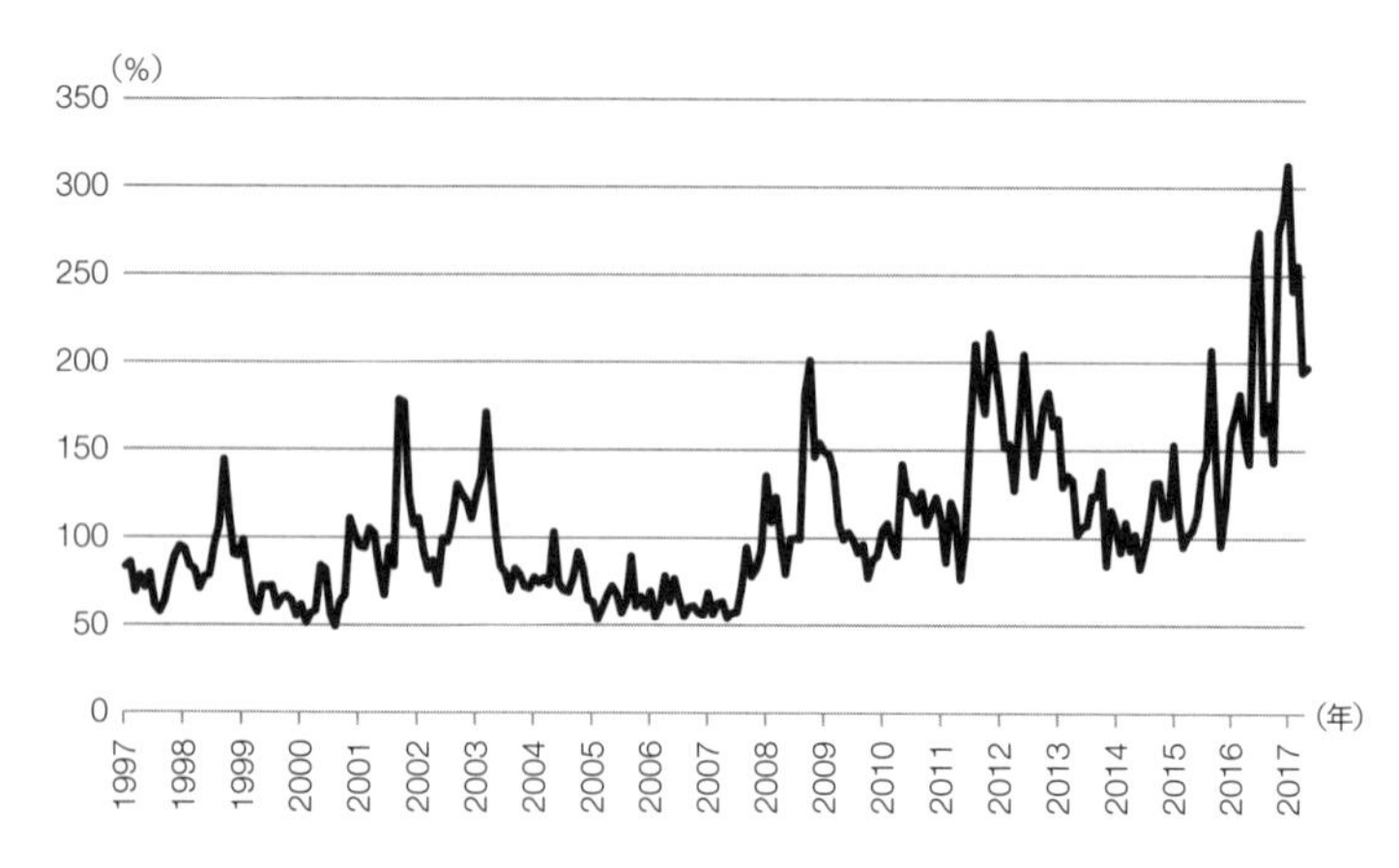

出所：2017年6月20日に以下のウェブサイトからダウンロードしたデータ．Scott R. Baker, Nick Bloom, and Steven J. Davis, "Global Economic Policy Uncertainty Index," Economic Policy Uncertainty website（https://www.policyuncertainty.com）．

高まっている。

元連邦準備制度理事会（FRB）議長のアラン・グリーンスパンをはじめ多くの経済学者が、現在の経済不安の主要因は生産性の伸び悩みだと指摘している。[4] 生産性は、実は積年の、しかも蔓延している問題である。

二〇一七年のOECDの報告書も、「世界金融危機後の顕著な特徴は、生産性の伸びが長期にわたって鈍化し続け、同時に投資も低迷していることである。これが問題なのは、生産性は成長の重要なドライバーであるだけでなく、主に賃金上昇を通じて生活水準向上の重要なドライバーともなってきたからだ」と断定している。[5]

同じOECDの報告書は、経済的利

図7-2

上位1%の所得が全所得に占める割合(1913～2015年)

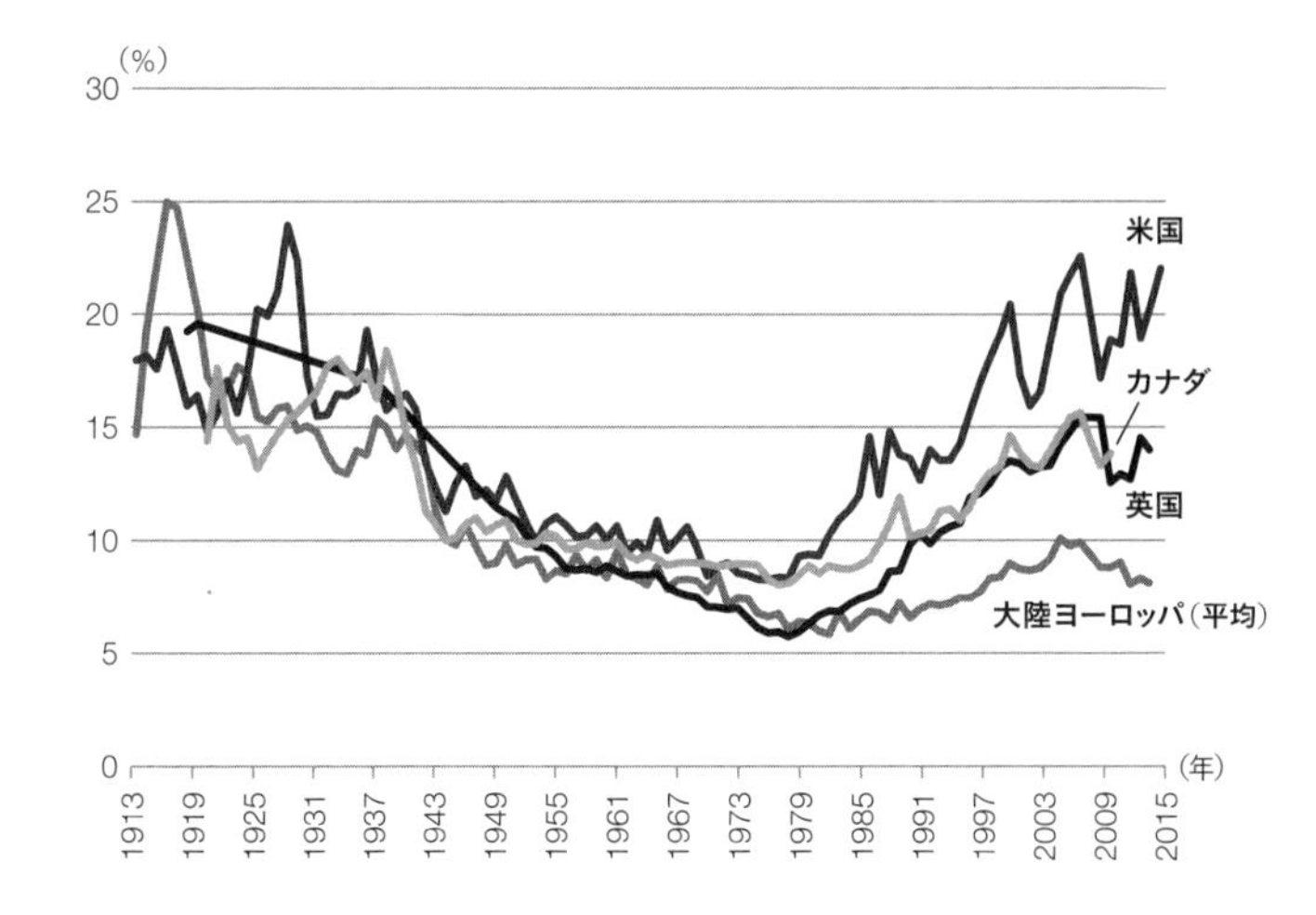

注：1990年以前の英国のデータは，成人個人ではなく世帯の所得割合に基づく．大陸ヨーロッパ(平均)は，デンマーク，フランス，ドイツ，アイルランド，イタリア，オランダ，ノルウェー，ポルトガル，スペイン，スウェーデン，スイスの入手可能な全データをもとにした単純な平均値．対象国はデータの入手可能性により年度で異なる．

出所：The World Health and Income Database (https://wid.world/data/).

益の分配に関する懸念の高まりも認識している。そして私は、グリーンスパンとは異なり、経済問題に関する社会の怒りは、パイが成長するスピードよりも、パイの分け方に起因すると考えている。

米国では近年、所得格差の広がりが一九二〇年代の水準に逆戻りしている。他の国、特に先進国でも、米国ほどあからさまではないが、同様に格差が広がってきた(図7－2)。その一方で、米国の企業収益は史上最高レベルに届こうとしている(図7－3)。しかも、これは二〇一七年度

図7-3

米国のGDPに占める企業利益の割合(1948～2016年)

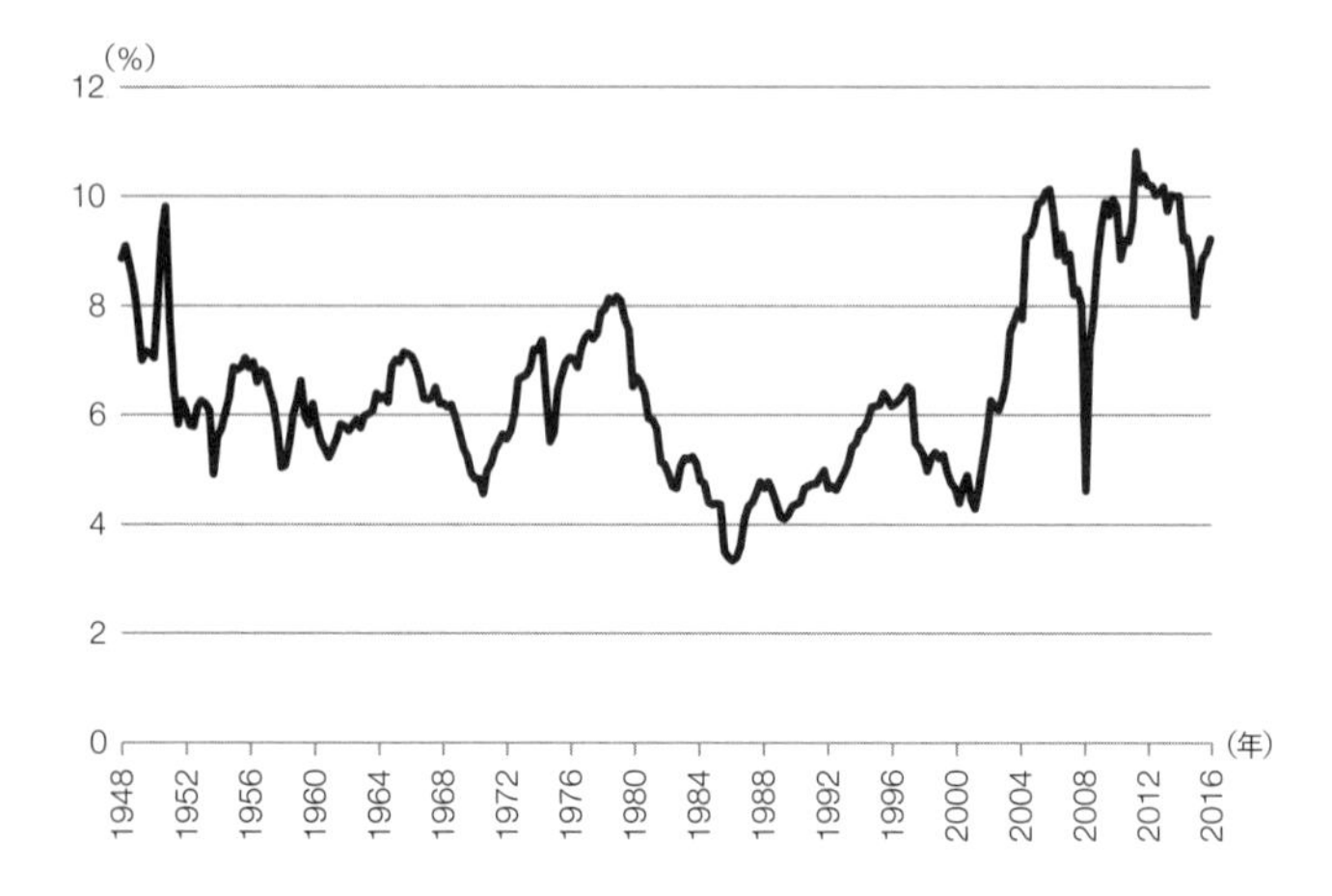

出所：US Bureau of Economic Analysis, Federal Reserve Bank of St. Louis *FRED*. Data Series: Corporate Profits After Tax (without IVA and CCAdj) / Gross Domestic Productより取得.

末の大型減税前の話だ。

この関連で、自動化にも触れておく価値があるだろう。最近の失業をめぐる議論では、自動化がグローバル化のお株を奪って不気味な敵とされることがすっかり増えた。最も新しい二〇一七年のPwCのレポートは、よく引用される二つの学術研究に基づいて、「二〇三〇年代前半までに自動化されるリスクが高い」職が米国に三八%、ドイツに三五%、英国に三〇%、日本に二一%あると予測している。[6]

自動化は、国民所得に占める労働所得の割合をさらに圧迫する可能性があるため、自動化への不安は、富の再分配への懸念にもっと敏感に対応する必要性にもつながる。

外国との競争による失業は、多くの人が考えるよりは少ないとはいえ、認識して敏感に対応すべき規模になっている。よく引用される経済学者のデビッド・オーター、デビッド・ドーン、ゴードン・ハンソンの分析では、一九九九年から二〇一一年までに米国で九八万五〇〇〇人分の製造業の職が、中国との競争によって失われたとしている(同じ期間に減少した米国の製造業の雇用者数五八〇万人の一七%にあたる)[7]。この研究は、特定の地域に失業が集中したことで、地域社会がいかに打撃を受けるかに注意を喚起している点でも意義が大きい。

こうした統計はあるものの、広く蔓延した怒りの説明を経済問題だけに求めるのは、視野が狭すぎるかもしれない。たとえば、英国北東部にあるサンダーランドは、ブレグジットを問う国民投票の日の夜、「離脱」側に最初の大勝をもたらした町である。

英国の自動車産業は投票前に、EUを離脱すれば職が危うくなるとはっきり警告していた。民間セクターでサンダーランド最大の雇用者は日産自動車であり、生産台数の半分以上はEU向けに輸出されている。にもかかわらず、町の有権者の六一%がブレグジットに賛成票を投じた。日産の工場で働く人々の間でさえ、「離脱」陣営の支持率が高かったと報道されている。「英国に再び英国を取り戻すために、自分は賛成票を投じた」とある従業員は説明した[8]。

あるいは、米国の農家の例を考えてみよう。選挙前の世論調査では、トランプに投票するつもりだと回答した農家が、クリントン支持の三倍にのぼった[9]。米国の農業セクターは米国全体の平均を優に超える生産高の二〇%以上を輸出しており、トランプの貿易政策には、特に負の影響を受けやすい。

しかも、農業はTPP交渉プロセスで恩恵を受けるセクターに属していたが、トランプが大統領に就任してから三日後に、米国はTPPから離脱している。トランプの反移民の立場も、外国人労働者への依存度が高い米国の農業とはそぐわない。

カンザス州のある農民は、選挙後に「(トランプの)決定のいくつかにとまどっている。私にとって打撃だ」と語った。しかし、共和党に投票することは、代々受け継がれた政治姿勢だとも説明した。「ここでは、みんな共和党支持者として育つ」[10]

サンダーランドの自動車工場労働者や米国の農家の投票パターンに表れた、このような経済的に矛盾する行動は、二〇一六年の「ブランプ」ショックに非経済的な要素が大きかったことを示唆している(この結論は、二〇一七年上期に重みを失うどころか、さらに増しているように思われる)。

こうした孤立主義(あるいはアイデンティティ)政治を、自国びいき、つまり、人々が外国人より自国民を好む度合いという視点で概念化することができるだろう。[11] ある程度の自国びいきはあって当然だが、一部に見られる自国びいきの度合いは驚くべきものだ。エビデンスを二つだけ取り上げる。

まず、人々が外国人の職より自国民の職のほうがどれだけ大事だと言っているか、政治心理学者のダイアナ・C・マッツとウンジー・キムによる最近の実験調査の報告を見てほしい。米国の回答者の間では、米国で一人分の雇用が増えるが貿易相手国で一〇〇〇人が失業するとした設問の貿易政策のほうが、外国で一〇〇〇人分の雇用が生まれ、米国で一人が失業する政策よりもはるかに支持が高いことがわかった。[12] 回答者の反応は、自国びいきの倍率が一〇〇〇倍以上であることを示唆しているのだ！

あるいは、富裕国の国内貧困者への支援と、世界の貧困国への公的開発援助を比較してみよう。他人の支援にいくら使う意思があるかは、他人への思いやりの大きさを測るおそらく最も具体的な尺度である。

経済学者のブランコ・ミラノビッチが七カ国についてこれを算出したところ、「外国の貧困者を基準にして表した国内貧困者の『価値』」は、米国の三万二〇〇〇倍からスウェーデンの一〇万三〇〇〇倍まで幅があった。[13] 最新のデータをもとに富裕国の数を三二に増やして私が独自に簡易計算したところ、富裕国で一人当たりの再分配目的の社会的支出は、富裕国から貧困国に供与される公的開発援助の一人当たりの金額に比べて平均で約五万倍だった。[14]

ある程度の自国びいきは、比較的善意に解釈できる。たとえば、自国政府を選出する（あるいは圧力をかける）有権者にとっては、国内の貧困者の苦境のほうが、外国の貧困者の苦境よりも生々しく感じられるものだ。しかし自国びいきがいかに合理的に説明できようとも、その影響は非常に大きく、非市場戦略もそれに対処しなくてはならない。

さらに、企業をはじめ主要な機関に対する一般国民の信頼が低下している状況の中で、このような非市場問題に取り組まなければならない。PR会社のエデルマンが実施した信頼度調査「2017トラストバロメーター」によれば、企業、政府、メディア、NGOが「仕事を適正に行っている」と信頼する一般国民の数は、対象国の三分の二で半数を切っている。CEOの信頼度も史上最低を記録した。[15]

これはピュー・リサーチ・センターによる米国の調査結果とも一致する。同調査では一〇の職種について社会の幸福にどれだけ貢献しているかを一般国民に尋ねた。企業幹部が「大いに」貢献しているとした回答者は、わずか二四%で下から二番目だった。一般国民の目から見て、それより劣るのは弁護士だけだった。[16]

政府機関とそのトップへの国民の信頼崩壊も、企業の非市場戦略で考慮しなければならない。政府が弱ければ企業の行動の自由が拡大する面もあるが、大きな困難が生じる場合もある。政府が企業への規制を公正に行っていると国民が信頼していなければ、企業はNGOや国民への直接のアピールに一層配慮せざるをえない。

さらに、分離主義運動が活発な国では、国家政府とまったく異なる方向を志向する地域政府に対処する必要がある。カタルーニャ州がスペインから独立しようとする動きで法律と経済の先行きが不透明なことを受け、二〇一七年末までに三〇〇〇社が、本社をカタルーニャ州から移転させたとされている。

国際社会において、多国籍企業が一般国民からの信頼を確保し、正当性を認められるのは、自国びいきと隔たりの影響でさらに難しい。ＥＵ世論調査ユーロバロメーターによると、西欧の人々は四八％が自国民を「大いに」信頼しているのに対して、同じ西欧の他国民を同じだけ信頼している人の割合は二〇％、東欧と日本と米国と中国の人々を信頼している人の割合は、わずか一三％である。[17] 非市場戦略は、本国から離れるほど大きくなる信頼不足の克服を前提に出発すべきだ。

まとめよう。社会の問題を見れば、非市場戦略の重要性が高まっていることがわかる。生産性の成長鈍化や国内の貧富の格差拡大といった経済的な懸念に加え、非経済的な問題によっても政治が混迷している。そして、国際領域においては、企業は根強い自国びいきに対処しなければならない。では、どうすればよいのだろうか。

現実的な選択肢——そして、提言

非市場戦略には、二つの要素があるとされることが多い。すなわち、企業の政治活動（政府の政策に影響を与える）と企業の社会的責任（自社がどう事業運営するかの選択を通して社会的懸念に対応する）である。[18] 本節では、前者を広い視点から取り上げ、グローバル化に関して、政府の政策と一般の言説に対する企業の影響を考察する。[19] 本章の最後に、企業自身がどう変わるべきかを論じる。

◆経済的マネジメント

高まる反グローバル化の怒りへの対応として、どのような公共政策を支持するかを決断する際、企業は基本に立ち返った問いから始めるべきである。つまり、そもそもグローバル化が進んだほうが世界は良くなるのか、それともグローバル化しないほうがよいのか。

私は、現在のグローバル化への反動を表面化する前に予想していたため、二〇一一年に刊行した著書*World 3.0*ではこの問いをテーマとした。[20] グローバル化のプラス面としては、国家間のフローが増えるメリットは、グローバル化肯定派が通常推定するよりも、実際にはさらに大きいことを示した。マイナス面に関しては、グローバル化の副作用とされる売り手の集中、環境その他の外部性、さまざまなリスク、慢性的な国際的不均衡、経済的搾取、政治的抑圧、文化の均質化に七つの章を割いた。

国際債務残高の高さにまつわるリスクなど、現実に起きている深刻なデメリットもある。しかし大半は、国際的な統合がそれほど進んでいないことから、懸念ははるかに小さいことがわかっている。

たとえば、格差についての議論で、グローバル化は不相応の非を負わされているように見える。おそらく格差の原因を外部要因に求めたほうが、政治的に都合が良いからだろう。

二〇一五年七月のＩＭＦの報告書も、技術の進歩と労働組合の衰退のほうがグローバル化よりも大きな格差拡大の要因であると解明してこれを裏づけている。[21] ＩＭＦ報告書の結果は、セミ・グローバリゼーションの法則と一致する。国内の事業活動のほうが国際的な事業活動よりもはるかに規模が大きいのだから、一国の富の再分配のような基本的なものは、国際的な要因よりも国内要因の影響を受ける可能性がきわめて高いはずだ。

現実の例を指摘することもできる。貿易のＧＤＰ比が米国の六倍もあるオランダが比較的妥当な所得分配を維持できるのであれば、オランダよりはるかに大きな米国経済の格差をどうしてグローバル化のせいにできるだろう。

私が*World 3.0*で検証したグローバル化の弊害とされている他の現象も、ほとんどは国内に真因があり、つまり、国際的なフローを減少させるより国内的な解決策を取ることで、最も効果的に対処できると考えられる。

要するに、国際的な開放政策はグローバル化の望まざる副作用に取り組む具体的な国内政策とセットで進めるべきである。もし*World 3.0*を今書き直すとしたら、移民に対する感応度にもう少し関心を割くが、グローバル化の是非の全体的な評価は変わらないだろう。人類は、協力と競争の輪を狭めるより、広げ続けたほうがずっと幸せになる。

現在の情勢の中でビジネスリーダーは、どうすれば国際的な開放性への一般国民の支持を高められるだろうか。経済面では、大企業が通常支持するのとはまったく異なる国内政策課題を受け入れることかもしれない。もっとも、それは多くの企業幹部の個人的見解には合致する。

ハーバード・ビジネススクールの卒業生を対象に行った二〇一五年の意識調査では、回答者の三分の二が格差拡大、中流階級の成長停滞、貧困層の増大、経済的な階層移動の硬直化への対処のほうが、経済全体の成長拡大より米国にとって優先順位が高いと考えていた[22]。グローバル化への一般国民の支持を持続させるためには、レーガン政権とサッチャー政権以後の米国と英国で多くの点でほころびが見えてきたセーフティネットが必要である、と調査は裏づけている。

救いは、グローバロニーを克服してしまえば、各国には税率や各種の支援制度や実勢最低賃金の引き上げ（米国では一九八〇年代から頭打ちになっていた）など、格差縮小に柔軟に対応するさまざまな手段があることだ。グローバル化に関する具体的な対策としては、貿易調整支援（ＴＡＡ）が特に触れておく価値があるだろう。ＴＡＡは、輸入の増加によって職を失う人々を支援する制度である。米国商務省にいるベテランの友人から聞いた話では、共和党寄りのシンクタンクはＴＡＡに効果がないと考え、民主党寄りのシンクタンクはＴＡＡでは不十分だと主張しているそうだ。

しかし世論調査では、ＴＡＡの用意がある場合、貿易協定への支持は明らかに増加している。つまり、ＴＡＡに力を入れることで、支援効果について議論はあるにせよ、失業のリスクを抱える人々に多少の安心感を与えられるかもしれない。また、このような政策は大企業には通常好まれないため、支持を表明した企業は、おそらく信頼度が大きく上がるはずだ。

グローバル化の弊害とされる現象への対処として最も優先すべきは国内政策だが、グローバル化のメリットを維持し、拡大するには、国際経済政策に対する企業のより強い――ただし、より正統的な――関与が求められる。自国びいきと隔たりの影響を乗り越えて、現在享受している(限定的な)レベルのグローバル化を今後も確実に享受するためには、堅固な国際制度インフラが必要だ。そして、そのようなインフラは、構築には長い時間かかるかもしれないが、破壊されたり損なわれたりするのは、ほとんど一瞬である。

その観点からすると、国際機関と対立するトランプ政権の動きに企業の反応が消極的だったのは、ことさら奇異に映った。トランプ政権はTPP交渉と、すでに署名していた地球温暖化に対処するパリ協定から離脱した。また、NAFTAの再交渉を宣言、WTOの裁定に米国は今後ケースバイケースで従うと表明し、NATO条約を守ることに疑問を呈した。こうした動きに加え、(それと関連した)従来の同盟国や対立国との関係に緊張が生じ、意識調査では海外で米国に対する一般国民の支持が下落している。[23]

こうした動きに対する実業界の沈黙に、いくつか論理的な理由を挙げることはできるだろう。しかし、長い目で見れば、(ウォルマートのように)調達を海外に依存していたり、(GEのように)輸入より輸出が格段に多かったりする企業は、保護主義に反対し、国際機関を維持する立場で協力することにメリットがあるはずだ。

◆怒りのマネジメント

グローバル化に対する怒りへの一般国民の反応を適正なものとするためには、経済領域から政治社会領域へ、さらには個人の心理にまで踏み込む必要がある。本書で取り上げたグローバル化に関する心理的なバイアス、グローバロニーと自国びいきは、ともに反グローバル化感情を煽りかねない。

グローバロニーはグローバル化の進展による利益とグローバル化の縮小によるコストを人々に過小評価させてしまう。なぜなら、国際連携の強化による（周縁的な）メリットは、一般に国際連携の範囲が限られているときほど大きいからだ。また、職の優先度で一〇〇〇倍以上、貧困者支援で約五万倍という倍率だった自国びいきのデータには、選好が自国民に大きく偏っていることがじかに表れている。

さらに、グローバロニーが自国びいきと結びついた場合、グローバル化の度合いを誇張した誤解が自国びいきを煽り立てかねない。たとえば強い自国びいきが、世界全体の幸福を大きく向上させるであろう貿易協定の邪魔をする可能性を考えれば、グローバル化の度合いは、過大評価するより過小評価するほうがましであろう。

図7－4にその主張をまとめ、前に進む方法を提案している。この図からは、私たちが心理的に現在、根拠のないグローバロニーと自国びいきにとらわれた最悪の状況にはまり込んでい

図7-4

自国民への選好とグローバル化の認識にまつわる問題への対処

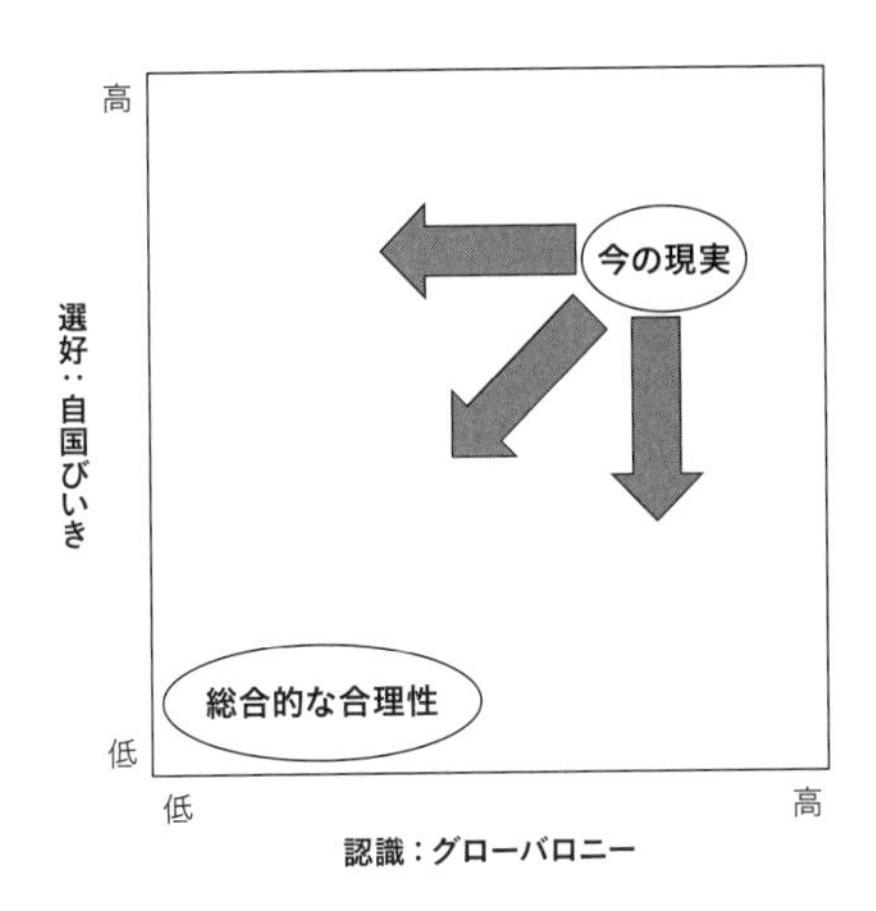

るのがわかる。この観測の良い面を見るなら、グローバロニーか自国びいきのいずれか、できれば両方を縮小すれば改善が実現することだ。グローバロニーが縮小すれば、反グローバル化の災厄が起きる可能性も、自然と縮小するかもしれない。

この後、いくつかの印象的なエビデンスに光を当てる。自国びいきを縮小させるには、グローバル化の進展度に関する推定評価値ではなく、評価の対象そのものを見直す必要がある。そのため、自国びいきの縮小は実現しにくく、仮に実現するにしても、もっと長い時間がかかりそうである。しかし、だからといって、自国びいきの強さがどれほど危険かを考えれば、手をつけないわけにはいかない。

二〇一六年の電子版『ハーバード・ビジネス・レビュー』の論文「グローバル化に怒る

人々。その対処法は」で、私はこの怒りを管理する方法を論じた。さまざまなアプローチをFRIENDの略称で、まとめてここに紹介する。

◆事実（Facts）

グローバロニーと戦う際の事実の役割については、第1章である程度述べた。幸い、事実に基づいた解毒によって、グローバル化にまつわる一般国民の不安は多少軽減できる。

たとえば、米国のジャーマン・マーシャル財団が移民について行った意識調査の結果を考えてほしい。[24] 回答者には自国に移民が「多すぎる」と思うかどうかを、実際に自国で暮らしている移民の正確な数を教える前と教えた後に質問した。

たとえば、ブレグジットを問う国民投票の争点が明らかに移民であった英国では、移民は全人口の一三％を占めているが、二〇一三年から二〇一五年にかけて行われた三回の意識調査で、英国人は人口の四分の一～三分の一が外国生まれだと考えていることがわかった。[25] 移民の実際の人口比率を教えた後、移民の数が多すぎると考える回答者の割合は四〇％も下がった。米国では回答者に実際のデータを教えたところ、移民が多すぎると考える人の割合がさらに減った。

グローバロニーの誤りを正せば、対外援助に制限をかける自国びいきにも直接の影響が与えられるというエビデンスもある。たとえば、二〇一五年の米国の世論調査で、回答者は対外援助が平均して国家予算の三一％に相当すると推測していた（正解はわずか一％）。[26] 別の世論調査では、回答者の半数に対外援助の実際の水準を教え、半数に教えなかった。事実を知らされた回答者のうち、対外援助の増額を支持した者は六〇%増え、削減を支持した者は四二%減った。[27]

グローバル化に関する議論が事実と乖離していると感じたのが、私がDHL世界連結性指標のためにグローバル化の測定と、第1章で論じたグローバル化の法則を裏づけるその他のデータの収集を手がけることにした大きな理由だった。

そして、得られた企業レベルの結論は次のとおりである。ビジネスリーダーは、グローバル化に関して引き合いに出す事実も、自社の国内外での活動に関して発表するデータも(社内用に測定するデータさえも)再考しなければならない。

◆ **レトリック(Rhetoric)**

事実を広めることでグローバル化への賛同は醸成できるが、それだけでは、おそらく不十分だろう。

最近出た何冊かの書籍、たとえばユーゴ・メルシエとダン・スペルベルの共著*The Enigma of Reason*(『理性の謎』未邦訳)、スティーブン・スローマンとフィリップ・ファーンバックの共著*The Knowledge Illusion*(邦題『知ってるつもり――無知の科学』)、サラ・ゴーマンとジャック・ゴーマンの共著*Denying to the Grave*(『死ぬまで否定』未邦訳)は、いったん形成された印象には、それと矛盾するエビデンスがまったく効かない可能性があることを指摘している。[28]この問題に対して、レトリックという古典的な手段が、特効薬ではないがある程度の効果を持つ、もう一つの解毒剤になる。

特に物語は、グローバル化拡大を支持する論拠として、経済学者が持ち出す込み入った理論的モデルよりも、レトリックとして効果が高いことが多い。神経生物学者ウリ・ハッソンの著作によれば、物語は単純な情報提供とは異なる、もっと強い脳への働きかけをするという。[29]たとえば、高い関税が福祉に及ぼす影響について、多数ある詳細な研究を一つ示すより、事例を通じて証明すればよい。

そのような例を一つ挙げると、フィラデルフィアのテキスタイルデザイナー、ケリー・コブが、自宅から一〇〇マイル以内で生産された素材で紳士用スーツを作る実験を行った。ごくシンプルなスーツを作るのに、二〇人がかりで五〇〇時間以上かかったうえ、典型的な低価格スーツと見間違いようがない理由はいくつかあったが、何より袖がついていなかった。しかもそれでも、材料の八%は一〇〇マイル以上離れたところから購入しなければならなかった。[30]

コブ自身は実行可能であるのが証明できたと結論しているが、私は一〇〇倍以上の人件費、材料費の高さ、品質のあまりの低さを指摘したい。もう一つ指摘したいのは、スーツ製造には規模の経済の効果が決して高いわけではないことだ。コンピュータや航空機のような規模への感応性が高い製品を地元だけで作る方法はあるのだろうか。地元回帰論者に航空機は必要ないかもしれないが、彼らもコンピュータは手放したくないはずだ。

◆情報や人の国際交流(International informational or people interactions)

第1章で、ITでつながりの潜在可能性が大きく広がった一方で、情報交流の国際化の深さは、まだきわめて浅いと述べた。グローバルなネットワークであるインターネットさえ、いまだに主として国内の情報伝達に使われている。

ソーシャルメディアにも同様の、むしろさらに顕著なパターンが見られる。フェイスブックの全世界ユーザーのうち同じ国籍の人の割合は平均四・六%しかないのに、フェイスブック上の友達の八六%は、同じ国の居住者だ。[31] この数字から割り出せる自国びいきの倍率は一九である。

こうしたことがなぜ怒りのマネジメントに重要なのか。図7-5は文化的な優越意識とDHL世界連結性指標の情報の柱の深さとの負の相関関係を示す(相関係数は、マイナス〇・六七)。国際的な情報フローへのつながりが深い国ほど、自国文化が優越していると考える傾向が低い。また、これまでの意識調査で、反貿易は自国優越意識と直接の関係があることがわかっている。

同様だが、わずかに弱い負の相関関係が、文化的優越意識と人のフローにも見られる。この関連性はゴードン・オールポートの有名な集団間接触仮説と合致する。集団間接触仮説とは、適切な条件下での対面の接触で集団間の関係は良好にできるとするものだ。[32]

図7-5

自国文化優越意識とDHL世界連結性指標の情報の柱の深さ

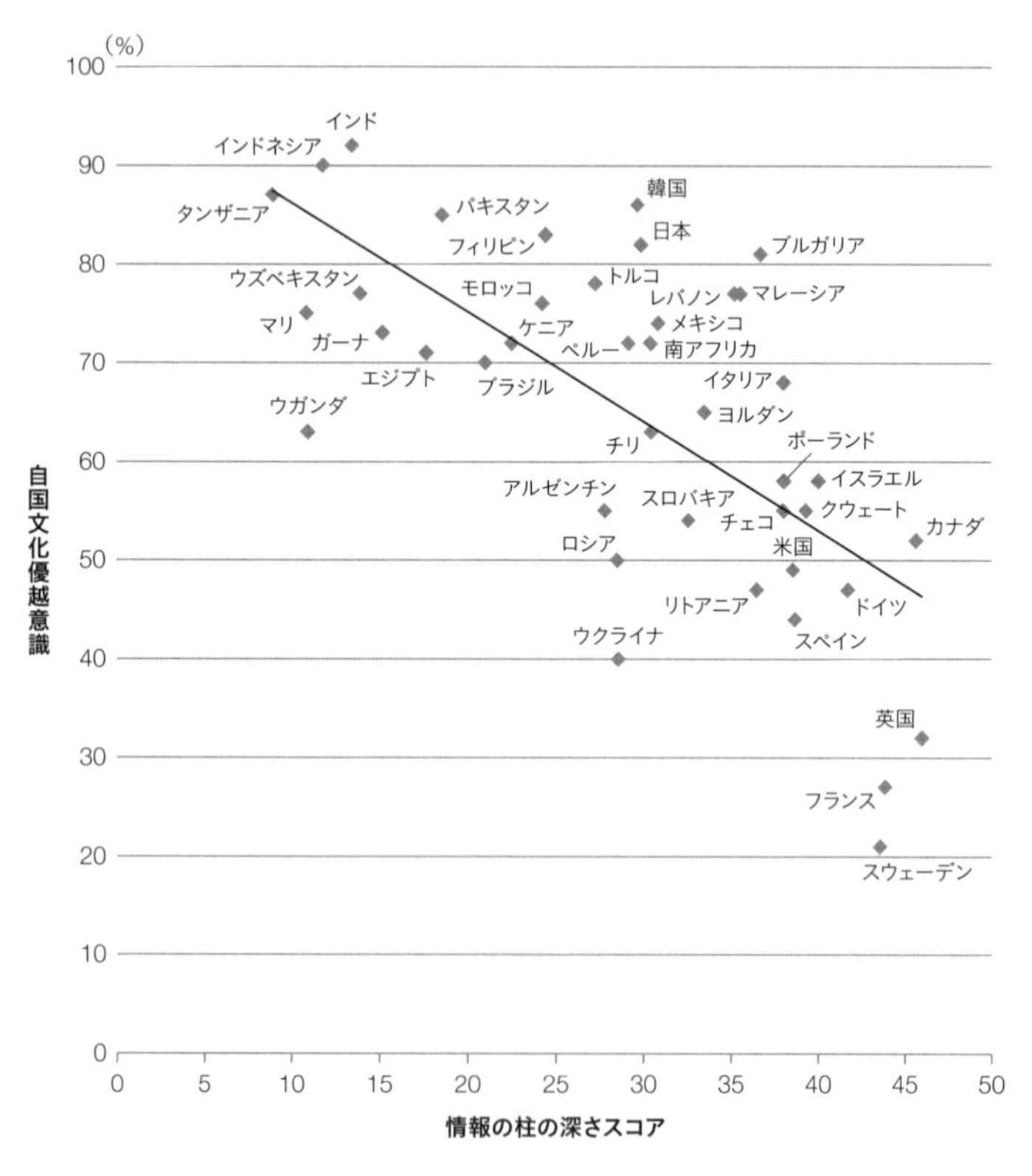

注：DHL世界連結性指標の情報の柱の深さスコアは1人当たりの国際電話時間（分単位）（40％加重），インターネットユーザー1人当たりの国際インターネット帯域幅（40％加重），1人当たりの印刷物の取引（20％加重）を対象としている．

データ出所：Pew Global Attitudes Survey (most recent data used for each country) and Pankaj Ghemawat and Steven A. Altman, *DHL Global Connectedness Index 2016: The State of Globalization in an Age of Ambiguity* (Bonn: Deutsche Post DHL, 2016).

オールポートが唱える必要条件は、共通目標に向かって協力すること、集団間の立場が対等であることなどである。ただし、接触は対立の火種にもなりうるため、開放性を高めるのであれば、人のフローは慎重に管理しなければならない。たとえば、人の国際間移動の後退に反対するロビー活動を行う企業は、融合策も支持すべきである。

◆教育（Education）

歴史学者のバーナード・ベイリンは、教育とは「正規教育だけでなく、文化が世代を超えて伝わるプロセス全体」であるとした[33]。この広い概念と世代間継承の重視は、教育を長期的に強い作用を及ぼすものとして考えるべきことを示唆している。

ブレグジットを問う国民投票の投票パターンを占う要素として、メディアでは年代と所得水準が注目されがちだったが、教育水準こそ明らかに最も強い予測因子だった。また、ドナルド・トランプは「私はあまり教育を受けていない人たちが大好きだ」とまで言っている[34]。

もっと一般的な話をすると、国の教育水準が高いほど、ナショナリズムの度合いとよそ者に対する猜疑心が小さくなることが、複数国にまたがるエビデンスで示されている。ある研究では、教育制度がまったく異なる一〇カ国すべてにこの関連性が存在することがわかった[35]。教育水準の低い人々ほど、外国文化の影響に懸念を抱きがちであり、前項の文化優越意識の話とも明らかにつながる。

教育はないよりあったほうがよいという当たり前の示唆からさらに踏み込んで、もっとコスモポリタンな物の見方を支援できるような教育の内容にも言及するのが理にかなっているだろう。グローバロニーにグローバル化の進展度に関する事実をもって対抗するのが明白な出発点となる。

教育の内容は、「フラットな世界」という迷信を一掃することに加え、どの国でも変わらない多様性(ダイバーシティ)を尊重する気持ちを育て、国同士の交流が複数の隔たりの次元によってどのように影響を受けるかも教えるべきである。

FRIENDの略称を最後まで説明すると、Nは、本章のテーマとした非市場戦略(Nonmarket strategy)の頭文字である。これから論じるが、非市場戦略は大きな改善の可能性がある分野だ。そしてDは、すでに述べた富の再分配(Distributional outcomes)の頭文字である。

FRIENDプログラムは世界、特にその特定の一部を、グローバル化に対して(再び)好意的にするためのものである。社会政治的環境に求められる変化を考えれば大仕事だが、個々の手段の有効性だけでなく、手段の多様性と相互補完性にいくぶん希望がある。

そして、これらの手段を使えるのが、公的機関と政策担当者、民間企業、圧力団体、メディア、一般の知識人、それぞれに独立して活動している個人、と多様な関係者集団であるところにも希望がある。

すでにグローバル化した、あるいはこれからグローバル化しようとしている企業にとってのリスクの高さと、グローバルな経済的交流におけるそのリスクの重要性を考えると、企業はグローバル化に対する怒りの緩和に積極的に関与することを考えるべきである。

現在の状況では、グローバル化進展を支持する企業として特定されないように、企業団体ないし業種団体の傘の下で集団行動を通じて、それをめざそうとしている企業もあるかもしれない。最低限のこととして、良き地球市民であろうと多少なりとも考えている企業は、怒りの火を煽るような真似は避けるべきである。

企業内の問題

本章はここまで、まず世の中に蔓延する怒りを、次に企業などが公共圏の参加者としてその怒りを和らげるために何ができるかを取り上げてきた(非市場的な観点ではなく、市場の観点からの企業の対応については、これまでの各章で論じている)。

しかし、改善には社内的な要素もある。ビジネスリーダーは自社、そして、おそらくは自分自身さえもが、どう変わらなければならないかを真剣に考えるべきだ。企業が社会とのかかわりをより効果的に行うために改める必要がある、全般的な弱点が特に三つある。すなわち、富の再分配への懸念に鈍感であること、市場の失敗を認められないこと、社会的関与のための地域戦略の連携に無頓着であることだ。一つ一つ見ていこう。[36]

◆富の再分配への懸念に鈍感である

ビジネスリーダーは富の再分配の問題を認めるのにやぶさかではないが、自身の報酬が問題の一部であることはなかなか受け入れたがらないものだ。

ハーバード・ビジネススクールの卒業生を対象にしたある意識調査で、米国が直面している問題の最たるものが富の再分配という課題であることに同意した者（三分の二と過半数を占めた）も、調査を実施した一人であるマイケル・ポーターの言葉によれば「報酬をもらいすぎている人がいるという議論には気を悪くした[37]」。

議論はおおむね低賃金労働者の賃金を上げることに集中してきたが、格差は米国の実質最低賃金が一九八〇年代から伸び悩んでいるためばかりではない。その期間に、とてつもない繁栄を享受してきた上位〇・一％の問題でもある。ビジネスリーダーは必ずしも認めたがらないが、不完全競争という条件下において（ほぼ常に）、企業はこの問題の対処にかなりの裁量を持っている。

対象者をさらに広げて米国で私が行った意識調査では、ビジネスパーソン、正確には経営学の学士号もしくは修士号を持っている人々が「自由市場は所得の公正な分配を実現しやすい」

という意見に同意する傾向が、他の人々に比べ大幅に高いことが示された。

しかし、全般としては市場システムに心酔している経済学者たちでさえ、称賛するのは市場の効率性であって公正さではない。むしろ経済学者は、格差と効率性のトレードオフに注目することが多い[38]。さらに最近になって、アンソニー・アトキンソン、トマ・ピケティ、ジョセフ・スティグリッツなど、再分配の格差のさまざまなマイナス面を詳細に論じる著述家も多数現れた[39]。

もっとはっきりとグローバル化との関連を述べると、ビジネスリーダー自身が格差拡大の要因についての見解を――私の複数国を対象とした意識調査では半数近くがグローバル化を主要因と考えていた――、真の原因について論じた本書の内容に照らして再考する必要がある。

さらに、第3章で触れた技術の変化と人口動態トレンドが相まって、富の再分配への懸念に敏感になることは、一層切実に求められそうだ。

世界銀行総裁のジム・ヨン・キムの言葉を借りれば、「インターネットアクセスの普及に伴い、人々は自分の所得の比較対象を外部に求めるようになってきている。人並みとは、かつては隣人と同程度という意味だった。しかし比較対象は、もはや身近に暮らす人々だけではない。インターネット接続によって、世界中が比較の対象になりうる[40]」。

最後の一文には多少グローバロニーが入っているが、キムの指摘は、特にGDPの成長が人口増に追いついていないと彼が言及したアフリカに関して、確かに的を射ている。二〇五〇年までの世界人口増の半数以上がアフリカで起こると予測されていることを考えると、さまざまな領域で赤信号が点滅し始めるはずだ。アフリカがますます取り残される世界秩序は、果たして持続可能なのだろうか。[41]

◆市場の失敗を認められない

ビジネスパーソンが陥りがちな基本的な経済学の誤解は、効率性を公正と混同することだけではない。市場の効率性さえ実現できなくなる条件も、彼らは忘れがちだ(あるいは、そもそも知らない)。

前段で紹介した意識調査で、経営学または金融論の学士号か修士号を持つ米国人(傾向はもう少し低いがドイツ人も)は、他分野で同等の学歴を持つ人々に比べ、市場の失敗を割り引いて考える傾向が高かった。市場の失敗を利用しようとする事業戦略がいかに多いかをふまえて、ビジネスの素養があり、市場の失敗に他人より目ざといだろうと思われる人々にさえ、このような盲点が生じるのである。

米国とドイツで行った意識調査をもう少し詳細に紹介すると、市場の失敗に関する箇所では次の設問文を提示した。

①自由市場は必ず活発な競争につながる。

②長期的展望を持つ企業はその環境によって成功すると信頼できる。
③賢明な企業はリスクと市場の変動性に自力で対処できる。

経済学者であれば、おそらく三つの設問文のいずれにも同意しないだろう。これらは市場が失敗することがわかっている典型的な領域にそれぞれ対応しているからだ。すなわち、①独占企業または寡占企業が消費者を犠牲にして市場支配力を行使する場合、②外部性（環境汚染など）が価格に織り込まれない場合、③情報の不完全性により買い手と売り手が取引および取引関連リスクの有効な価格設定を行う能力が損なわれる場合、である。

しかし、三つすべてについて、経営学の卒業生は他の回答者に比べて、はるかにこのような誤謬を信じやすかった。しかも、三タイプの市場の失敗すべての懸念が小さくなるどころか高まっているエビデンスが、少なくとも米国には存在する時代にである[42]。

企業幹部が市場の失敗をもっと真剣に受け止めれば、彼ら自身も社会も、どれほど益を得るだろうか。マネジャーが社会の福利をじかに気にかけているなら、市場の失敗を懸念する必要があるのは明らかである。たとえ株主価値しか気にしていないとしても、市場の失敗に関心を向ければ、マネジャーが力を結集して、あるいは連携して行動することによって収益性を高められることが理解できるはずである（たとえば、非規制市場への単純な信頼と矛盾する米国輸出入銀行の存在理由）。

市場の失敗を真剣に考えれば、マネジャーは社会の懸念と満たされていないニーズ、そして、このような問題をどうすれば利益を生み出す要因に変えられるかを正しく評価できる——企業の社会的責任の「投資対効果検討書(ビジネスケース)」となるわけだ。自社が成功した本当の理由を知れば、つまり市場の失敗のおかげで経済的レントを獲得したのだと認識すれば、ビジネスリーダーたちは自分の努力が果たした役割を過大評価しなくなる。

どれほど鈍感なマネジャーでも、社会政治的な反動の餌食になったり法律に抵触したりする可能性を軽減したければ、市場の失敗を理解しなければならない(米国には市場支配力の行使を大きく制限する法律がある)。市場の失敗の性質と程度を織り込めば、非市場戦略は市場戦略以上の効果を発揮する可能性がある。

◆社会的関与のための地域戦略の連携に無頓着である

混乱が起きている第三の領域は、非市場戦略の明確にグローバルな部分にかかわってくる。つまり、各国の政府やそれぞれに異なる法の枠組みなど、公的な要件だけでなく、世界中のさまざまな国の国民にどう対応するかだ。

グローバル化の法則が、戦略設計の基本的な原則を示唆するうえで多少役に立つだろう。セミ・グローバリゼーションの法則に鑑みれば、ここでそのままローカル化と同じ手法を取る、つまり、会社が事業展開している国の政府の要求に単純に合わせるのではうまくいかない。

人々が考えがちなほど世界のグローバル化が進んでいないとはいっても、国ごとのアプローチで済ませられない程度には世界は統合されているのだ。

多国籍企業は対政府と対社会の課題をローカル化するとともに、国同士で連携させる必要がある。反グローバル化の圧力から、企業は自社が事業展開している国々にもたらす便益を増やし、そのことを発信する必要に迫られている。一般国民は雇用や技術などの形で企業の貢献を求めている。他方、本国の利害関係者も、企業からの配慮を求める権利が自分たちにはあると考えているものだ。

また、隔たりの法則どおり、本国が形成する関係性のつながりは、近隣諸国や類似点のある国々との間で最も強い。たとえば、ほとんどのメキシコ企業は、メキシコと米国の国交や、その成果に自社がどう影響を及ぼすべきか、起こりうることにどう準備すべきかを熟慮しようとするはずだ。

また、グローバル化への圧力が最大となっている国の内部が分極化していれば、純粋なローカル化をめざす非市場戦略は、なおさら不適切である。公共政策をめぐる議論では共通の立ち位置が縮小しつつあり――そして、議論の前提として誰もが合意する事実がなくなりつつある――企業は地元の支持を広く得られる立場を打ち出すことすらできないかもしれない。

このような分極化は、企業に生々しい影響を与える可能性がある。たとえば、何人かのビジネスリーダーたちはトランプ大統領の顧問団に入ったときに大きな批判を受け、彼らの会社にもある程度の反響があった。そして、分極化が社内に持ち込まれれば、会社が何に賛同するか、なぜある話題をタブーにするのかの議論すら起こりかねない。こうした問題について社内で話し合うことを避けては、有効な非市場戦略を立てられないだろう。

最後に、歴史の警告を取り上げておきたい。ハーバード・ビジネススクール教授で経営史を教えるジェフリー・ジョーンズは、一九三〇年代に保護主義や排外主義などで社会環境が混乱したとき、大半の企業が自社の対応を明らかにしなかったと指摘している。

ジョーンズが挙げる例の一つが、ドイツのナチス政権台頭に対するＩＢＭの対応だ。ＩＢＭが支援した国勢調査がユダヤ人の特定と迫害に使われていることが明らかになってからも、ＩＢＭは撤退せずナチス政権の下で事業を成長させようとした。その意思決定はある意味、ローカル化対応と考えられるかもしれない。一九三七年に当時のＣＥＯ、トーマス・ワトソンはヒトラーから「第三帝国への功績」により、勲章を授与されている。[43]

このような戦略は、今日では検討すらされないことを私は願う。しかしこの例は、企業が自社の価値観を話し合い、その価値観を体現する努力をしなければ、現地の政権の意向に応じることだけに徹する非市場戦略に安易に流れてしまいかねないことを肝に銘じさせてくれる点では有益だ。

純粋なローカル化は不適切であるというテーマは、本章と本書を締めくくるにふさわしい。

本書で一貫して主張してきたように、ローカル化(戦略の、プレゼンスの、組織構造の、非市場戦略の)は反グローバル化の嵐が吹き荒れる現状への回答とはなりえない。

グローバル化に対するバラ色の夢はすっかり影に覆われてしまったが、グローバル化は(少なくともまだ)再び大きく逆行し始めたわけではない。たとえ逆行したとしても、グローバル化が終焉したと語るのは間違いである。テープレコーダーの巻き戻しボタンを電源オフのボタンと混同してはならない。グローバル化の法則は今も生きており、企業と社会が引き返さず、敢然と前に進むことによって手にできるチャンスは莫大だ。

しかし、そのためには、私たち皆が、個人的にも、職業人としても、今も私たちを分断している国境の存在を認識し、差異と隔たりにもっと敏感になり、新しい道を行くときに付き物のリスクを受け入れなければならない。橋はその性質上、壁よりも築くのが難しいが、本書に描き出したグローバルな地図の広大な世界を切り拓いてくれるのは、橋なのである。

本章のまとめ

経営実務へのヒント

❶ 非市場戦略は、企業の政府、NGO、メディア、一般国民とのかかわりを広く包含しており、市場取引の範囲外に及ぶもので、しばしば市場活動を支配するルールに影

響を与える。

❷ グローバル化と大企業への反感や、将来の経済政策の不確実性が増したことによって、非市場戦略の重要性が高まっている。

❸ 国際的に、人々が自国民を外国人より優遇すべきと考える強い傾向(自国びいき)から、非市場戦略が難しくなっている。

❹ 自国びいきとグローバロニーが相まって、反グローバル化の怒りを煽っている。この怒りは自国びいきまたはグローバロニー、できれば両方を縮小させることによって対処できる。

❺ グローバル化のせいとされる不都合(格差拡大など)の大半は国内に根本要因がある。つまり、国際的な開放政策は的を絞った国内規制とセットで進めるのが、社会にとって最善の策であることがわかる。

❻ グローバル化進展のメリットは実害を上回るため、ビジネスリーダーは国際統合の後退より進展を支持すべきである。

❼ グローバル化をめぐる状況を改善するために、企業はFRIENDプログラムを採用し、事実、レトリック、情報または人の交流、教育、非市場戦略、富の再分配の向上にどう貢献できるかを考えることができる。

❽ 企業と企業を率いる立場の人々は、社会とのかかわりを改善するために、自ら変わ

らなければならない領域についても考えるべきである。

❾ 企業には全般的な弱点が特に三つある。すなわち、富の再分配への懸念に鈍感であること、市場の失敗を認められないこと、社会的関与のための地域戦略の連携に無頓着であることだ。

❿ グローバル化の法則が今後も当てはまる限り、純粋なローカル化と純粋なグローバル化という両極端の中間にある豊富な可能性を利用する戦略、プレゼンス、組織構造、非市場戦略へのアプローチで世界をＳＰＡＮすることが、企業にとってのメリットとなるだろう。

謝辞

Acknowledgments

本書は、*Redefining Global Strategy*（二〇〇七年、邦題『コークの味は国ごとに違うべきか』）、*World 3.0: Global Prosperity and How to Achieve It*（二〇一一年）、*The Laws of Globalization and Business Applications*（二〇一六年）を礎としている。

だから、グローバル化と企業についての私の考察に何らかの形で影響を与えてくれた人々すべてのお名前を出して謝意を伝えることはできない。そこで、ここでは本書に直接協力してくださった方々のお名前を挙げるにとどめさせていただく。

最もお世話になったのは、執筆プロジェクトを監督し、第4章と第6章の原案を書き、その他の章についても大きな助力をくださったニューヨーク大学スターン・ビジネススクールの経営教育国際化セミナー（CGEM）のエグゼクティブ・ディレクター、スティーブン・オルトマンである。

また、同じくCGEMのフィリップ・バスティアンとエリカ・ウンには、本書の下地となっている調査の多くを素晴らしいスキルとスピードで実施していただいた。ジョルディ・カナルス、トーマス・ハウト、ガイ・フェファーマン、マーティン・リーブス、ヘイニ・シー、ダニエル・シンプソン、その他の匿名の査読者の皆さんからは、原稿の改善点について有益な助言をいただいた。

最後に、ハーバード・ビジネス・レビュー・プレスの長年の担当編集者であるメリンダ・メリノは、本書に熱意を注ぎ、完成のスピードアップにご尽力いただいた。この場を借りて、お礼を申し上げたい。ＩＥＳＥビジネススクールで長らくアシスタントを務めてくれているマルタ・ドメネクにも多大なサポートをしていただいた。また、ニューヨーク大学スターン・ビジネススクールのＣＧＥＭとＩＥＳＥの研究部門には、私の研究に惜しみない資金援助をしていただいた。

VUCA時代のグローバル戦略

2020年11月5日発行

著　者――パンカジュ・ゲマワット
監訳者――琴坂将広
訳　者――月谷真紀
発行者――駒橋憲一
発行所――東洋経済新報社
〒103-8345　東京都中央区日本橋本石町 1-2-1
電話＝東洋経済コールセンター　03(6386)1040
https://toyokeizai.net/

装　丁……………………コバヤシタケシ
本文デザイン・DTP……米谷　豪(orange_noiz)
印刷・製本………………リーブルテック
編集担当…………………佐藤　敬
Printed in Japan　　ISBN 978-4-492-53431-1

◆ 著者紹介

パンカジュ・ゲマワット(Pankaj Ghemawat)

ニューヨーク大学スターン・ビジネススクール教授(マネジメント・経営戦略)兼経営教育国際化センター(CGEM)ディレクター. IESEビジネススクールのグローバル戦略アンセルモ・ルビラルタ記念講座教授. 1983～2008年はハーバード・ビジネススクールで教鞭を執り, 1991年に史上最年少で正教授に就任している.
グローバル化およびビジネス・ストラテジスト, 大学教授, 講演家であるゲマワットは, 組織や政策担当者に大きな市場の変化を予想し, 備えるための助言を行っている. 新興国市場, 持続可能な競争優位性, 戦略投資も専門としている.
2008年には,『エコノミスト』誌の「史上最も偉大な経営思想家ガイド」に最年少の「指導者」として選出されている. 世界の経営思想家トップ20人(Thinkers 50), ケース教材著者のトップ20人(ケースセンター)にも入っている.『ハーバード・ビジネス・レビュー』に掲載された年間最優秀論文を表彰するマッキンゼー・アワード, 米国経営学会国際経営部会のブーズ・エミネント・スカラー・アワード, 同学会経営戦略部会のアーウィン・エデュケーター・オブ・ザ・イヤー・アワードを受賞している.
グローバル化と国際ビジネスに関する前著には, *The Laws of Globalization and Business Applications*, *World 3.0*, *Redefining Global Strategy*(邦題『コークの味は国ごとに違うべきか』文藝春秋)がある. *World 3.0*は『エコノミスト』誌から「現代の最も重要な経済情勢を理解したい人の必読書」として推奨されている. 同書は2年に1度, 最も優れたビジネス書に与えられるThinkers50の賞を受賞した.
ゲマワットは, DHL世界連結性指標の主要執筆者であり, PRISM(Practice and Research in Strategic Management)財団の会長を務めている. また, ビジネススクールの主要認証機関であるAACSB(Association to Advance Collegiate Schools of Business)の任命により経営教育のグローバル化タスクフォースに参加, グローバル化に関して教えるべき内容と教授法を提言する報告書を執筆した.
動的マップと独自ツールなどの詳細情報は, Ghemawat.comに掲載されている.

◆ 監訳者紹介

琴坂将広（ことさか・まさひろ）

慶應義塾大学総合政策学部准教授．慶應義塾大学環境情報学部卒業．博士（経営学・オックスフォード大学）．小売・ITの領域における3社の起業を経験後，マッキンゼー・アンド・カンパニーの東京およびフランクフルト支社に勤務．北欧，西欧，中東，アジアの9カ国において新規事業，経営戦略策定にかかわる．同社退職後，オックスフォード大学サイード・ビジネススクール，立命館大学経営学部を経て，2016年より現職．上場企業を含む数社の社外役員・顧問を兼務．専門は国際経営と経営戦略．主な著作に『経営戦略原論』（東洋経済新報社），『領域を超える経営学』（ダイヤモンド社），共同執筆に*Japanese Management in Evolution New Directions, Breaks, and Emerging Practices*（Routledge），*East Asian Capitalism: Diversity, Continuity, and Change*（Oxford University Press），『STARTUP』（NewsPicksパブリッシング）などがある．

◆ 訳者紹介

月谷真紀（つきたに・まき）

翻訳家．上智大学文学部卒業．訳書に『ネクスト・シェア』『デジタルエコノミーはいかにして道を誤るか』（以上，東洋経済新報社），『大学なんか行っても意味はない？』（みすず書房），『Learn Better』（英治出版），『コトラー＆ケラーのマーケティング・マネジメント　第12版』（丸善出版）など．

索引

A～Z

ア行

カ行

サ行

タ行

ナ行

ハ行

マ行

ヤ行

ラ行

ワ行

原注

序章

1 "Jack Ma Talks About Retirement, Anti-Globalization, AI and China," *China Post,* July 26, 2017.

2 イメルトが初めてローカル化を唱えたのは，2016年のニューヨーク大学スターンスクール卒業式のスピーチにおいてである．その発言は，こちらから参照できる（https://www.ge.com/reports/the-world-i-see-immelts-advice-to-win-in-the-time-of-globalization/）．その後，イメルトは主張を若干トーンダウンさせ，「コネクテッド・ローカリゼーション」戦略と呼んでいる．

3 "The Retreat of the Global Company," *Economist,* January 28, 2017.

4 2017年後半現在，グローバル化のヨーヨーが再び上昇し始めたことを示すきざしがいくつかある．2017年8月に行われたこのトピックに関するNBC／『ウォールストリート・ジャーナル』誌の世論調査で，20年ぶりに半数以上の米国人がグローバル化はどちらかといえば良いと回答したのだ（「悪い」40％に対して「良い」49％）．関連する論考として，以下を参照されたい．Aaron Black, "The pillars of Trump's nationalism are weakening," *Washington Post,* September 6, 2017. また，グローバルなマクロ経済成長を期待する予測も楽観論の要因になっている．たとえば，the IMF World Economic Outlook, October 2017 updateを参照されたい．金融市場が先進諸国と新興諸国の「同時成長」をもてはやしている事実も同様だ．以下を参照されたい．Chetan Ahya, "Global Growth Is Finally in Sync: Can It Last?" Morgan Stanley research, March 29, 2017 (https://www.morganstanley.com/ideas/global-growth-in-sync.html). さらに，グローバル化を取り上げたニュース報道の論調が2017年に好転したと示唆する予備分析がある（第1章では，米国，英国，インドで2016年にニュース報道がネガティブに大きく転換したエビデンスを示す）．

5 Peter A. Thiel, "The Optimistic Thought Experiment," *Hoover Institution,* January 29, 2008.

6 Harriet Taylor, "Trump's Biggest Tech Supporter: Election Showed 'the Tide Is Going Out' on Globalization," *CNBC,* March 8, 2017.

7 図0-1のタイトル，小見出し，ヨーヨーの絵は新しくしたが，ここに描かれている緊張関係はすべて元のプレゼンテーションで取り上げたものである．図0-1は企業内でグローバル化へのアプローチ変更を議論する枠組みとしても使える．御社と競合他社の5年前，現在，5年後の予想の位置をプロットしてみてほしい．

8 Muhtar Kent, James Quincey, Kathy Waller, and Tim Leveridge, "2016 Holiday Reception: Prepared Remarks and Q&A," Coca-Cola Company, December 15, 2016.

9 AAA戦略と隔たりのフレームワークCAGEについては，Pankaj Ghemawat, *Redefining Global Strategy: Crossing Borders in a World Where Differences Still Matter* (Boston: Harvard Business Review Press, 2007, reissued in 2018)［望月衛訳『コークの味は国ごとに違うべきか――ゲマワット教授の経営教室』文藝春秋，2009年］で詳細に論じた．本書では，これらのフレームワークを現在の文脈にいかに適用するかに焦点を絞っている．

第1章

1 Pankaj Ghemawat, *The Laws of Globalization and Business Applications* (Cambridge: Cambridge University Press, 2016).

2 「グローバロニー」は，米国の政治家の故クレア・ブース・ルースの造語である．以下を参照のこと．Albin Krebs, "Clare Boothe Luce Dies at 84: Playwright, Politician, Envoy," *New York Times,* October 10, 1987.

3 Robert J. Samuelson, "Globalization at Warp Speed," *Washington Post,* August 30, 2015; "The Post's View: The End of Globalization?" editorial, *Washington Post,* September 20, 2015.

4 Jim Tankersley, "Britain Just Killed Globalization As We Know It," *Washington Post,* June 25, 2016.

5 Paul Mason, "Globalisation Is Dead, and White Supremacy Has Triumphed," *Guardian,* November 9, 2016.

6 IBMワトソンAlchemyAPIを用いて米国の『ニューヨーク・タイムズ』『ウォールストリート・ジャーナル』『ワシントン・ポスト』，英国の『タイムズ・オブ・ロンドン』『ガーディアン』『フィナンシャル・タイムズ』，インド

の『タイムズ・オブ・インディア』『ヒンドゥスタン・タイムズ』『ビジネス・スタンダード』の「グローバル化」という語を含む記事に適用して行った分析に基づいた．正確な国際比較を行うため，3カ国の出版物サンプルはすべて英語のみに限定する必要性から，インドは使用した新聞よりも購読者が多いローカル言語の新聞を分析から除外していることに留意されたい．

7 Finbarr Livesey, *From Global to Local* (New York: Pantheon, 2017); Ian Bremmer, *Us vs. Them: The Failure of Globalism* (New York: Portfolio, 2018)［奥村準訳『対立の世紀――グローバリズムの破綻』日本経済新聞出版社，2018年］．

8 Pankaj Ghemawat and Steven A. Altman, *DHL Global Connectedness Index 2016: The State of Globalization in an Age of Ambiguity* (Bonn: Deutsche Post DHL, 2016)．このデータは，www.dhl.com/gciより無料でダウンロードできる．

9 グローバル化の指標は他にもいくつかあるが，グローバル化トレンドを全体的に測定した既存の主要な指標として金融危機時の下降を捕捉しているのはDHL世界連結性指標のみである．この下降を捉え損ねているとなると，他のグローバル化指標をビジネスや経済の方針決定の参考資料に使うことには疑問が生じる．アーンスト＆ヤングのグローバル化指標には，まったく下降が示されておらず，KOFグローバル化指標は，短期間の停滞しか示されていない．

10 マッキンゼー・グローバル・インスティテュートの2016年3月の報告書「Digital Globalization: The New Era of Global Flows」では，国際インターネット帯域幅が過去10年間で45倍に拡大したことを強調しているが，私はゲマワット／オルトマン『DHL世界連結性指標2016年』に報告したとおり，インターネット・トラフィックの国際シェアは2倍に拡大したにすぎないと推定している．

11 World Trade Organization, "Trade Recovery Expected in 2017 and 2018, Amid Policy Uncertainty," World Trade Organization, April 12, 2017.

12 さらに厳密には，チャートでは指標の作成に用いた重みを使って，広さの次元に取り上げたフローが移動した加重平均距離を描き出している．広さの次元のフローと重みは，次のとおりである．貿易の柱（35％加重）は商品貿易のみに基づく．資本の柱（35％加重）はFDIのフローとストック，ポートフォリオ・エクイティ半々ずつに基づく．情報の柱（15％加重）は電話件数3分の2，印刷物取引3分の1に基づく．人の柱（15％加重）は移民，観光客，大

学留学生に均等に基づく.

13 財とサービスの総輸出額を世界GDPに占める割合で見ると，2014年の31%から2015年に29%，2016年には28%と減少している（以下のデータによる. The World Trade Organization [WTO] Statistics Database and GDP data from the International Monetary Fund [IMF], *World Economic Outlook,* April 2017 update）. 2017年上期の貿易の深さの暫定的な特性評価は，著者の四半期国際連結（QUIC）指標から取った. QUICは四半期データが入手できる国の貿易の深さと資本の深さを追跡したものである. QUIC指標は，2017年第1四半期に貿易の深さが増加し，第2四半期にはわずかに減少したものの，2016年第4四半期を上回るレベルにとどまっていることを示している. 2017年9月現在，WTOは貿易量が2017年を通してGDPの伸びより早く成長すると予測している（WTO Press Release, "WTO Upgrades Forecast for 2017 as Trade Rebounds Strongly," September 21, 2017）. 貿易の深さの別の測定基準と長期的なトレンドデータは次節で取り上げる.

14 2016年のFDIのフローは予想を上回った. UN Conference on Trade and Development, *World Investment Report*（UNCTAD, 2016）は，FDIの流入が10～15%減少すると予測していたが，2017年版の同報告書に記された2016年の実績では，減少割合はわずか2%である. FDI流入をグローバル総固定資本形成（GFCF）に占める割合で見ると，2014年の6.8%から2015年には9.5%に増加し，その後2016年に9.4%に減少している. FDI流出をGFCFに占める割合で見ると，2014年の6.5%から2015年には8.6%に増加し，その後2016年に7.9%に減少している. 著者のQUIC指標（注13を参照）では，FDIの深さは2016年第4四半期と比較すると，2017年第1四半期にわずかに減少している. しかし，それでも2016年第3四半期のレベルより高く，四半期ごとのFDIのフローの正常な変動範囲に収まっている.

15 グローバル化の深さと広さに関するデータがどのように2つの法則の裏づけとなるかについて，詳しくは以下を参照されたい. Ghemawat, *Laws of Globalization and Business Applications.*

16 国レベルのこのパターンの典型的な例外は小国である. 深さがたとえわずかでも，大きな反動が起こりうることに注意されたい. 移民関連の問題は，外国出身の人々が人口に占める割合が10%台に乗った頃から議論になりやすい. ただし，この推定は議論する人の近隣の話なのか国全体の話なのか，移民の割合が増え始めたタイミング，経済全体の状況によってもおそらく変わってくるだろう（反移民感情は反循環的な傾向がある）. eコマースの

台頭と従来の小売業者への影響も，政治というより市場の視点から興味深いアナロジーを提供する．米国商務省によれば，eコマースの売上は総合しても米国の小売業売上のわずか8%にすぎず，PwCストラテジーアンドがeコマースの対象にならない自動車などのセクターを除外して出した推定値でも約16%である．このレベルのeコマースの浸透度であっても，従来型の小売業者に危機を引き起こすには十分だった．以下を参照されたい．US Census Bureau, "Quarterly Retail E-Commerce Sales, 2nd Quarter 2017," US Department of Commerce, Washington, DC, August 17, 2017 (www.census.gov/retail/mrts/www/data/pdf/ec_current.pdf); Nick Hodson and Marco Kesteloo, "2015 Retail Trends," *Bricks & Clicks* (blog), Strategy&, accessed September 30, 2017 (www.strategyand.pwc.com/trends/2015-retail-trends).

17 2014年の輸出額として推定された26%は，外国の情報源を根拠としており，59カ国の輸出加重平均と経済協力開発機構（OECD）の貿易付加価値（TiVA）データベースで，この指標に関して入手できるデータ（TiVA Nowcast Estimates dataset accessed in August 2017）に従っている．

18 以下から取得したGDPデータのセクター別構成の比較に基づいて算出した．UN Conference on Trade and Development, *World Investment Report* (UNCTAD, 2013), 137, with sectoral composition of GDP data from World Bank World Development Indicators database.

19 この理論上のベンチマークは，一国の買い手が外国の生産者から国内の生産者と同様に財を購入する意向があるという前提に基づいた．この前提では，総国内消費に輸入品が占める割合は，一から世界の財の生産高に占める一国の割合を差し引いたものに等しい．以下を参照されたい．Elhanan Helpman, "Imperfect Competition and International Trade: Evidence from Fourteen Industrial Countries," *Journal of the Japanese and International Economies* 1, no. 1 (1987); Jeffrey A. Frankel, "Assessing the Efficiency Gain from Further Liberalization," in *Efficiency, Equity, and Legitimacy: The Multilateral Trading System at the Millennium,* ed. Roger B. Porter, Pierre Sauvé, Arvind Subramanian, and Americo Beviglia Zampetti (Washington, DC: Brookings Institution Press, 2001); Jonathan Eaton and Samuel Kortum, "Technology, Geography, and Trade," *Econometrica* 70, no. 5 (2002).

20 グローバル化ホットスポット指標（Globalization Hotspots index）は，私が作成した2つの都市レベルのグローバル化指標の1つである．グローバル化

ホットスポット指標では，都市の国際間交流の深さに注目している．もう1つの指標，グローバル化大都市指標（Globalization Giants）では，都市の国際間交流の総量に注目している．

21 以下に基づいて算出した．OECD Trade in Value Added（TiVA）database, December 2016 and IMF, *World Economic Outlook Database,* October 2016. もしグローバル化の法則がここで当てはまらず，シンガポール人が製品とサービスを国内と同様に気軽に海外から購入していたとすれば，彼らが消費および投資している生産高の99％以上が外国産（1から世界GDPにシンガポールの占める割合を差し引いた数字）になっていることに注意されたい．

22 以下を参照されたい．Edward E. Leamer and James Levinsohn, "International Trade Theory: The Evidence," in *Handbook of International Economics,* ed. Gene M. Grossman and Kenneth Rogoff（Amsterdam: Elsevier, 1995）, 1384.

23 HM Treasury, "HM Treasury Analysis: The Long-Term Economic Impact of EU Membership and the Alternatives," UK government website, April 2016.

24 他の国々や他の国際活動についての同様の地図は，著者のウェブサイト（www.ghemawat.com/maps）で閲覧できる．

25 ドイツにとって，物理的な距離に対する商品輸出の弾力性は，約マイナス1である．弾力性がマイナス1であるとは，距離が倍増すると貿易量が半減し，距離が半減すると貿易量が倍増するという意味だ．たとえば，ベルギー，フランス，ギリシャへのドイツの輸出結合度を考えてみよう．ドイツからベルギーへの距離（両国の大都市間の距離の人口加重平均に基づく）はドイツからフランスへの距離の半分である．そして実際に，ドイツからフランスへの輸出結合度はドイツからベルギーへの輸出結合度の約半分である．ドイツからギリシャへの距離はドイツからベルギーへの距離の4倍強（ドイツからフランスへの距離の2倍）であり，その効果はさらに倍となるはずだ（2×2＝4）．そして現実に，ドイツからベルギーへの輸出結合度は，ドイツからギリシャへの輸出のおよそ4倍である．

26 CAGEフレームワークは，Pankaj Ghemawat, "Distance Still Matters: The Hard Reality of Global Expansion," *Harvard Business Review,* September 2001［スコフィールド素子訳「海外市場のポートフォリオ分析」『DIAMONDハーバード・ビジネス・レビュー』2002年1月号：143-154］で紹介し，Pankaj Ghemawat, *Redefining Global Strategy: Crossing Borders in a World Where Differences Still Matter*（Boston: Harvard Business School Press,

2007)［前出『コークの味は国ごとに違うべきか』］で詳述している．フレームワークの次元の名称は，直観的にわかるように付けたが，「行政」の意味についてはときどき誤解が生じる．「行政（administrative）」ではなく「制度（institutional）」か「政治（political）」としてもよいのだが，そうすると略称の面白みがなくなってしまう．また，国際交流の推進要因には簡単に分類できないものがある．たとえば，植民地時代のつながりがあると，文化面と行政面に類似点が表れやすい．それが，両者の差異の橋渡しになると考えることができる．CAGEフレームワークは企業の意思決定者に相互に排除する分類法を提示するのではなく，複数の顕著な隔たりの次元に注目してもらうことを意図している．

27　賃金格差によって，ドイツとドイツ企業がサプライチェーンを持っている東欧の近隣諸国間の貿易が増加しているが，経済的な類似点によって，ドイツの輸出品に対する西欧諸国からの需要が高まってもいる．ドイツの国内顧客向けに開発された製品は，フランスや英国などの多くの買い手にとって手頃で魅力的であることが多い．

28　他のさまざまな国際活動についての同様の分析に興味のある方は，著者のウェブサイト（www.ghemawat.com/cage）を参照いただきたい．

29　言い換えると，この推定値は，ある2国が距離以外は同じ条件の2国と比べ，距離が半分であれば貿易とFDIがどれだけ増えるかを示している．すべての国を対象にした場合，貿易に対する物理的距離の影響はドイツよりさらに大きい点に注目されたい．しかし，これらの値を比較する際には，ドイツの弾力性マイナス1はGDPと物理的距離を根拠にしているが，ここで論じている完全な重力モデルではCAGEフレームワークの4つの次元すべてに基づいた説明変数を組み入れていることを留意いただきたい．そのため，取り上げた国と説明変数の範囲が2つの分析では異なっている．

30　ここに記した貿易に対する隔たりの影響の推定値は，総輸出のデータを使って算出した．複数国にまたがるサプライチェーンを考慮して調整を行うと，パラメータの推定値に多少変更が出るが，付加価値貿易の重力モデルも隔たりの法則の強力な裏づけとなる．付加価値貿易に変更しても，各国の貿易相手国のランキングはわずかしか変動しない．総輸出の貿易相手国のランキングと（付加価値輸出の指標としての）最終海外需要に含まれる国内付加価値の相関は，2000年から2011年で0.97だった．総輸出のデータは，以下から使用した．The IMF Direction of Trade Statistics（DOTS）から，付加価値貿易のデータは，the OECD's Trade in Value Added（TiVA）database から使用

した.

31 このパラグラフと次のパラグラフで説明したモデリングは，以下の文献で取り上げている．Pankaj Ghemawat and Steven A. Altman, “Distance at the Industry and Company Levels,” in Ghemawat, *Laws of Globalization*.

32 人々の感覚とは反するこれらの発見から，「隔たりの謎」(以下を参照されたい．Claudia M. Buch, Jörn Kleinert, and Farid Toubal, “The Distance Puzzle: On the Interpretation of the Distance Coefficient in Gravity Equations,” *Economics Letters* 83, no. 3 [2004]) あるいは「失われたグローバル化の謎」(以下を参照されたい．David T. Coe, Arvind Subramanian, and Natalia T. Tamirisa, “The Missing Globalization Puzzle: Evidence of the Declining Importance of Distance,” *IMF Staff Papers* 54, no. 1 [2007]: 34-58) としばしば呼ばれる研究が生まれた．

33 阻害要因がない場合のベンチマークを約8300キロメートルとしたのは，各国が他国からの輸入品を，原産国の世界GDPに占める割合に比例して消費するという前提に基づいている．

34 Keith Head and Thierry Mayer, “What Separates Us? Sources of Resistance to Globalization,” *Canadian Journal of Economics/Revue canadienne d'économique* 46, no. 4 (2013).

35 Michele Fratianni, “The Gravity Model in International Trade,” in *The Oxford Handbook of International Business*, ed. Alan M. Rugman (Oxford: Oxford University Press, 2009).

36 Thomas L Friedman, *The World Is Flat: A Brief History of the Twenty-First Century* (New York: Farrar Straus and Giroux, 2005) [伏見威蕃訳『フラット化する世界――経済の大転換と人間の未来〔増補改訂版〕上・下』日本経済新聞出版社，2008年]．本文の訳は，邦訳書より引用した．

37 この計算に用いたデータは，2014年11月に米国商務省のジム・フェッツァーと交わしたメールのものである．

38 2017年3月21日～4月6日にかけて実施したマネジャー対象のオンライン意識調査．この意識調査は先進国3カ国（米国，英国，ドイツ）と新興国3カ国（中国，インド，ブラジル）で実施した．どの国でも，従業員数100名以上の企業で意思決定者もしくはディレクター／マネジャー職に就いている1000人以上が回答している．

39 この測定値と関連する追加データの出所は，第5章と第6章で取り上げる．

40 著者のウェブサイトのCAGEコンパレータ・ツール．

41　知覚バイアスと動機による歪みでも，グローバル化にまつわるセンチメントとヨーヨーダイエットを類比することができる．人が自分の体重についていかに誤った推定をしがちかに関する文献にこの2つが取り上げられている．たとえば，以下を参照されたい．Amanda Conley and Jason D. Boardman, "Weight Overestimation as an Indicator of Disordered Eating Behaviors Among Young Women in the United States," *International Journal of Eating Disorders* 40, no. 5 (2007). 3つ目のカテゴリーであるテクノトランスは，テクノ音楽が脳の活動に及ぼす影響との類比である．

42　Daniel Cohen, *Globalization and Its Enemies* (Cambridge: MIT Press, 2007).

43　Parag Khanna, "Remapping the World," 10 Ideas for the Next 10 Years, *Time,* March 22, 2010.

44　グローバル化をめぐるデジタル技術への妄信は，以下の文献で詳しく論じている．Pankaj Ghemawat, "Even in a Digital World, Globalization Is Not Inevitable," *Harvard Business Review,* February 1, 2017.

45　Peter A. Thiel, "The Optimistic Thought Experiment," *Hoover Institution,* January 29, 2008.

46　これらの意識調査結果については，第4章と第5章でもう少し詳しく取り上げる．

47　Robert Woodruff, in *The Cola Conquest,* video directed by Irene Angelico (Ronin Films, 1998).

48　1997年8月25日，モンテ・カルロの世界ボトラー会議でのロベルト・C・ゴイズエタの発言（www.goizuetafoundation.org/category/speeches）．

49　以下の文献で引用されたロベルト・C・ゴイズエタの発言．Chris Rouch, "Coke Executive John Hunter Calling It Quits," *Atlanta Journal and Constitution,* January 12, 1996.

50　Roberto C. Goizueta, in *The Cola Conquest.*

51　グローバル化に関連するとされる弊害について，詳しくは本書の第7章と以下を参照されたい．Pankaj Ghemawat, *World 3.0: Global Prosperity and How to Achieve It* (Boston: Harvard Business Review Press, 2011), chaps. 5-11.

52　Julia Kirby and Thomas A. Stewart, "The Institutional Yes," *Harvard Business Review,* October 2007［有賀裕子訳「アマゾン・ウェイ」『DIAMONDハーバード・ビジネス・レビュー』2008年2月号：22-34］．本文の訳は，邦訳

論文より引用した.

図1-4の出所　[eコマース] Ivan Chan, "Cross-Border Ecommerce," *Accenture*, 2016. [サービスの付加価値輸出, 商品の付加価値輸出] 2013 UNCTAD World Investment Report; World Bank *World Development Indicators*. [商品およびサービスの付加価値輸出] World Trade Organization *Time Series Statistics*; International Monetary Fund *World Economic Outlook Database*, April 2017; Organisation for Economic Cooperation and Development *Trade in Value Added (TiVA) database* (TiVA Nowcast Estimates dataset accessed in August 2017). [財とサービスの総輸出高] World Trade Organization *Statistics Database*; International Monetary Fund *World Economic Outlook Database*, April 2017. [総資本流入] Susan Lund et al., "The New Dynamics of Financial Globalization," *McKinsey Global Institute*, August 2017. [外国直接投資流入] 2017 UNCTAD World Investment Report. [政府債務, 特許(外国人出願者への認可)] Euromonitor *Passport Database*. [株式市場投資, 電話, インターネットのトラフィック, 移民, 旅行者] 2016 DHL Global Connectedness Index. [郵便] Universal Postal Union *Postal Statistics*. [オンラインニュース] Ethan Zuckerman, *Digital Cosmopolitans: Why We Think the Internet Connects Us, Why It Doesn't, and How to Rewire It* (New York: WW Norton & Company, 2013). [特許(外国の共同発明者との)] Organisation for Economic Co-operation and Development, "Science, Technology and Industry Scoreboard," 2013. [フェイスブック] Maurice H. Yearwood et al., "On Wealth and the Diversity of Friendships: High Social Class People around the World Have Fewer International Friends," *Personality and Individual Differences* 87 (2015). [ユーチューブのトレンド動画] Edward L. Platt, Rahul Bhargava, and Ethan Zuckerman, "The International Affiliation Network of YouTube Trends," *Association for the Advancement of Artificial Intelligence*, 2015. [科学論文] Pankaj Ghemawat and Niccolo Pisani, "Extent, Pattern, and Quality Effects of Globalization in Scientific Research: The Case of International Management," unpublished working paper, 2014. [ツイッター] Yuri Takhteyev, Anatoliy Gruzd, and Barry Wellman, "Geography of Twitter Networks," *Social Networks* 34 (2012). [テレビニュース] Media Tenor, "Different Perspective: Locations, Protagonists and Topic Structures in International TV News," *Media Tenor*, April

2006; William Porath and Constanza Mujica, "Las Noticias Extranjeras En La Televisión Pública Y Privada De Chile Comparada Con La De Catorce Países," *Comunicación y Sociedad* 24, no. 2 (2011); Toril Aalberg et al., "International TV News, Foreign Affairs Interest and Public Knowledge," *Journalism Studies* 14, no. 3 (2013).［ポピュラー音楽］Fernando Ferreira and Joel Waldfogel, "Pop Internationalism: Has Half a Century of World Music Trade Displaced Local Culture?" *Economic Journal* 123, no. 569 (2013).［映画］Motion Picture Association of America; Box Office Mojo.［大学生］UNESCO Institute for Statistics *UIS. Stat Database*.［航空機旅客］International Civil Aviation Organization (ICAO).

図1-5の出所　［企業（多国籍企業），大企業社員］United Nations Conference on Trade and Development (UNCTAD); Dun & Bradstreet, "Dun & Bradstreet's Data Quality," 2015.［企業（輸出企業）］Rough global estimate based on national statistics for various countries.［多国籍企業外国子会社の付加価値，外国子会社の売上，財およびサービス輸出］2017 UNCTAD World Investment Report.［M&A］Thomson Reuters *SDC Platinum* (note: both based only on deals with values reported).［負債］Francisco Cellabos, Tatiana Didier, and Sergio L. Schmukler, "How Much Do Developing Economies Rely on Private Capital Markets?" working paper, July 2010.［「フォーチュン・グローバル500」企業の売上］2014 *Fortune* Global 500, Bureau Van Dijk *Orbis Database*, company annual reports (note: analysis restricted to firms reporting domestic/international split of revenues).［株式市場上場］World Federation of Exchanges, 2015.［銀行預金，銀行負債，銀行利益］Stijn Claessens and Neeltje van Horen, "Foreign Banks: Trends, Impact and Financial Stability," working paper, 12/10, International Monetary Fund, January 1, 2012.［媒体購入］Adam Smith, futures director at WPP's media-buying umbrella firm, GroupM, interview with author, 2012.［マーケティングサービス］Pankaj Ghemawat, Steven A. Altman, and Robert Strauss, "WPP and the Globalization of Marketing Services," case study SM-1600-E, IESE Business School, Barcelona, June 2013.［ブランド］Nigel Hollis, *The Global Brand* (London: Palgrave MacMillan, 2010).［多国籍企業の雇用］*World Bank World Development Indicators*, International Labor Organization, and United Nations Conference on Trade and Development.［「フォーチュン・グローバル500」

企業のCEO，経営陣］Pankaj Ghemawat and Herman Vantrappen, "How Global Is Your C-Suite?" *MIT Sloan Management Review* (summer 2015).［事業研究開発］Organisation for Economic Co-operation and Development, "OECD Science, Technology and Industry Scoreboard 2013: Innovation for Growth" (Paris: OECD Publishing, 2013).［研究開発提携］Melissa Schilling, "Understanding the Alliance Data," *Strategic Management Journal* (September 22, 2008).

第2章

1 Ipsos MORI, "Perils of Perception," survey, 2014 and 2015; and German Marshall Fund of the United States, "Transatlantic Trends: Key Findings 2013," survey, 2013.

2 German Marshall Fund of the United States, "Transatlantic Trends," 2014.

3 Peter Navarro, "Scoring the Trump Economic Plan: Trade, Regulatory, & Energy Policy Impacts," September 29, 2016 (https://assets.donaldjtrump.com/Trump_Economic_Plan.pdf).

4 "Trump Promise Tracker," *Washington Post,* last updated October 6, 2017 (https://www.washingtonpost.com/graphics/politics/trump-promise-tracker).

5 グーグルトレンドを使用した分析による（https://trends.google.com/trends）.

6 Mark Zandi, Chris Lafakis, Dan White, and Adam Ozimek, "The Macroeconomic Consequences of Mr. Trump's Economic Policies," *Moody's Analytics,* June 2016.

7 Julian Kozlowski, Laura Veldkamp, and Venky Venkateswaran, "The Tail That Wags the Economy: Beliefs and Persistent Stagnation," working paper 21719, National Bureau of Economic Research, Cambridge, MA, 2017.

8 貿易，資本，情報，人のグローバルおよび国ごとのフローに関する近年の状況の詳しい検証については，以下を参照されたい．Pankaj Ghemawat and Steven A. Altman, *DHL Global Connectedness Index 2016* (Bonn: Deutsche Post DHL, 2016).

9 この変化を論じたGraham Allison, "Thucydides's Trap Has Been Sprung in the Pacific," *Financial Times,* August 21, 2012は，「ツキディデスの罠」にも一部起因する衝突の可能性を重視した．ツキディデスの罠とは，ライバル国が覇権国に追いついた時に不可避的に生じるストレスをいう．しかし，米

国がTPPから離脱して孤立主義を深めたことで，このリスクは軽減される．これについては，以下の文献で論じている．Pankaj Ghemawat, "If Trump Abandons the TPP, China Will Be the Biggest Winner," *Harvard Business Review*, December 12, 2016.

10 United Nations, "International Trade Statistics 1900-1960," Statistical Office of the United Nations, May 1962. 本項と次項で多用したこのデータは，図1-6で用いた同時期のデータとは多少異なっている．図1-6のデータは，以下から使用した．Mariko J. Klasing and Petros Milionis, "Quantifying the Evolution of World Trade, 1870-1949," *Journal of International Economics* 92, no. 1 (2014). クラシングとミリオンスのデータは，貿易の深さを測定するという特定の目的で作成されたもので，Katherine Barbieri, Omar Keshk, and Brian Pollins, "Correlates of war project trade data set codebook," Codebook Version 2（2008）に基づいている．こちらの文献は，さまざまな国で使われている異なる報告基準を整合させており，ここで用いた国連のデータよりも改善されているが，本章の分析には二国間貿易のデータが必要であり，残念ながら改善版が使えなかった．

11 UN, "International Trade Statistics 1900-1960."

12 詳細は，以下を参照されたい．Pankaj Ghemawat and Geoffrey G. Jones, "Globalization in Historical Perspective," in Pankaj Ghemawat, *The Laws of Globalization and Business Applications*（Cambridge: Cambridge University Press, 2016）.

13 この深さの割合の計算にはGDPではなく国民総生産（GNP）を分母に用いている．GNPのデータは以下に拠った．Nathan S. Balke and Robert J. Gordon, "The Estimation of Prewar GNP: Methodology and New Evidence," working paper 2674, National Bureau of Economic Research, Cambridge, MA, 1988; US Department of Commerce, Bureau of Economic Analysis. Export data from UN, "International Trade Statistics 1900-1960."

14 John Ward, "The Services Sector: How Best to Measure It?" U.S. Department of Commerce International Trade Administration, October 2010.

15 この計算は，国連統計局と以下の資料のデータに拠った．Angus Maddison, "Historical Statistics of the World Economy: 1-2008 AD," 2010.

16 Barry Eichengreen and Douglas A. Irwin, "Trade Blocs, Currency Blocs and the Reorientation of World Trade in the 1930s," *Journal of International Economics* 38（1995）: 1-24.

17 Alfred P. Tischendorf, *Great Britain and Mexico in the Era of Porfirio Diaz* (Durham, NC: Duke University Press, 1961); and Nora Hamilton, *The Limits of State Autonomy* (Princeton, NJ: Princeton University Press, 1982), as cited in Philip L. Russell, *The History of Mexico: From Pre-Conquest to Present* (Abingdon: Routledge, 2010), 290.

18 Frank Jack Daniel and Adriana Barerra, "Mexico-U.S. Trade Would Survive Any NAFTA Rupture: Mexico Foreign Minister," *Reuters,* September 15, 2017.

19 Tyler Cowen, "One Fact Constraining Globalization: It's a Big Planet," *Bloomberg,* April 7, 2017.

20 McKinsey Global Institute, "Financial Globalization: Retreat or Reset," March 2013.

21 DHL世界連結性指標の資本の柱からは，債務のフローとストック（銀行融資を含む）を除外している．この指標は，国の格付けとグローバル化の恩恵活用を志向した政策の評価に使用されることが多いためだ．借入資本を含めてしまうと，危険性が広く認知されている対外債務率の高さがこうした用途の邪魔になる．

22 図2-5に示した減少幅は，米ドルではなくユーロで計算するともっと小さくなるが，それでも30%を超える．この分析は，時間の経過によって構成が変化するユーロ圏を考慮すると複雑になるため，現在の構成のEUで行っている．

23 Feliks Garcia, "Nigel Farage: UK's 'Real Friends' Speak English," *Independent,* February 24, 2017.

24 Josh Lowe, "Commonwealth Day: Why Does It Matter to the U.K.'s Brexit Camp?" *Newsweek,* March 14, 2016.

25 Keith Head and Thierry Mayer, "Gravity Equations: Workhorse, Toolkit, and Cookbook," in *Handbook of International Economics,* vol. 4, ed. Gita Gopinath, Elhanan Helpman, and Kenneth S. Rogoff (Amsterdam: Elsevier, 2014).

26 このモデルは乗法であるため，相乗効果は個々の効果を掛け合わせて出している（$2.2 \times 2.5 = 5.5$）．

27 World Bank World Development Indicators (https://data.worldbank.org/data-catalog/world-development-indicators).

28 Peter Spence, "Government Faces Worldwide Hunt for Trade Negotiators,

Experts Warn," *Telegraph* (London), July 3, 2016.

29 Dan Bilefsky, "Hopes for U.K. Trade Deal with India Hit a Snag: Immigration," *New York Times,* November 7, 2016.

30 Lizzie Stromme, "Sweden BASHES Brexit: EU Exit Will Increase Cost of Trade REGARDLESS of Deal, UK Warned," *Express* (London), March 21, 2017.

31 CAGEフレームワークの各次元への感応度が産業によってどう異なるかについては，以下に詳しい．pages 49-54 of Pankaj Ghemawat, *Redefining Global Strategy* (Boston: Harvard Business School Press, 2007) [前出『コークの味は国ごとに違うべきか』]．このトピックについては，第5章でも短く触れている．

32 Lucy Burton, "Goldman to Add 'Hundreds' of Jobs in Europe Ahead of Brexit as It Starts to Move Staff Out of London," *Telegraph* (London), March 21, 2017.

33 Alan Tovey, "BMW Weighs Moving Production of New Electric Mini Away from the UK," *Telegraph* (London), February 27, 2017.

34 Timothy Aeppel and Mai Nguyen, "Sneakers Show Limits of Trade Policy in Reviving Jobs for Trump," *Reuters,* November 21, 2016.

35 Vodafone Annual Report, 2017.

36 本節は，このテーマについてのトム・スチュワートとの会話を大いに参考にさせていただいた．

37 VUCAの概念については，多数の文献がある．ごく簡潔なものとしては，以下の論文がある．Nathan Bennett and G. James Lemoine, "What VUCA Really Means for You," *Harvard Business Review,* January-February 2014. 非常に詳しく扱っているものとしては，以下を参照されたい．Oliver Mack, Anshuman Khare, Andreas Krämer, and Thomas Burgartz, eds., *Managing in a VUCA World* (Cham: Springer, 2016).

38 Jasper Jackson, "Sky Will Cost Rupert Murdoch $2.5bn Less After Brexit Vote," *Guardian* (London), December 12, 2016.

39 Arindam Bhattacharya, Dinesh Khanna, Kermit King, and Rajah Augustinraj, "The New Globalization: Shaping Your Own Growth in the New Global Era," Boston Consulting Group, August 17, 2017.

40 たとえば，以下を参照されたい．Hugh Courtney, Jane Kirkland, and Patrick Viguerie, "Strategy Under Uncertainty," *Harvard Business Review,*

November- December 1997 [「新訳 不確実性時代の戦略思考」『DIAMOND ハーバード・ビジネス・レビュー』2009年7月号：64-81].

41 Philip E. Tetlock and Dan Gardner, *Superforecasting: The Art and Science of Prediction* (New York: Broadway Books, 2015) [土方奈美訳『超予測力――不確実な時代の先を読む10カ条』早川書房, 2016年].

42 Paul Saffo, "Six Rules for Effective Forecasting," *Harvard Business Review,* July-August 2007 [大場由美子訳「予測の技術」『DIAMOND ハーバード・ビジネス・レビュー』2008年5月号：56-69].

43 "Norwegian took 'all the aircraft'," *News in English,* March 12, 2014 (http://www.newsinenglish.no/2014/03/12/norwegian-taken-all-the-aircraft/).

44 Justin Bachman, "Norwegian Air's Global Expansion Draws Fire from a Jilted Rival," *Bloomberg,* September 21, 2017 (https://www.bloomberg.com/news/articles/2017-09-21/norwegian-air-s-global-expansion-draws-fire-from-a-jilted-rival).

第3章

1 詳しくは, 以下を参照されたい. Doug Key, "If We Can't Predict Weather Accurately More Than a Few Days Ahead, How Can We Predict Climate Decades Ahead?" Student Guide to Climate Change, accessed May 18, 2017 (www2.palomar.edu/users/dkey/Predicting%20weather%20versus%20climate.htm). もう1つの有益な文献は, 次のものである. "If We Can't Predict Weather Two Weeks Ahead, How Can We Predict Climate Fifty Years from Now?" *Climate Central,* November 7, 2009 (www.climatecentral.org/library/faqs/if_we_cant_predict_weather_two_weeks_ahead_how_can_we_predict_climate).

2 Keith W. Glaister and J. Richard Falshaw, "Strategic Planning: Still Going Strong?" *Long Range Planning* 32, no. 1 (1999) によれば, 英国の上場企業のサンプル中42%が5年後までの戦略策定を実施している一方, 5年後以降について考慮している企業は13%しかない. Robert M. Grant, "Strategic Planning in a Turbulent Environment: Evidence from the Oil Majors," *Strategic Management Journal* 24, no. 6 (2003) に報告されているデータによれば, 石油開発産業ですら, 使用される時間枠の最長は20年だという.

3 Peter A. Thiel, "The Optimistic Thought Experiment," Hoover Institution,

January 29, 2008.

4 成功シナリオに取り組むべしとする経済論理は，心理学的な考察によって補強される．たとえば，心理学者のペール・エスペン・ストクネスは，終末論疲れが地球温暖化対策の邪魔をしていると主張し，前向きな方向に向けられた戦略のほうが意義のある行動につながりやすいと提案している．同様のことがグローバル化関連の課題全般にも適用できるだろう．以下を参照されたい．Per Espen Stoknes, *What We Think About When We Try Not to Think About Global Warming: Toward a New Psychology of Climate Action* (White River Junction: Chelsea Green Publishing, 2015).

5 これは人工知能で依存指向バックトラッキングと呼ばれるアプリケーションである．以下を参照されたい．Richard M. Stallman and Gerald Jay Sussman, "Forward Reasoning and Dependency-Directed Backtracking in a System for Computer-Aided Circuit Analysis," Massachusetts Institute of Technology Artificial Intelligence Laboratory, September 1976.

6 "When Are Emerging Markets No Longer 'Emerging'?" Knowledge@ Wharton, May 5, 2008 (https://knowledge.wharton.upenn.edu/article/when-are-emerging-markets-no-longer-emerging/).

7 Anita Raghavan, "Head of McKinsey Is Elected to a Third Term," *New York Times,* February 2, 2015.

8 いくつかの機関が発展度による国の分類をどのように行ってきたかの背景については，以下を参照されたい．Pankaj Ghemawat and Steven A. Altman, "Emerging Economies: Differences and Distances," *AIB Insights* 16, no. 4 (2016).

9 この分析では「新興開発途上国」をIMFで現在分類されているとおりに解釈している．リストは定期的に更新され，1992年の底打ちから変わっており，将来的にもおそらく変わっていくだろう．しかしこの分析は国の静的リストがあればより有益である．

10 Danny Quah, "The Global Economy's Shifting Centre of Gravity," *Global Policy* 2, no. 1 (2011).

11 以下のデータに拠った．Euromonitor Passport; Gartner Research, "The World Machine Tool Output & Consumption Survey" (various editions); Global Cement; World Steel Association, "World Steel in Figures 2016"; Cefic Chemdata International, Chemicals Industry Profile Dataset; Innovest, "Overview of the Chemicals Industry," March 2007.

12 Brenda Goh, "Boeing China Plant to Deliver 100 737s a Year, First in 2018: Xinhua," *Reuters,* March 13, 2017.

13 Jackie Cai and Adam Jourdan, "With Maiden Jet Flight, China Enters Dog-Fight with Boeing, Airbus," *Reuters,* May 6, 2017.

14 John Naisbitt, *Megatrends* (New York: Warner Books, 1982)［竹村健一訳『メガトレンド』三笠書房，1983年］；John Naisbitt and Patricia Aburdene, *Megatrends 2000: Ten New Directions for the 1990s* (New York: William Morrow & Company, 1990)［木村尚三郎監訳『トゥエンティハンドレッド2000――黄金世紀への予告』日本経済新聞社，1990年］.

15 たとえば，以下を参照されたい．Richard A. Slaughter, "Looking for the Real 'Megatrends,'" *Futures* 3, no. 8 (October 1993).

16 従属人口指数は通常，14歳以下の人口および65歳以上の人口を15～64歳の人口（生産年齢人口）で割って出す．

17 以下を参照されたい．Pankaj Ghemawat and Steven A. Altman, "Defining and Measuring Globalization," in Pankaj Ghemawat, *The Laws of Globalization* (Cambridge: Cambridge University Press, 2016).

18 The United Nations Development Programme (UNDP), "2009 Human Development Report," United Nations Development Programme, 2009によると，「ILOの報告では1910年に外国籍の人は3300万人，調査対象となった人口（当時の世界人口の76%）の2.5%に相当した」．同報告書は世界人口に占める移民の割合（旧ソ連とチェコスロバキアは，分離により住民が実際に移動していなくても移民と再分類されたため，比較可能性を担保するため除外している）は1960年から2010年までに2.7%から2.8%に増加した．国際移住機関（IOM）は1960年に移民が世界人口の2.5%を構成し，2010年にはその割合が3.1%になったと報告している（International Organization for Migration, "World Migration Report 2010: Costs and Benefits of International Migration," IOM World Migration Report Series 3, 2005 and International Organization for Migration, "World Migration Report 2010: The Future of Migration: Building Capacities for Change," 2010）.

19 Jack Hough, "Cheaper Robots, Pricier Stocks," *Barron's,* January 19, 2013; and Ben Bland, "China's Robot Revolution," *Financial Times,* June 6, 2016.

20 Roberto Azevêdo, "Trade and Globalisation in the 21st Century: The Path to Greater Inclusion," keynote address, World Trade Symposium, London, June 7, 2016.

21 Sübidey Togan, "Services Trade and Doha," *Vox* (CEPR Policy Portal), April 1, 2011.

22 Richard Baldwin, *The Great Convergence: Information Technology and the New Globalization* (Cambridge, MA: Harvard University Press, 2016)[遠藤真美訳『世界経済　大いなる収斂――ITがもたらす新次元のグローバリゼーション』日本経済新聞出版社, 2018年].

23 先進国と新興国の相対的な貿易量の比較は, 輸出に占める外国付加価値の比率の違いによって大きく歪むわけではない. 中国の輸出品のほうが米国の輸出品よりも外国付加価値を多く含むが(OECDの貿易付加価値[TiVA]データベースによれば, 2014年に中国が29%, 米国が15%と推定されている), データが入手可能なすべての国についてこの指標の輸出加重平均を出すと, 先進国と新興国は非常に近くなる(新興国の25%に対して先進国は26%).

24 貿易可能性と国際間M&Aの相関性のエビデンスについては, 以下を参照されたい. Bruce A. Blonigen and Donghyun Lee, "Heterogeneous Frictional Costs Across Industries in Cross-Border Mergers and Acquisitions," NBER Working Paper 22546, August 2016.

25 上位5項目は多い順に人口(総人口), 人口(15～64歳), 労働力, 自国から他国への移民(ストック), 携帯電話の加入者数である. 以下を参照されたい. Ghemawat, *Laws of Globalization,* figure 11.4.

26 Geert Bekaert and Campbell R. Harvey, "Emerging Equity Markets in a Globalizing World," working paper, April 7, 2017.

27 もちろん, 長期的なGDPの成長で長期的な株式市場からのリターンは予測できないとする考え方もある. たとえばバンガードは, かつて以下の資料で投資家にそのような説明をしている. Joseph H. Davis, Roger Aliaga-Díaz, C. William Cole, and Julieann Shanahan, "Investing in Emerging Markets: Evaluating the Allure of Rapid Economic Growth," whitepaper, Vanguard, April 2010 (https://www.vanguard.com/pdf/icriem.pdf).

28 Pankaj Ghemawat, *World 3.0: Global Prosperity and How to Achieve It* (Boston: Harvard Business Review Press, 2011).

29 Arindam Bhattacharya, Dinesh Khanna, Christoph Schweizer, and Aparna Bijapurkar, "Going Beyond the Rhetoric," BCG Henderson Institute, April 25, 2017 (https://www.bcg.com/publications/2017/new-globalization-going-beyond-rhetoric.aspx).

30 空港の分析は, OpenFlights.orgの路線データベースに基づいた. 以下を参

照されたい（https://openflights.org/data.html）.

31 「ルック・サウス」は，米国と通商協定を結んでいるラテンアメリカ諸国を対象にしたものであり，南半球に位置し，現在，米国より中国との貿易が多いペルーとチリも含む.

32 Graham Allison, *Destined for War: Can America and China Escape Thucydides's Trap?* (Boston and New York: Houghton Mifflin Harcourt, 2017)［藤原朝子訳『米中戦争前夜――新旧大国を衝突させる歴史の法則と回避のシナリオ』ダイヤモンド社，2017年］.

第4章

本章の執筆は，スティーブン・オルトマンにご協力いただいた．感謝申し上げる．

1 Alan Murray, "GE's Immelt Signals End to 7 Decades of Globalization," *Fortune*, May 20, 2016.

2 Matt Turner, "Here's the memo Larry Fink, the head of the world's largest investor, just sent to staff on these 'uneasy' times," *Business Insider*, February 2, 2017 (http://www. businessinsider.com/ blackrock-larry-fink-memo-on-trump-2017-2?r=UK&IR=T). フィンクのメモは，現在の環境への対応策としてのローカル化を強調していたが，この要請の前に次のような文章がある.「まず，私たちは真にグローバルな会社として事業を行うことに改めて専念しなければなりません. 29年前の創業以来，ブラックロックは世界中のあらゆる文化的背景を持つ人材およびクライアントとかかわり，受け入れるよう努めてきました．その努力を私たちがやめることはありません」．またフィンクは，ローカル化の要請に補足して，規模の経済とそれが競争力あるポジショニングにどうつながるかに言及している.「グローバルな規模の利点を活用すると同時に，各市場のクライアントに現地プレーヤーに劣らず合わせる必要があります」．これらの文章をまとめると，（本章の後半で論じるAAA戦略の観点から）フィンクはブラックロックに従来どおり集約戦略に力を入れつつ適応戦略を拡大させたいねらいであると私は解釈している.

3 適応戦略，集約戦略，アービトラージ戦略について，詳しくは以下を参照されたい. Pankaj Ghemawat, *Redefining Global Strategy: Crossing Borders in a World Where Differences Still Matter* (Boston: Harvard Business

Review Press, 2007, reissued in 2018), chaps. 4-7 [前出『コークの味は国ごとに違うべきか』].

4 水平展開する多国籍企業の必要条件の詳細とその発生率の実証的エビデンスの概要については，以下を参照されたい．Richard E. Caves, *Multinational Enterprise and Economic Analysis* (Cambridge: Cambridge University Press, 2007), 1-13, 29-45, and 105-108 [岡本康雄ほか共訳『多国籍企業と経済分析』千倉書房，1992年].

5 広告集約度は，コカ・コーラ社の2016年アニュアルレポートのデータに基づいた．ブランド価値は以下に拠った．Interbrand, "Best Global Brands 2016 Ranking," (https://interbrand.com/best-brands/best-global-brands/2016/ranking).

6 Carol Corrado, "Non-R&D intangibles as drivers of growth," Presentation at the Second IRIMA Workshop, Brussels, December 10, 2013 (http://iri.jrc.ec.europa.eu/documents/10180/f90fdba1-bab3-417b-87f0-f401f58d6f6a).

7 GE, "Factsheet," accessed June 13, 2017 (www.ge.com/about-us/fact-sheet).

8 Jeff Immelt, "Jeff Immelt: Competing for the World," *GE Reports,* May 4, 2017.

9 Ted Mann and Brian Spegele, "GE, the Ultimate Global Player, Is Turning Local," *Wall Street Journal,* June 29, 2017.

10 GE 2016 Annual Report.

11 PwC Strategy&, "2016 Global Innovation 1000 Study," PwC, accessed June 13, 2017 (http://www.strategyand.pwc.com/innovation1000).

12 "Top 300 Organizations Granted U.S. Patents in 2015," *IPO,* June 24, 2016.

13 "Global 500 2017: The Annual Report on the World's Most Valuable Brands," *Brand Finance,* February 2017.

14 Pankaj Ghemawat, "What Uber's China Deal Says About the Limits of Platforms," *Harvard Business Review,* August 10, 2016. 滴滴出行(ディディチューシン) がウーバー・グローバルに対して投資した10億ドルはこの契約以前のウーバーの中国における年間資金燃焼率 (バーンレート) と同額であることに留意されたい．本文で触れた滴滴出行の株式の20%とは，ウーバー自身が受け取った株式 (17.7%) とウーバー・チャイナの現地投資家が受け取った株式 (2.3%) の合計である．

15 Pankaj Ghemawat, "Regional Strategies for Global Leadership," *Harvard*

Business Review, December 2005［マクドナルド京子訳「グローバル競争とリージョナル戦略」『DIAMONDハーバード・ビジネス・レビュー』2006年3月号：58-71］.

16 "The Retreat of the Global Company," *Economist,* January 28, 2017.

17 "The IT-BPM Sector in India: Strategic Review 2017," *NASSCOM,* 2017.

18 Marie Brinkman, "Deciphering the Latest Compensation Trends in India," *Aon: Radford Global Surveys,* November 2014.

19 Deloitte, "Deloitte's 2016 Global Outsourcing Survey," Deloitte, May 2016.

20 Pew Research Center, *The State of American Jobs* (Pew Research Center, October 6, 2016).

21 Abigail Stevenson, "GE CEO: I Like What Trump Is Doing So Far," *CNBC,* February 8, 2017.

22 Brinkman, "Latest Compensation Trends in India."

23 Pankaj Ghemawat, Steven A. Altman, and Robert Strauss, "WPP and the Globalization of Marketing Services," Case SM-1600-E (Barcelona: IESE Business School, 2013).

24 "Panasonic Churns out New Washer Designed to Remove Curry Stains," *Japan Times,* January 26, 2017.

25 Sumeet Jain and Saurabh Thadani, "India: IT Services; Looking for a Silver Lining in the Cloud," *Goldman Sachs Equity Research,* March 2, 2017.

26 Tom Krisher, "GM to Halve Number of Vehicle Frames to Cut Costs," *San Diego Union-Tribune,* August 9, 2011; Raj Nair (Ford Group vice president for global product development), "Product Excellence and Innovation," presentation to Deutsche Bank Conference, 2015 (https://corporate.ford.com/content/dam/corporate/en/investors/investor-events/Conferences/2015/2015-deutsche-bank-conference.pdf).

27 以下を参照されたい．Howard Schultz and Dori Jones Yang, *Pour Your Heart into It: How Starbucks Built a Company One Cup at a Time* (New York: Hyperion, 1997)［小幡照雄・大川修二訳『スターバックス成功物語』日経BP社，1998年］.

28 Geoffrey Jones and Peter Miskell, "European Integration and Corporate Restructuring: The Strategy of Unilever, c.1957-c.1990," *The Economic History Review* 58, no. 1 (February 2005).

29 2025年の予測については，以下を参照されたい．Richard Dobbs et al.,

"Urban World: The Shifting Global Business Landscape," *McKinsey Global Institute,* October 2013. 2030年の予測については，以下を参照されたい．Mauro F. Guillén and Esteban García-Canal, "The Rise of the Emerging-Market Multinationals," in *Global Turning Points: Understanding the Challenges for Business in the 21st Century,* ed. Mauro F Guillén and Emilio Ontiveros Baeza (Cambridge: Cambridge University Press, 2012).

30 アラン・ラグマンとアラン・ベルベックが，大前研一の「トライアド・パワー」についての著作をもとに企業をグローバルと分類する基準を規定している．大前は米国，EU，日本の三地域それぞれにおいて「同等の浸透能力と市場活用能力」を有し，いずれの地域においても「盲点がない」企業の利点を強調している．ラグマンとベルベックはさらに広域に及ぶ地域統合の取り組みをふまえ，北米，ヨーロッパ，アジア太平洋に三極の範囲を広げた．背景については，以下を参照されたい．Alan M. Rugman and Alain Verbeke, "A Perspective on Regional and Global Strategies of Multinational Enterprises," *Journal of International Business Studies* 35, no. 1 (2004); and Kenichi Ohmae, *Triad Power: The Coming Shape of Global Competition* (London: Free Press, 1985), 165［大前研一『トライアド・パワー――三大戦略地域を制す』講談社，1985年］．

31 José F. P. Santos and Peter J. Williamson, "The New Mission for Multinationals," *MIT Sloan Management Review* 56, no. 4 (2015).

32 Yuval Atsmon, Peter Child, Richard Dobbs, and Laxman Narasimhan, "Winning the $30 Trillion Decathlon: Going for Gold in Emerging Markets," *McKinsey Quarterly*, August 2012.

33 Amitabh Mall et al., "Playing to Win in Emerging Markets," *BCG Perspectives,* 2013.

34 研究開発への支出強度に関する法則で唯一の大きな例外は，インターネット・ハードウェアで，現在は華為技術（ファーウェイ・テクノロジーズ）とZTEが支配している．しかし，中国軍との結びつきと軍による支援がかかわっている部分については，謎に包まれている．

35 2006年に初めてこの分析を行って以来，変化はわずかしかない．2006年の分析は，以下の文献に掲載した．Pankaj Ghemawat and Thomas Hout, "Tomorrow's Global Giants? Not the Usual Suspects," *Harvard Business Review,* November 2008. 5［有賀裕子訳「グローバル市場　明日の覇者」『DIAMONDハーバード・ビジネス・レビュー』2009年5月号：10-23］．

36 Pradeesh Chandra, "GE Healthcare to Focus on Affordable Devices," *The Hindu,* April 2, 2015.

37 Moulishree Srivastava, "Domestic IT Services Market Forecast to Grow 8.4% in 2014: IDC Report," *LiveMint,* May 13, 2014.

38 Aditi Shah, "Maruti Suzuki to Export Made-in-India Car to Japan," *Reuters,* October 26, 2015.

39 Sharmistha Mukherjee, "India to Lead Parent Suzuki's Foreign Investments," *Smart Investor,* March 22, 2013.

40 Waldemar Pfoertsch and Yipeng Liu, "Chinese Jobs in Germany: Do Chinese Mergers and Acquisitions Create Jobs in Germany?" accessed September 30, 2017 (https://businesspf.hs-pforzheim.de/fileadmin/user_upload/uploads_redakteur_wirtschaft/Fakultaet_zentral/Dokumente/2013/Turmthesen/TT_Bd2_10_Pfoertsch_Liu.pdf). 同じ調査では，2000年代において中国企業のほうが買収に成功するようになっていたことがわかっている．

41 Justine Lau, "TCL to Close Most European Operations," *Financial Times,* October 31, 2006.

42 さらに一般論でいうと，企業の吸収能力に関する研究は，その企業が元来持っている関連知識レベルを重視している．以下を参照されたい．Wesley M. Cohen and Daniel A. Levinthal, "Absorptive Capacity: A New Perspective on Learning and Innovation," *Administrative Science Quarterly* 35, no. 1 (1990).

43 Caroline Fairchild, "Lenovo's Secret M&A Recipe," *Fortune,* October 31, 2014.

44 2016年の収益に基づいた2017年『フォーチュン』グローバル500の格付け．

第5章

1 シティバンクは，2012年からリテールバンキングを縮小してきた．同行は2014年に11の市場でコンシューマーバンキングを廃止する計画を発表し，2016年にはアルゼンチン，ブラジル，コロンビアからの撤退計画を発表した．他の銀行もそれに続いた．「世界の地銀」を長らく名乗ってきたHSBCはコロンビア，韓国，ロシアなど20カ国以上のコンシューマーバンキングから

撤退した．非コア事業の縮小をめざすバークレイズは，2016年末までに大陸側のヨーロッパのリテールバンキング業務から完全撤退した．ロイヤルバンク・オブ・スコットランドも，2015年に米国のシチズンズ・ファイナンシャル・グループの持ち株を売却するなど，約10カ国の市場から引き揚げた．

2　Amy Thomson, "Verizon Sale Cuts Vodafone's Value by Half to $100 Billion," *Livemint,* February 22, 2014.

3　Aaron Kirchfeld et al., "Peugeot Owner PSA Explores Acquisition of GM's Opel Division," *Bloomberg,* February 14, 2017.

4　本章で後述するように，スクリーン（ふるい）と呼んだのには，砂金採りのイメージを呼び起こす意図がある．

5　推定の中央値は20カ国，平均値が32カ国だった．

6　California Inland Empire District Export Council, "U.S. Exporting Facts," *CIEDEC*, accessed June 14, 2017 (www.ciedec.org/resources/exporting-facts).

7　オラクルは2015年に外国資産で85位にランクしている．

8　このグローバル化の基準のソースは，第4章の注30に引用した．

9　ただし，2016年時点でこの計算を行うための十分なデータを備えた企業の数はもっと少なかった．十分なデータがあった45社で，国内事業の平均営業利益率は14.9%，海外事業の平均営業利益率は9.7%だった．9社については後者の数値指標のデータがなかったため，営業利益率の代わりに純利益率を用いた．

10　実際の順番は，図に示すとおり，カナダ，英国，メキシコである．

11　Richard McGregor, "China's Companies Count Down to Lift Off," *Financial Times,* August 29, 2005.

12　スペインとベルギーの国内の分断は深刻で，大きな分離独立運動が生まれてきた．以下の文献で，ある程度取り上げている．Pankaj Ghemawat, "To Secede or Not to Secede: The Case of Europe," *The Globalist,* July 2, 2012.

13　Pankaj Ghemawat, *The Laws of Globalization and Business Applications* (Cambridge: Cambridge University Press, 2016)．同書のウェブ版の補遺も以下のURLにて参照いただける（www.ghemawat.com/laws）．

14　著者のウェブサイト（www.ghemawat.com/cage）で貿易，資本，情報，人のフローを幅広く対象として，同様の分析を行ったりカスタマイズしたりできる．

15　FDIのうちグリーンフィールドとは「新法人の設立およびオフィス，建物，

製造所，工場を一から立ち上げる投資プロジェクト」をいう．出所は，以下の文献による．United Nations Conference on Trade and Development Division on Investment and Enterprise, *UNCTAD Training Manual on Statistics for FDI and the Operations of TNCs* (New York and Geneva: United Nations, 2009).

16 注意深い読者であれば，図5-4に示した隔たりの影響が平均すると，第1章で報告した全体の結果が示すよりも小さいことに気づくかもしれない．この差は，ここではPPML（poisson pseudo maximum likelihood，ポワソン疑似最尤推定法）という統計手法を用いたためである．業種レベル分析に高い割合で出てくる交易関係のない国ペアの処理はこちらのほうが優れている．第1章の国全体のレベルでは，OLS（ordinary least squares，最小二乗法）を用いて重力モデルの推定を行った．PPMLを用いた重力モデルはOLSを用いた重力モデルよりも隔たりの影響の推定値が小さくなる傾向がある．

17 分析対象の業種全体で平均して，第三次セクターへのFDIは275％増加しているのに対し，第一次産業と第二次産業へのFDIは109％しか増加していない．

18 ジョーダン・シーゲルとバーバラ・ゼップ・ラーソンが次のように簡潔にまとめている．「同社の生産性が業界トップである理由は主に経営管理システムに帰せられる．システムの要素は大きく分けて，(a) 出来高制賃金，(b) 個人と会社の業績に基づく変動制の年間賞与，(c) 年間賞与の決定に使用される個人人事考課，(d) 生産性を向上させるイノベーションを生み出す，従業員による自発的な委員会活動，の4つがある」．出所は，以下の文献による．Jordan I. Siegel and Barbara Zepp Larson, "Labor Market Institutions and Global Strategic Adaptation: Evidence from Lincoln Electric," *Management Science* 55 no. 9 (September 2009).

19 「フォーチュン・グローバル500」企業に関する本件その他の研究には，ニコロ・ピザーニにも協力いただいた．感謝申し上げたい．

20 Subramanian Rangan and Metin Sengul, "Institutional Similarities and MNE Relative Performance Abroad: A Study of Foreign Multinationals in Six Host Markets," INSEAD working paper, October 2004.

21 Pankaj Ghemawat, "Remapping Your Strategic Mind-Set," *McKinsey Quarterly,* August 2011.

22 Pankaj Ghemawat, "5 Ways Smart Companies Take on the World," *Fortune,* March 25, 2013.

23 GMがオペルの買収によって90年近く前にヨーロッパへの関与を大きく拡大した後の撤退でもあった.

24 7地域とは東アジアと太平洋地域, ヨーロッパ, 中東と北アフリカ, 北米, 中南米とカリブ海諸国, 南アジアと中央アジア, サハラ以南アフリカである. 各地域に入っている国はDHL世界連結性指標レポートに掲載している. ここに記した分類スキームの結果については, 以下を参照されたい. Pankaj Ghemawat, *The Laws of Globalization and Business Applications* (Cambridge: Cambridge University Press, 2016), table 10.6.

25 Pankaj Ghemawat and Steven A. Altman, "Emerging Economies: Differences and Distances," *AIB Insights* 16, no. 4 (2016).

26 以下を参照されたい. Harold L. Sirkin and David C. Michael, "Why It's Time to Reassess Your Emerging-Market Strategy," *BCG Perspectives,* October 29, 2013.

27 Peter Campbell, Simon Mundy, and Joseph Cotterill, "GM to Halt India Sales and Sell South Africa Plant," *Financial Times,* May 18, 2017.

第6章

本章の執筆は, スティーブン・オルトマンにご協力いただいた. 感謝申し上げる.

1 Alfred D. Chandler Jr., *Strategy and Structure: Chapters in the History of the American Industrial Enterprise* (Cambridge, MA: MIT Press, 1962) [有賀裕子訳『組織は戦略に従う』ダイヤモンド社, 2004年].

2 多国籍企業がここで論じた組織上のインプリケーションを伴う, 以前よりも複雑な国際戦略を追求しているという実感は, FDIパターンの研究からも裏づけを得ている. その研究では現代の多国籍企業が従来の垂直または水平というカテゴリーにおさまりきらない戦略を追求するようになっていることがわかっている. 以下を参照されたい. J. Peter Neary, "Trade costs and foreign direct investment," *International Review of Economics and Finance* 18 (2009).

3 Phillipe Lasserre, "Regional Headquarters: The Spearhead for Asia Pacific Markets," *Long Range Planning* 29, no. 1 (1996). For more, see Pankaj Ghemawat, *Redefining Global Strategy* (Boston: Harvard Business School Press, 2007), chap. 5 [前出『コークの味は国ごとに違うべきか』]; and

Pankaj Ghemawat, "Regional Strategies for Global Leadership," *Harvard Business Review,* December 2005 [前出「グローバル競争とリージョナル戦略」].

4 "GM to Move International HQ to Singapore," *BBC,* November 13, 2013.

5 2007年にデビッド・J・コリスと実施したグローバル化意識調査（未発表）より.

6 Jay R. Galbraith, "The Value Adding Corporation: Matching Structure with Strategy," in *Organizing for the Future: The New Logic for Managing Complex Organizations,* ed. Jay R. Galbraith and Edward E Lawler (San Francisco: Jossey-Bass, 1993).

7 「オーガニゼーション2005」を経たP&Gの組織構造について，詳細は以下を参照されたい. Mikolaj Jan Piskorski and Alessandro L. Spadini, "Proctor & Gamble: Organization 2005 (A)," Case 9-707-519 (Boston: Harvard Business School, 2007). 2014年の組織再編は以下に述べられている. Jack Neff, "P&G's Lafley Tells What Went Wrong with Beauty Division and How He Wants to Fix It," *Advertising Age,* February 20, 2014.

8 Charles Handy, "Balancing Corporate Power: A New Federalist Paper," *Harvard Business Review,* November- December, 1992 [小牟田康彦訳「企業経営の"連邦主義"原理」『DIAMONDハーバード・ビジネス・レビュー』1993年5月号：4-15].

9 Pankaj Ghemawat and Herman Vantrappen, "How Global Is Your C-Suite?" *MIT Sloan Management Review* (Summer 2015).

10 同上.

11 国連貿易開発会議のトランスナショナル度指数に基づいた. トランスナショナル度指数は3つの比率，すなわち総資産に占める外国資産，総売上に占める海外売上，全従業員数に占める外国人従業員の平均を算出したものである. 分析の全体については，以下を参照されたい. Pankaj Ghemawat and Herman Vantrappen, "World's Biggest Companies: Still Xenophobic, After All These Years," *Fortune,* June 24, 2013.

12 Pankaj Ghemawat and Herman Vantrappen, "Become an Ex-Pat and Still Get Ahead: Research on Choosing the Right Company," *Harvard Business Review,* January 9, 2014.

13 Shirley Daniel, Fujiao Xie, and Ben L. Kedia, "2014 U.S. Business Needs for Employees with International Expertise," conference paper,

Internationalization of U.S. Education in the 21st Century: The Future of International and Foreign Language Studies, Coalition for International Education, Williamsburg, VA, April 11-13, 2014.

14 Bo Bernhard Nielsen and Sabina Nielsen, "Top Management Team Nationality Diversity and Firm Performance: A Multilevel Study," *Strategic Management Journal* 34, no. 3 (2013).

15 Szymon Kaczmarek and Winfried Ruigrok, "In at the Deep End of Firm Internationalization," *Management International Review* 53, no. 4 (2013). 多様性の高い集団の中で働く難しさのいくつかを示すエビデンスについては，たとえば以下を参照されたい．Katherine Y. Williams and Charles A. O'Reilly III, "Demography and Diversity in Organizations: A Review of 40 Years of Research," in *Research in Organizational Behavior* 20, ed. B. M. Staw and R. I. Sutton (Greenwich, CT: JAI Press, 1998).

16 Claudia Dreifus, "In Professors Model, Diversity = Productivity," *New York Times,* January 8, 2008.

17 たとえば、以下を参照されたい．Palash Ghosh, "Microsoft's (MSFT) New CEO Satya Nadella Underscores Rise of Indians in U.S. High Tech," *International Business Times,* February 1, 2014.

18 マイクロソフトの事例は，国籍の多様性が進んだからといって，自動的にジェンダーその他の多様性の尊重につながるわけではないことを再認識するうえでも有益である．2014年10月にサティア・ナデラが昇給を求める女性について心ない発言をして非難の的になったことは，ハイテク産業がジェンダー問題で全般的に立ち遅れていることを象徴していた．

19 Universumが実施した意識調査に基づく．2017年の価値観は，以下のレポートによる．Sherisse Pham, "Chinese Students Are Losing Interest in Working at International Firms," *CNN Money,* June 15, 2017. 2014年の価値観は，以下のレポートによる．Colum Murphy and Lilian Lin, "For China's Jobseekers, Multinational Companies Lose Their Magic," *Wall Street Journal,* April 3, 2014.

20 Ghemawat and Vantrappen, "How Global Is Your C-Suite?"

21 Martin Dewhurst, Jonathan Harris, and Suzanne Heywood, "Understanding Your 'Globalization Penalty,'" *McKinsey Quarterly,* July 2011.

22 「我が信条」の全文と同社の解説は，以下を参照されたい．Johnson & Johnson, "Our Credo," accessed September 30, 2017 (www.jnj.com/about-jnj/

jnj-credo)［日本語では, https://www.jnj.co.jp/group/credo/index.html を参照］.

23 “Our Culture” Google website, accessed June 2016 (www.google.com/about/company/facts/culture).

24 Tsedal B. Neeley, “Language and Globalization: ‘Englishnization’ at Rakuten (A),” Case 412-002 (Boston: Harvard Business School, 2011).

25 神経科学の研究では，ネイティブの発音で聞いたときには脳の特定の部分の神経反応が活性化し，外国人なまりの発音で聞いたときには鈍化することがわかっている．たとえば，以下を参照されたい．Patricia E.G. Bestelmeyer, Pascal Belin, and D. Robert Ladd, “A Neural Marker for Social Bias Toward In-group Accents,” *Cerebral Cortex* 25 (October 2015).

26 グローバル化がどのように産業内の「生存能力の窓」を上げるかの理論的モデルについては，以下を参照されたい．John Sutton, *Competing in Capabilities: The Globalization Process* (Oxford: Oxford University Press, 2012)．また，以下の文献では，先進国の多国籍企業と新興国の多国籍企業の競争という文脈で同じテーマを詳しく論じている．Pankaj Ghemawat, *The Laws of Globalization and Business Applications* (Cambridge: Cambridge University Press, 2016).

27 Donald Lessard, David J. Teece, and Sohvi Leih, “The Dynamic Capabilities of Meta-Multinationals,” *Global Strategy Journal* 6, no. 3 (2016).

28 1995年までは，以下の文献に基づくデータ．Cyrus Freidheim, *The Trillion-Dollar Enterprise: How the Alliance Revolution Will Transform Global Business* (New York: Perseus Books, 1998)［日本ブーズ・アレン・アンド・ハミルトン訳『一兆ドル企業体の登場――アライアンス・レボリューション』ピアソン・エデュケーション，2000年］．1995年以降は，以下に基づくデータ．Warren Company, “Strategic Alliance Best Practice User Guide,” 2002.

29 Ernest Gundling, Christie Caldwell, and Karen Cvitkovich, *Leading Across New Borders: How to Succeed as the Center Shifts* (Hoboken, NJ: Wiley, 2015).

30 Eric J. McNulty, “Your People’s Brains Need Face Time,” *Strategy + Business,* December 12, 2016.

31 Johan Ugander, Brian Karrer, Lars Backstrom, and Cameron Marlow, “The Anatomy of the Facebook Social Graph,” November 2011. このホワイトペーパーは以下のURLにて参照できる（https://arxiv.org/pdf/1111.4503.pdf）.

32 Yuri Takhteyev, Anatoliy Gruzd, and Barry Wellman, “Geography of Twitter

Networks," *Social Networks* 34, no. 1 (2012).

33 Herve de Barbeyrac and Ruben Verhoeven, "Tilting the Global Balance: An Interview with the CEO of Solvay," *McKinsey Quarterly,* October 2013.

34 William J. Holstein, "The Decline of the Expat Executive," *Strategy + Business,* July 29, 2008.

35 Ghemawat and Vantrappen, "How Global Is Your C-Suite?"

36 Monika Hamori and Burak Koyuncu, "Career Advancement in Large Organizations in Europe and the United States: Do International Assignments Add Value?" *International Journal of Human Resource Management* 22, no. 4 (2011).

37 Gail Naughton, as quoted in Tricia Bisoux, "Global Immersion," *BizEd* 6, no. 4 (2007): 46-47.

38 Craig Karmin, "Hotel HQ: Top Starwood Execs Decamping to India for a Month," *Wall Street Journal,* September 30, 2014.

39 Li Fangfang, "ABB Moves Robotics HQ to Shanghai," *China Daily,* May 4, 2005; Mamta Badkar, "GE Moves Healthcare Division's X-Ray Unit Headquarters to China," *Business Insider,* July 25, 2011; Gordon Orr, "Multinationals Are Slowly Shifting Their Centers of Gravity Towards Asia (Part 1)," *McKinsey Blog,* September 4, 2013; Toby Gibbs, Suzanne Heywood, and Leigh Weiss, "Organizing for an Emerging World," *McKinsey Quarterly,* June 2012.

40 Amitabh Mall et al., "Playing to Win in Emerging Markets," *BCG Perspectives,* September 13, 2013.

41 Bruce Dodge, "Empowerment and the Evolution of Learning," *Education+ Training* 35, no. 5 (1993), as cited in Mark E. Mendenhall et al., *Global Leadership: Research, Practice, and Development* (New York: Routledge, 2013).

42 2007年にパンカジュ・ゲマワットのために『ハーバード・ビジネス・レビュー』が実施したオンライン調査.

43 以下を参照されたい. Pankaj Ghemawat, "Responses to Forces of Change: A Focus on Curricular Content," in *Globalization of Management Education: Changing International Structures, Adaptive Strategies, and the Impact on Institutions*, Report of the AACSB International Globalization of Management Education Task Force (Bingley, UK: Emerald

Group, 2011), 105-156.

44 Christian Terwiesch and Karl T. Ulrich, "Will Video Kill the Classroom Star? The Threat and Opportunity of Massively Open Online Courses for Full-Time MBA Programs," Wharton School, University of Pennsylvania, July 16, 2014.

45 Donna Ladkin, Peter Case, Patricia Gayá Wicks, and Keith Kinsella, "Developing Leaders in Cyber-space: The Paradoxical Possibilities of On-Line Learning," *Leadership* 5, no. 2 (2009): 193-212.

46 Pankaj Ghemawat, "The Cosmopolitan Corporation," *Harvard Business Review,* May 2011 [「ワールド3.0の時代」『DIAMONDハーバード・ビジネス・レビュー』2012年5月号:78-90].

47 "Waiting in the Wings," *Economist,* October 1, 2014.

48 Sam Grobart "How Samsung Became the World's No. 1 Smartphone Maker," *Bloomberg,* March 28, 2013.

49 Nicholas Varchaver and Verne Harnish, "Why Samsung Pays Its Stars to Goof Off," *Smart CEO,* November 18, 2013.

50 Tarun Khanna, Jaeyong Song, and Kyungmook Lee, "The Globe: The Paradox of Samsung's Rise," *Harvard Business Review,* July-August 2011 [「サムスンに見るグローバル化への軌跡」『DIAMONDハーバード・ビジネス・レビュー』2012年10月号:56-67].

第7章

1 Nick O'Donohoe, "What Is the True Business of Business?" *World Economic Forum,* February 25, 2016.

2 2017年3月9日付のメールで著者とやり取りしたマーティン・リーブスの発言. Martin Reeves, email exchange with author, March 9, 2017.

3 Scott R. Baker, Nicholas Bloom, and Steven J. Davis, "Measuring Economic Policy Uncertainty," working paper 21633 (Cambridge, MA, National Bureau of Economic Resarcher, October 2015).

4 Erik Sherman, "Is Slow Productivity Growth the Problem, as Greenspan Says, or Is It Selfishness?" *Forbes,* February 20, 2017.

5 *OECD Compendium of Productivity Indicators 2017* (Paris: OECD Publishing, 2017), 9.

6 PwCの最新レポートのもととなった研究は, 以下の2本の論文である.

Carl B. Frey and Michael A. Osborne, "The Future of Employment: How Susceptible Are Jobs to Computerization?" working paper (Oxford: University of Oxford, September 17, 2013); and Melanie Arntz, Terry Gregory, and Ulrich Zierahn, "The Risk of Automation for Jobs in OECD Countries: A Comparative Analysis," OECD Social, Employment and Migration working paper 189 (Paris: OECD Publishing, 2016). また，以下も参照のこと．"UK Economic Outlook," *PwC,* March 2017, chap. 4.

7 David H. Autor, David Dorn, and Gordon H. Hanson, "The China Shock: Learning from Labor-Market Adjustment to Large Changes in Trade," *Annual Review of Economics* 8 (2016).

8 Chris Tighe, "After a Resounding Brexit Vote, Sunderland Fears for Nissan Plant," *Financial Times,* June 28, 2016.

9 "New Nationwide Poll Shows Trump Leading in Farm Country," *PR Newswire,* October 27, 2016.

10 Shawn Donnan, "American Farm Belt Anxious About Trump Trade Threats," *Financial Times,* April 17, 2017. ベストセラーとなった以下も参照されたい．Thomas Frank's best seller, *What's the Matter with Kansas? How Conservations Won the Heart of America* (New York: Holt Paperbacks, 2005). 同書もカンザス州に着目し，なぜ多くの人が自分の経済的利益に反する投票をしているように見えるのかを検証している．

11 ビジネス界と経済学において最も研究されてきた自国びいき現象は，投資家ポートフォリオのホームバイアス（自国資産への偏り）である．理由はともかく，投資家は国際的な多角化が足りないために利益を取りそこなっている．このパターンは，以下の文献で深さと広さの両面に関連づけられている（そして，グローバル化の2つの法則に敷衍できる）．Christopher W. Anderson, Mark Fedenia, Mark Hirschey, and Hilla Skibac, "Cultural Influences on Home Bias and International Diversification by Institutional Investors," *Journal of Banking and Finance* 35, no. 4 (April 2011).

12 Diana C. Mutz and Eunji Kim, "The Impact of Ingroup Favoritism in Trade Preferences," *International Organization*, forthcoming.

13 以下の文献を参照されたい．Branko Milanovic, "Ethical and Economic Feasibility of Global Transfers," working paper 3775 (Washington, DC: World Bank Policy Research, 2007). ミラノビッチは国内の社会的移転と富裕国から貧困国に供与される海外援助の公正な比較を行うため，富裕国の「ニーズ

に基づく」社会的移転の割合の推定値に依拠した.

14　この計算は，OECD.Statで入手した2013年（最も新しい年）の公的支出および義務的私的支出の合計と公的開発援助の正味の数値，そして世界開発指標（世界銀行）から入手した人口の数値に基づいて行っている．以下の計算式となる．

$$\frac{\sum_{i=1}^{n} \frac{\text{国内社会支出}_i / \text{人口}_i}{\text{公的開発援助}_i / \text{OECD非加盟国人口}} \cdot \text{人口}_i}{\sum_{i=1}^{n} \text{人口}_i}$$

計算結果は50,854だった．国内人口を国内貧困率未満の生活をしている人の数に置き換え，OECD非加盟国人口を1日3.10ドル未満で生活している人の数に置き換えても同様の結果（52,798）が出た．

15　Edelman, “2017 Edelman Trust Barometer: Global Annual Study,” Edelman website, 2017 (www.edelman.com/trust2017).

16　“Public Esteem for Military Still High,” Pew Research Center, July 11, 2013.

17　調査では回答者に自国と他国の国民を「まったく信頼していない」から「非常に信頼している」までいくつかの段階で格付けさせた．この意識調査に基づいたある学術論文が，他国を「大いに」信頼していると答えた西欧各国の国民の割合に関するデータを要約している．以下を参照されたい．Luigi Guiso, Paola Sapienza, and Luigi Zingales, “Cultural Biases in Economic Exchange?” *Quarterly Journal of Economics* 124, no. 3 (2009).

18　Kamel Mellahi, Jędrzej George Frynas, Pei Sun, and Donald Siegel, “A Review of the Nonmarket Strategy Literature: Toward a Multi-Theoretical Integration,” *Journal of Management* 42, no. 1 (2016).

19　本節では自社の優位性の確保だけを目的とした企業の政治活動については論じない．これについては，企業はすでにかなり進んでおり，また，現在の状況下では企業は，このような活動を少なくともある程度はトーンダウンしたいだろうからである．以前から企業は政府からできる限り有利な条件を引き出そうとしてきたが，大企業とグローバル化への反感が吹き荒れる最中では，あまり賢明な行動ではないだろう．たとえば，フォックスコンが2017年にウィスコンシン州に工場を建設する約束と引き換えに，米国から史上

最大規模の外国企業への税優遇措置(約30億ドル)を獲得しようとしたときの反響を考えてみるとよい．詳しくは，以下を参照されたい．Jason Stein and Patrick Marley, "Wisconsin Assembly Sends $3 Billion Foxconn Incentive Package to Scott Walker," *Journal Sentinel,* September 14, 2017.

20 Pankaj Ghemawat, *World 3.0: Global Prosperity and How to Achieve It* (Boston: Harvard Business Review Press, 2011).

21 International Monetary Fund, "IMF Staff Paper: Linkages between Labor Market Institutions and Inequality," July 17, 2015.

22 Jan W. Rivkin, Karen G. Mills, and Michael E. Porter, "The Challenge of Shared Prosperity: Findings of Harvard Business School's 2015 Survey on U.S. Competitiveness," Harvard Business School, Boston, September 2015.

23 37カ国を対象としたある意識調査によれば，米国大統領が「国際問題に適正に対応している」と信頼している回答者の割合はオバマ政権終了時の64%からトランプ政権開始時には22%に落ちた．米国に好意を持っている人の割合も，同じ期間に64%から49%に下がっている．以下を参照されたい．Richard Wike, Bruce Stokes, Jacob Poushter, and Janell Fetterolf, "U.S. Image Suffers as Publics Around World Question Trump's Leadership," Pew Research Center, June 26, 2017 (https://www.pewglobal.org/2017/06/26/u-s-image-suffers-as-publics-around-world-question-trumps-leadership/).

24 German Marshall Fund of the United States, "Transatlantic Trends: Mobility, Migration and Integration," 2014.

25 以下を参照されたい．The 2014 and 2015 editions of the Ipsos MORI "Perils of Perception" survey and the 2013 edition of the German Marshall Fund of the United States "Transatlantic Trends" survey.

26 Bianca DiJulio, Mira Norton, and Mollyann Brodie, "Americans' Views on the U.S. Role in Global Health," Kaiser Family Foundation, January 2016; Rivkin, Mills, and Porter, "Challenge of Shared Prosperity."

27 予算から実際に対外援助に充てられる比率を知らされなかった回答者のうち，45%が削減を希望し，32%が現状維持を，20%が増額を望んだ．実際の援助支出のレベルを知らされた回答者のうち，削減を希望したのはわずか26%(19パーセンテージポイントの減少)，39%が現状維持を，32%が増額を望んだ(12パーセンテージポイントの増加)．以下を参照されたい．Council on Foreign Relations, "Opinion on Development and Humanitarian Aid," in *Public Opinion on Global Issues* (New York: Council on Foreign

Relations, 2012).

28 Hugo Mercier and Dan Sperber, *The Enigma of Reason* (Cambridge, MA: Harvard University Press, 2017): Steven Sloman and Philip Fernbach, *The Knowledge Illusion: Why We Never Think Alone* (New York: Riverhead Books, 2017) [土方奈美訳『知ってるつもり――無知の科学』早川書房, 2018年]; Sara E. Gorman and Jack M. Gorman, *Denying to the Grave* (Oxford: Oxford University Press, 2016).

29 ストーリーテリングの脳への効果についての概論は, 以下を参照されたい. Uri Hasson, "This Is Your Brain on Communication," TED talk, February 2016, (https://www.ted.com/talks/uri_hasson_this_is_your_brain_on_communication).

30 このプロジェクトの詳細とスーツの写真は, 以下を参照されたい. Loretta Radeschi, "The 100-Mile Suit," *Handmade Business*, October 8, 2008 (http://handmade-business.com/philadelphiasuit); *100-Mile Suit* (blog), last post April 16, 2008 (http://100-milesuit.blogspot.com).

31 Maurice H. Yearwood, "On Wealth and the Diversity of Friendships: High Social Class People Around the World Have Fewer International Friends," *Personality and Individual Differences* 87 (2015).

32 Gordon Allport, *The Nature of Prejudice* (Boston: Addison, 1954) [原谷達夫・野村昭共訳『偏見の心理』培風館, 1961年].

33 Bernand Bailyn, *Education in the Forming of American Society: Needs and Opportunities for Study* (Chapel Hill: University of North Carolina Press, 1960).

34 Donald Trump, Nevada Caucus victory speech, Las Vegas, February 24, 2016.

35 Mikael Hjerm, "Education, Xenophobia and Nationalism: A Comparative Analysis," *Journal of Ethnic and Migration Studies* 27, no. 1 (2001): 37-60.

36 ここでは本書の他の部分以上に, 入手できるデータが米国のもの中心であったため, この後の分析が米国中心であることをお断りしておきたい. しかし, 私が取り上げた米国企業の問題の少なくともいくつかは, 他の国にも当てはまるだろう.

37 Eduardo Porter, "Corporate Efforts to Address Social Problems Have Limits," *New York Times*, September 8, 2015.

38 Arthur M. Okun, *Equality and Efficiency: The Big Tradeoff* (Washington,

DC: Brookings Institution, 1975) [新開陽一訳『平等か効率か――現代資本主義のジレンマ』日本経済新聞社, 1976年].

39 たとえば, 以下を参照されたい. Anthony B. Atkinson, *Inequality: What Can Be Done?* (Cambridge, MA: Harvard University Press, 2015) [山形浩生・森本正史訳『21世紀の不平等』東洋経済新報社, 2015年] ; Thomas Piketty, *The Economics of Inequality* (Cambridge, MA: Belknap Press, 2015) [山形浩生・守岡桜・森本正史訳『21世紀の資本』みすず書房, 2014年] ; Joseph E. Stiglitz, *The Great Divide* (New York: W.W. Norton & Company, 2016) [峯村利哉訳『世界に分断と対立を撒き散らす経済の罠』徳間書店, 2015年].

40 Jim Yong Kim, "Rethinking Development Finance," speech The World Bank, April 11, 2017.

41 以下からの人口増予測. United Nations, World Population Prospects, 2017 edition (medium variant).

42 この点と市場の失敗, およびそれが企業とどうかかわるかについてのより広い議論を裏づけるエビデンスは, 以下を参照されたい. Pankaj Ghemawat, "Market *and* Management Failures," *Capitalism and Society* 12, no. 1 (2017).

43 Geoffrey Jones, "The Future (and Past) of Globalization and the Multinational Corporation," presentation at the annual meeting of the Academy of International Business, New Orleans, June 28, 2016; Jack Beatty, "Hitler's Willing Business Partners," *Atlantic*, April 2001.

＊URLについては, 原書どおりに記載している.